中国-上海合作组织国际司法交流合作培训基地2023年度学术专著出版资助项目

上海合作组织区域内投资的法律风险与防范

Legal Risks and Prevention of
Investment within
the Shanghai Cooperation Organization Region

石俭平◎著

法律出版社
LAW PRESS·CHINA
北京

图书在版编目（CIP）数据

上海合作组织区域内投资的法律风险与防范 / 石俭平著. -- 北京 : 法律出版社, 2025. -- ISBN 978-7-5197-9618-1

Ⅰ. D912.295.04

中国国家版本馆 CIP 数据核字第 2024J81E88 号

上海合作组织区域内投资的法律风险与防范
SHANGHAI HEZUO ZUZHI QUYUNEI TOUZI DE FALÜ FENGXIAN YU FANGFAN

石俭平 著

责任编辑 韩满春
装帧设计 李 瞻

出版发行 法律出版社
编辑统筹 学术·对外出版分社
责任校对 王 丰 郭艳萍 王晓萍
责任印制 胡晓雅 宋万春
经　　销 新华书店

开本 710 毫米×1000 毫米 1/16
印张 15 **字数** 246 千
版本 2025 年 3 月第 1 版
印次 2025 年 3 月第 1 次印刷
印刷 北京建宏印刷有限公司

地址:北京市丰台区莲花池西里 7 号(100073)
网址:www.lawpress.com.cn
投稿邮箱:info@lawpress.com.cn
举报盗版邮箱:jbwq@lawpress.com.cn
销售电话:010-83938349
客服电话:010-83938350
咨询电话:010-63939796

书号:ISBN 978-7-5197-9618-1
定价:78.00 元

凡购买本社图书,如有印装错误,我社负责退换。电话:010-83938349

目　录

第一章　上合组织投资便利化的发展及投资概况　1
第一节　上合组织区域内投资的概况　1
一、上合组织现状　1
二、中国对上合组织其他成员国直接投资概况　2
第二节　上合组织中的投资便利化　3
一、上合组织投资便利化表现　3
二、上合组织投资便利化现状　4
第三节　上合组织投资便利化法律机制存在的问题　6
一、立法较少且多为软法　6
二、成员国之间存在准入壁垒　7
三、缺乏便利有效的投资争端解决机制　10
第四节　推进上合组织投资便利化的法律措施　11
一、增加硬法比重　11
二、减少投资壁垒　12
三、构建便利有效的投资争端解决机制　13

第二章　中国投资俄罗斯的法律风险与防范　15
导　言　15
第一节　中国在俄罗斯投资的概况　15
一、中国投资者近年来投资俄罗斯的概况　15
二、俄罗斯投资环境分析　17
第二节　俄罗斯外资法基本内容　20
一、立法沿革　20
二、外资法律框架　22
第三节　中国投资俄罗斯可能面临的法律风险　30

一、投资风险概况 30
二、法律风险概述 30
三、具体法律风险 33
第四节 中国投资俄罗斯的法律风险防范对策 36
一、企业自身加强法律风险防范 36
二、母国加强对投资者的保护 39
三、加强国际防控风险合作 40

第三章 中国投资哈萨克斯坦的法律风险与防范 42
导 言 42
第一节 中国企业在哈萨克斯坦投资的概况 43
一、哈萨克斯坦投资环境介绍 43
二、中国企业在哈萨克斯坦投资现状 49
第二节 哈萨克斯坦外资法的基本内容 50
一、外资法汇总及分析 50
第三节 中国投资哈萨克斯坦可能面临的法律风险 55
一、投资相关法规多变 55
二、配套法规尚未完善 55

第四章 中国投资吉尔吉斯斯坦的法律风险与防范 57
导 言 57
第一节 中国在吉尔吉斯斯坦投资的概况 58
一、吉尔吉斯斯坦投资环境 58
二、吉尔吉斯斯坦吸引外资优势 62
三、中国企业在吉尔吉斯斯坦投资现状 65
第二节 吉尔吉斯斯坦外资法的基本内容 66
一、外资法汇总及分析 66
二、吉尔吉斯斯坦加入国际组织及签订 BIT 情况 68
第三节 中国投资吉尔吉斯斯坦可能面临的法律风险 69
一、政府出台“国有化”政策随意 69
二、制度法律随机性较高 69
三、企业对政策法律了解不足 69

第五章 中国投资塔吉克斯坦的法律风险及防范 70
导 言 70
第一节 中国在塔吉克斯坦投资的概况 71
一、中国在塔吉克斯坦投资的特点 71
二、塔吉克斯坦吸引外资的优势 73
第二节 塔吉克斯坦外资法的基本内容 76
一、立法概况 76
二、当前外资法的基本框架 77
三、塔吉克斯坦对外的投资协定 88
第三节 中国投资塔吉克斯坦可能面临的法律风险 91
一、塔吉克斯坦外商投资法律制度不健全 91
二、司法环境不良,执法程序不规范 93
三、塔吉克斯坦严格的劳工制度 94
四、塔吉克斯坦法律对环境保护的高标准 95
五、塔吉克斯坦税收法律制度风险 96
第四节 中国投资塔吉克斯坦的法律风险防范对策 98
一、建立法律风险防范意识,规避对塔吉克斯坦投资法律风险 98
二、应对环境保护风险的对策 101
三、应对塔吉克斯坦严格的劳工制度的措施 102
四、应对塔吉克斯坦税收风险的措施 103

第六章 中国投资乌兹别克斯坦的法律风险与防范 106
导 言 106
第一节 中国在乌兹别克斯坦投资的概况 107
一、中乌投资呈现出“单边性”特征 107
二、投资规模较小、合作程度有待加强 108
三、中乌间投资缺乏持续性、投资效益低 109
四、投资流量波动大、投资趋势不稳定 109
五、以直接投资为主且间接投资形式单一 110
六、投资结构偏资源型且风险较大 111
第二节 乌兹别克斯坦外资法基本内容 112
一、市场准入制度 113

二、投资管制制度 115
三、投资待遇制度 118
四、投资争端解决制度 121
第三节 中国投资乌兹别克斯坦可能面临的法律风险 123
一、投资准入壁垒 123
二、投资经营壁垒 124
三、投资退出壁垒 124
四、法制环境不完善 124
五、劳动法律风险 125
六、税收及汇率风险 126
七、其他风险 127
第四节 中国投资乌兹别克斯坦的法律风险防范对策 129
一、企业法律风险防范 130
二、政府法律环境建设 133

第七章 中国投资印度的法律风险与防范 137
导 言 137
第一节 中国投资印度的概况 138
一、印度的投资环境 138
二、印度吸引外资的优势 142
三、中国企业在印度投资的行业、发展 146
第二节 印度外资法的基本内容 147
一、印度外资法的立法沿革 148
二、印度外资法的基本框架 150
三、印度参加的国际公约以及签订的国际条约 162
第三节 中国投资印度可能面临的法律风险 163
一、外资准入的法律风险 163
二、外资经营中的法律风险 165
三、外资退出中的法律风险 167
第四节 中国投资印度的法律风险防范 168
一、企业角度 168
二、政府角度 170

第八章 中国投资巴基斯坦的法律风险与防范 172
导 言 172
第一节 中国投资巴基斯坦的概况 173
一、巴基斯坦的投资环境 173
二、中国企业在巴基斯坦的投资概况 177
第二节 巴基斯坦外资法的基本内容 178
一、巴基斯坦外资法的立法沿革 178
二、巴基斯坦外资法的基本框架 179
三、巴基斯坦签订的国际条约 186
第三节 中国投资巴基斯坦可能面临的法律风险 187
一、法律风险的概念与范畴 187
二、具体的法律风险 188
第四节 中国投资巴基斯坦的法律风险防范 190
一、企业角度 190
二、国家角度 192

第九章 上合组织区域国家双边投资协定的缺陷与完善
——以中哈 BIT 为例 194
导 言 194
第一节 中哈双边投资协定的主要条款 196
一、投资与投资者定义 196
二、投资待遇条款 197
三、征收补偿条款 198
四、投资争端解决条款 199
第二节 中哈双边投资协定的不足之处 200
一、投资与投资者定义不严谨 201
二、投资待遇规定不完善 202
三、征收补偿规定不明确 203
四、投资争端解决机制不完整 204
第三节 完善中哈 BIT 可借鉴的国际投资实践 205
一、国际双边投资协定发展的新趋势 206
二、中国新修订 BIT 涉及的主要内容 209

三、哈加签订 BIT 的可借鉴之处 213
第四节　完善中哈双边投资协定的具体建议 216
一、重构投资与投资者定义 217
二、调整投资待遇规定 219
三、明确征收补偿规定 220
四、完善投资争端解决机制 221

第十章　上海合作组织区域内投资争端的解决及其机制构建 223
导　言 223
第一节　构建上海合作组织区域内投资争端解决机制的必要性 224
一、构建区域组织争端解决机制的重要性 224
二、上海合作组织成员国国内法律制度的局限性 225
三、当前多边条约中投资争端解决机制的问题 225
第二节　其他主要国际经济组织投资争端解决机制及其借鉴 226
一、北美自由贸易区的争端解决机制 226
二、中国—东盟自由贸易区的争端解决机制 227
第三节　上海合作组织区域内投资争端解决机制构建的设想 228
一、上海合作组织区域内投资争端解决机制构建原则 228
二、上海合作组织区域内投资争端解决机制构建的具体措施 229

主要参考文献 232

第一章 上合组织投资便利化的发展及投资概况

第一节 上合组织区域内投资的概况

一、上合组织现状

上海合作组织(Shanghai Cooperation Organization, SCO,以下简称上合组织)成立于2001年6月15日,创始成员国为中国、俄罗斯、哈萨克斯坦、吉尔吉斯斯坦、塔吉克斯坦、乌兹别克斯坦。2017年上海合作组织阿斯塔纳峰会签署了关于给予印度和巴基斯坦成员国地位的决议,2023年7月4日,伊朗加入上合组织,截至目前,上合组织共有10个成员国,2个观察员国,14个对话伙伴。上合组织自2001年6月签署《"上海合作组织"成立宣言》成立以来,其成员国之间的联系日益加强,经贸往来日益密切。在区域经济合作中,成员国之间以"互信、互利、平等、协商、尊重多样文明、谋求联合发展"的"上海精神"为基本原则,不断完善其区域合作模式。《"上海合作组织"成立宣言》指出:"'上海合作组织'将利用各成员国之间在经贸领域互利合作的巨大潜力和广泛机遇,努力促进各成员国之间双边和多边合作的进一步发展以及合作的多元化。为此,将在'上海合作组织'框架内启动贸易和投资便利化谈判进程,制定长期多边经贸合作纲要,并签署有关文件。"[1]在

---

① 马振岗:《稳步向前的上海合作组织——专家学者纵论SCO》,世界知识出版社2006年版,第198页。

此之前,上合组织成员国所覆盖地区内的政治、经济、文化等背景存在巨大的差异,相互之间的认同感相对而言较为薄弱。但与此同时,各成员国现阶段都力求建设一个更具机制化、更富向心力的区域性国际组织,期望在上合组织框架内深化成员国之间睦邻互信和友好合作关系,推动本国经济社会发展,最终实现国富民强。

2003 年 9 月,各成员国总理在中国北京签署了《上合组织成员国多边经贸合作纲要》。该纲要为上合组织区域经济合作的发展设定了 3 个阶段性目标:短期内将积极促进区域内贸易投资便利化;中期目标(2010 年以前)为各成员国共同制订透明、稳定、有可预见性的规则和程序,以实现在上合组织框架内的贸易投资便利化;长期目标(2020 年以前)为各成员国致力于通过聚集和互补效应,最大地利用区域内的资源,以逐渐实现上合组织的基本目标,即产品、服务、资本和技术的自由流动。

历经 20 多年的发展,上合组织已成为促进成员国发展的有效机制和建设性力量,显现勃勃生机。《上海合作组织至 2025 年发展战略》指出,成员国将采取旨在进一步扩大上合组织地区经贸互利合作的协调措施,包括建立有利的投资和营商环境。成员国将采取切实措施落实上合组织框架下的经济和投资项目。[①] 我们可以清楚地看到,在各国的共同努力下,上海合作组织目前已经基本完成了该组织最基础的整体框架的建设,下阶段的建设重点将是寻求更为完善的具体机制,不断强化功能,深化合作。依据《上海合作组织至 2025 年发展战略》的设想,成员国将进一步加强区域内经贸互利,为经济与投资便利建立更好的法律环境,各成员国也对加强组织框架内的合作充满了期待。

二、中国对上合组织其他成员国直接投资概况

上合组织成立 20 多年来,上合组织成员国的经济发展水平均得到了不同程度的发展,各国之间的合作不断深化。扩员后的上合组织,经济总量超过全球 GDP 的 20%,经济合作潜力空前增强。同时,各国之间互动频繁。2022 年 1 月至 7 月,中国同上合组织其他成员国贸易总额达到 2268 亿美元,同比增长 25%。经贸合作日益加强,投资便利化进程也得到了较快的发展。2022 年度中国对外直接投资 19,614,943 万美元,对哈萨克斯坦共和国直接投资 48,770 万

① 参见《上海合作组织至 2025 年发展战略》,上海合作组织成员国元首理事会 2015 年 7 月 10 日第 1 号决议批准。

美元、对吉尔吉斯共和国直接投资 15,874 万美元、对俄罗斯直接投资 129,307 万美元、对塔吉克斯坦共和国直接投资 27,241 万美元、对乌兹别克斯坦共和国直接投资 17,887 万美元,对印度直接投资 9293 万美元,对巴基斯坦直接投资 63,294 万美元。2022 年中国对当时上海合作组织另外 7 国直接投资 311,666 万美元,约占对外直接投资总量的 1.6%。① 中国和乌兹别克斯坦、哈萨克斯坦、俄罗斯、印度等经济规模指数较高;中国和哈萨克斯坦、俄罗斯、印度投资潜力指数排在前列;中国与俄罗斯投资风险指数呈下降趋势,印度、乌兹别克斯坦等相对稳定,其他国家呈起伏状态。俄罗斯、哈萨克斯坦和印度投资便利化指数处在前 3 名,乌兹别克斯坦和巴基斯坦居中,其他国家处在较低水平。为了吸引外资,加快发展对外经济贸易,上海合作组织成员国陆续采取了一系列的措施,制定、修改并完善了吸引外资投资的相关法律法规,但对于投资者而言,区域内仍存在不少投资壁垒,投资争端时有发生。

为实现上合组织长期目标,实现贸易投资自由化并最终成立上合组织自由贸易区,上合组织现阶段主要任务为推动贸易投资便利化,为日后制度合作的深化和物资的自由流动扫清障碍,创造条件。

第二节　上合组织中的投资便利化

一、上合组织投资便利化表现

早在 2001 年 6 月 15 日签订的《"上海合作组织"成立宣言》中,上合组织各成员国即声明,为促进成员国之间双边和多边合作以及合作的多元化,将在上合组织框架中启动贸易和投资便利化的谈判进程,并制定有关文件。基于此,同年 5 月上合组织又签订了《上海合作组织成员国政府间关于区域经济合作的基本目标和方向及启动贸易和投资便利化进程的备忘录》,在该备忘录中上合组织首次系统地提出区域经济合作的具体目标,并细化了实现贸易和投资便利化的途径。为认真落实该投资便利化进程的备忘录指明的发展方向,各成员国政府于 2002 年 5 月 28 日在上海又签订了《〈上海合作组织成员国政府间

① 数据来源:商务部、国家统计局、国家外汇管理局联合发布《2022 年度中国对外直接投资统计公报》。

关于区域经济合作的基本目标和方向及启动贸易和投资便利化进程的备忘录〉的议定书》,确定了部长会晤、高官委员会和专业工作组机构,要求经贸部长会晤每年例行会议一次,并通过决议或向成员国政府提出建议的方式落实该投资便利化进程的备忘录。

2002 年 6 月 7 日,《上海合作组织宪章》在俄罗斯圣彼得堡签订。其中第 3 条合作方向明确指出,支持和鼓励各种形式的区域经济合作,推动贸易和投资便利化,以逐步实现商品、资本、服务和技术的自由流通。[①] 基于《上海合作组织宪章》和前述备忘录,2003 年 9 月 23 日各成员国政府在中国北京签订了《上海合作组织成员国多边经贸合作纲要》,将前述宪章和备忘录中的发展方向和基本目标系统地归纳为 3 个阶段,并确定主要任务、优先合作方向和实施机制。

综合上述 3 份重要文件来看,上合组织对投资便利化进行了系统分析并制订了计划,对其进程的规划重点着眼于平等投资活动中各方经营主体的机会和权益保障,互通法律法规以创造更加透明的贸易和投资政策,逐步取消贸易壁垒,发展基础设施和统一商品与技术标准。

二、上合组织投资便利化现状

上合组织成立 20 多年来,投资便利化的发展促进了区域间贸易投资的不断发展。经过多年的共同努力,成员国在制度建设、基础设施、宏观经济、劳动力市场效率、技术准备和市场规模等方面采取了积极措施,使本国的投资环境得到明显改善,同时也推动区域整体投资环境趋于好转。[②] 成员国之间投资额和贸易额不断增高,经济合作关系也愈加紧密。

以中国与哈萨克斯坦、吉尔吉斯斯坦、乌兹别克斯坦和俄罗斯之间的贸易投资额为例。2021 年,中国与哈萨克斯坦共同实施了 20 个新的投资项目,投资额约 100 亿美元。哈萨克斯坦发展部投资委员会主席哈伊洛夫表示,哈萨克斯坦于 10 年间吸引外资共 2080 亿美元,中国排名第 4。2021 年全年,中国与哈萨克斯坦贸易额同比增长 24.6%,总计 602.9 亿美元,且中哈届时正实施 51 个产能合作项目,总产值达 270 亿美元。目前,中国跃居为哈萨克斯坦第一大出口目的国和第一大进口来源国。哈萨克斯坦统计部门的数据显示,2023 年上半

① 参见马振岗:《稳步向前的上海合作组织——专家学者纵论 SCO》,世界知识出版社 2006 年版,第 234 页。

② 参见刘华芹:《上海合作组织贸易投资便利化评估与前景展望》,载《国际贸易》2013 年第 11 期。

年，中国成为哈萨克斯坦的主要贸易伙伴；两国贸易额同比增长 20%以上，俄罗斯位居第二。

2016 年，中国成为吉尔吉斯斯坦第一大投资来源国，总投资额为 2.896 亿美元，占外商投资总额的 44.2%。2017 年 1 月到 10 月，中国与吉尔吉斯斯坦贸易额达到 13.424 亿美元，同比增长 2.7%。其中吉尔吉斯斯坦向我国出口 8110 万美元，同比增长 70%。如今我国已成为其第一大贸易伙伴（占比 26.9%）和第一大进口来源国。

2021 年 1 月至 9 月，中国与乌兹别克斯坦的贸易额同比增长 10.7%，总额为 34.889 亿美元，在乌兹别克斯坦的主要贸易伙伴中排名第二。而在 2001 年，中国尚未成为乌兹别克斯坦的主要贸易伙伴，两国之间的贸易额尚且不能进入其贸易伙伴排名。

2016 年原俄罗斯远东发展部表示，中国于俄罗斯远东地区投资落实 5 个项目，投资总额超过 1260 亿卢布（约合 20 亿美元），还有 12 个价值 1520 亿卢布（约合 24 亿美元）的项目正在审议中。另外根据中国海关总署的数据，2017 年 1 月至 12 月，中国与俄罗斯之间贸易额达到 840.71 亿美元，同比增长 20.8%。中国与俄罗斯为上合组织中最主要的贸易投资国家，且两国之间的贸易额占上合组织总贸易额的较大比例。在 2001 年时，中俄之间尚未互相成为主要的贸易伙伴，而在上合组织成立 10 年后的 2011 年，中国已成为俄罗斯最主要的贸易伙伴之一。

除此之外，在 2014 年，塔吉克斯坦的第二大投资国为中国。中国对塔吉克斯坦的投资总额仅次于俄罗斯对其投资的 9.86 亿美元，为 4.67 亿美元。[①]

除直观的投资额和贸易额的增长之外，在对《〈上海合作组织成员国多边经贸合作纲要〉落实措施计划》中计划的合作项目进行落实之后，上合组织成员国之间已根据各国的经济发展需要签订了一系列的相关协议和合作项目。上合组织银联体成员积极向各投资方提供数百亿贷款用于上合组织各项投资合作项目的落实。上合组织实业家委员会在交通、能源与运输等各方面启动了各项相关项目。在国际层面上，在印度和巴基斯坦于 2017 年阿斯卡纳峰会取得上合组织成员国身份后，以及 2023 年伊朗加入上合组织后，上合组织中的世贸组织成员国比例不断加大，各国均不断健全市场运行方式，提高效率，采取“一个

① 数据来源：中华人民共和国商务部网站，http://www.mofcom.gov.cn. 最后访问日期：2023 年 5 月 10 日。

窗口对外"的管理方式,使区域内投资便利化程度不断提高。①

第三节　上合组织投资便利化法律机制存在的问题

完善的法律体系是规范制度运行的重要依据,是建立问责纠错机制的必要条件。在区域经济合作组织中,完善的法律体系为投资活动所涉及的各个方面建立有法可依的环境,并能适当地引导和改善贸易投资活动的发展状态。现阶段,上合组织最缺乏的,是一个高效、便捷、保障性高的区域经济合作法律机制,如果缺乏高效的合作法律机制的情况持续下去,那么上合组织在区域经济合作领域就难以取得实质性的进展。② 针对推进投资便利化过程中的各项问题,本书认为完善立法和健全法律体系是根本的解决手段之一。

一、立法较少且多为软法

目前,上合组织针对投资便利化主要以《上海合作组织宪章》《上海合作组织成员国政府间关于区域经济合作的基本目标和方向及启动贸易和投资便利化进程的备忘录》《上海合作组织成员国多边经贸合作纲要》为法律框架,制定了目标性的发展方向,另外制定有对该备忘录和合作纲要进行具体落实的议定书和落实措施计划。这其中只有《上海合作组织宪章》为国际硬法,而其他几项关于上合组织投资便利化的重要文件均为软法。

2002 年,《上海合作组织宪章》作为上合组织的"宪法"性文件被制定和签署,上合组织的原则、宗旨、组织机构的设立和发展方向均基于该宪章。从法律性质上来说,《上海合作组织宪章》为多边国际条约。并且该宪章在签署成立之后,根据《联合国宪章》的要求,登记在联合国秘书处。其对所涉及的所有成员国均具有法律约束作用,属于国际硬法。

针对软法,目前学界的统一认识是"软法是没有法律约束力但可能产生实际效果的行为规范"。虽然软法在上合组织投资便利化中发挥了重要作用,但相比硬法,软法存在如下问题。

---

① 参见刘华芹:《上海合作组织贸易投资便利化评估与前景展望》,载《国际贸易》2013 年第 11 期。

② 参见阿不都热合曼·卡德尔:《构建上海合作组织区域经济合作法律机制的必要性和可行性》,载《新疆大学学报(哲学·人文社会科学版)》2010 年第 2 期。

(一)难以规制明确的权利义务

上合组织中涉及投资便利化的法律文件大多体现为国际软法,而因为软法缺乏强制的“法律约束力”以保证缔约国家的实施行为,故而促使缔约国家履行行为的主要动力源于国家利益和一定程度上的道德约束。而国家利益在不同的国际环境和国内环境中很可能发生方向上的转变,因此这样的法律体系在保证国家履行义务和承担责任上是不够可靠的。另外,以上规范投资便利化的法律文件在划分成员国权利义务方面不够清晰,成员国难以条分缕析地以此确定各自的权利和义务。

(二)不利于争端解决

虽然有学者指出软法具有解释、示范和补充的作用,但主要由软法构成的法律体系非常不利于缔约国家之间的争端解决。软法模糊的规制方式使得其在被适用时有较大的裁量范围,若将硬法和软法结合来使用可以得到较稳妥的裁决结果。

(三)实践方面的障碍

对于投资便利化的实际操作方面,交通运输、海关制度、基础设施的建设、出入境的检验检疫和行政审批等均需要依照实际的法律进行统筹安排,以期待各成员国在这些方面的步调逐渐统一。然而目前上合组织投资便利化的法律体系以软法为主,使各国在发展自己国家的投资便利化实际操作的规则体系时难以有所参照,造成投资便利化实际操作方面的发展较为缓慢。

综上所述,上合组织在投资便利化的法律体系方面的发展应当着眼于增加硬法的比重,以改善权利义务的规制、争端解决的依据和实践方面的问题。

二、成员国之间存在准入壁垒

在投资活动的进程中有一项主要的直接阻碍投资便利化的问题,即成员国之间存在难以取消的准入壁垒。完整的投资活动进程由两个步骤分隔开来。其一,外资准入阶段,此阶段主要把控外资的进入。其二,资本运营阶段,此阶段主要是东道国对外资的管理和把控。大多数发展中国家将对外资的限制和严格要求放在外资准入阶段,而在资本运营阶段投入较少的管理。这导致投资者在一开始的准入阶段就面临东道国的管制问题,十分不利于投资的便利化。

外资准入阶段主要涉及以下几个问题,外资的资本构成、投资范围、投资比例以及对外资的审查和批准。在上合组织投资便利化中亟待解决的问题是各东道国的投资范围限制和投资的审批手续。

(一)投资范围限制

国家间的互相投资有利于扶植一国某一领域的发展,尤其是发达国家对发展中国家的国际投资。在经济发展水平较低的发展中国家,来自发达国家的国际投资可以迅速创建或发展东道国国内的某一经济领域,或者在某一经济领域与东道国本国企业形成竞争关系从而进一步刺激该领域的发展,这种情况在投资国采取直接投资或绿地投资时尤为明显。然而,东道国国内涉及经济主权或国家安全的领域则不能由投资国的外资进行控制或垄断。因此各东道国在接受和吸引外国投资时需阐明允许外资进入的行业范围或禁止外资进入的行业范围。目前在国际投资准入阶段,东道国所能采取的最佳范围限制方式是负面清单管理模式。

2017 年,我国重新修订《外商投资产业指导目录》,对比 2015 年修订版,最新版本进一步减少了限制性措施,将限制性措施减少至 63 条。2022 年,我国又颁布了《鼓励外商投资产业目录(2022 年版)》。但《外商投资产业指导目录》目前依旧规定了限制类产业和禁止类产业,无法确定其是以鼓励类为原则还是以禁止类为原则,故而无法界定其为正面清单还是负面清单。这由此导致一个问题,即在鼓励类、限制类和禁止类之外的行业成了"灰色"地区,属于法律上的"沉默"问题。然而由于无法界定《外商投资产业指导目录》为正面清单还是负面清单,所以未被分类的行业难以确定是被默示许可还是默示禁止。这种模糊的管理模式十分不利于中国在投资准入方面的规则透明化,影响投资国对投资环境的确定和考量,并且在一定程度上限制了中国对外接受投资的行业的范围。

2013 年上海自贸实验区通过了《中国(上海)自由贸易试验区管理办法》,该管理办法确立了负面清单管理模式,使上海自贸实验区成为通过负面清单引导外资投资的区域。该负面清单共涉及 18 个行业,适用"限制"的有 74 条措施,适用"禁止"的有 38 条措施。[①] 2015 年 4 月 20 日,国务院批复成立中国(广东)自由贸易试验区、中国(天津)自由贸易试验区、中国(福建)自由贸易试验区。2017 年 3 月 31 日,国务院批复成立中国(辽宁)自由贸易试验区、中国(浙江)自由贸易试验区、中国(河南)自由贸易试验区、中国(湖北)自由贸易试

---

① 参见龚柏华:《中国(上海)自由贸易试验区外资准入"负面清单"模式法律分析》,载《世界贸易组织动态与研究》2013 年第 6 期。

验区、中国(重庆)自由贸易试验区、中国(四川)自由贸易试验区、中国(陕西)自由贸易试验区。2018 年 10 月 16 日,国务院批复同意设立中国(海南)自由贸易试验区。2019 年 8 月 2 日,国务院批复同意设立中国(山东)自由贸易试验区、中国(江苏)自由贸易试验区、中国(广西)自由贸易试验区、中国(河北)自由贸易试验区、中国(云南)自由贸易试验区、中国(黑龙江)自由贸易试验区。2020 年 6 月 1 日,中共中央、国务院印发了《海南自由贸易港建设总体方案》,并发出通知。2020 年 9 月 21 日,国务院批复同意设立中国(北京)自由贸易试验区、中国(湖南)自由贸易试验区、中国(安徽)自由贸易试验区,扩展中国(浙江)自由贸易试验区。2023 年 10 月 21 日,国务院印发《中国(新疆)自由贸易试验区总体方案》,设立中国(新疆)自由贸易试验区。这些自由贸易区的负面清单涉及农业、制造业、交通运输业、金融业等众多行业,包括禁止措施和限制措施。

除中国的较大的投资范围限制外,俄罗斯的投资行业范围限制也十分严格。2008 年,俄罗斯政府出台并通过《俄罗斯联邦关于实施对保护国防和国家安全具有战略意义的经济主体进行外国投资的程序法》(以下简称《战略领域投资法》)。这份程序法较 2007 年出台的《外资对战略经济领域的投资准入法》准入台阶进一步提高,严格规定了外资对战略性公司的控股权,并对俄罗斯自然垄断行业的外资的进入进行了限制,同时也对外资经营赌博业、人寿保险业采取限制措施。除此之外,该程序法还禁止外资银行设立分行,禁止外国保险公司参与其强制保险方案。2007 年出台的《外资对战略经济领域的投资准入法》设定了 39 项禁止类行业。这份投资准入法对涉及武器生产、核材料生产和核设施建设、渔港水利设施建设、卫生防疫和采矿业等行业进行了限制。同时,在电力、白酒和航空航天领域,俄罗斯允许外资部分进入,但在投资比例方面做出了限制。除此之外,俄罗斯在基础设施和交通运输方面对外资投资限制更为苛刻,至今未开放铁路货运和客运市场,不允许外商设立合资企业,提供装卸、集装箱堆场、船舶代理、结关等服务,不允许外商从事铁路运输设备的维修保养服务;油气管道和电网建设运营领域迄今为止未对外资开放;公路建设领域对外资进入开始松动,但运营领域尚未开放。

(二)审批手续烦琐

目前对外资的进入有三种审批模式,分别为无审批制度、备案审批制度和普遍审批制度。对于审批制度的放宽学界有两种看法,一部分人认为审批制度是阻碍外资的严重障碍,认为由于审批机构重叠、手续烦琐、行政效率低以及在审批过程中出现的主观武断甚至严重的官僚主义现象,不利于吸引外国投资。[1]另一部分人则认为实行审批制度是对一国经济主权的保护。本书认为实行审批制度主要是发展中国家在本国经济不够稳定,为保护本国经济主权,防止外资进行垄断和控制市场所采取的阶段性保护措施。在发达国家,无审批制度和备案审批制度为主要外资进入方式。在上合组织成员国中,除了中国和乌兹别克斯坦以及伊朗目前仍要求外资企业审查后注册外,其他各成员国均已采取注册登记制,并对外实行国民待遇。

三、缺乏便利有效的投资争端解决机制

投资争端解决机制是区域经济合作组织中必不可少的一部分。发展中国家中的大多数有关投资的立法均有许多不完善之处,特别是对于外国投资者的保护的法律制度并非健全,并且有的国家的外资法变动较为频繁,缺乏投资关系下的法律制度的透明性与稳定性。[2] 以俄罗斯为例,俄罗斯的司法系统公正裁决的不确定性,管理机构广泛存在的贪污受贿行为,严重损害了外国投资者对俄罗斯法律保障的信任。[3] 此时便利有效的投资争端解决机制的设计和成立就显得十分迫切。

(一)投资争端解决机制的重要性

在区域内设立便利有效的投资争端解决机制,有助于保证区域内投资活动的顺利和高效进行,为投资环境和投资者提供良好的法律保障,提高政策规则的透明度。另外,在投资准入前投资者对投资环境的考察阶段,投资争端解决机制为投资者提供了预测和示范的作用,对投资者对投资结果、投资导向的预测和预防投资争端有指导作用。综上所述,建立完善、便利、有效的投资争端解决机制是促进上合组织投资便利化必不可少的一步,同时也是建立自由贸易区的过程中重要的一步。

(二)现有的投资争端解决机制的弊端

目前上合组织中的投资争端解决机制主要为国家间通过外交手段磋商和

---

① 参见余劲松:《国际投资法》(第5版),法律出版社2018年版,第129页。

② 参见胡晓红:《中外双边投资协定争端解决机制模式选择——以中国与上合组织成员国间BITs为视角》,载《甘肃政法学院学报》2009年第2期。

③ 参见曹志宏:《俄罗斯投资环境及中国对俄直接投资问题研究》,载《西伯利亚研究》2011年第5期。

协商,以及成员国之间根据各自双边投资条约(BIT)规定的方式解决争端。因此在上合组织中并未有一个标准统一且高效的投资争端解决方式。目前上合组织中的成员国塔吉克斯坦和伊朗尚未签署和加入《解决国家与他国国民之间投资争端公约》(ICSID 公约),这导致在上合组织中,成员国无法对投资争端直接统一适用便捷有效的 ICSID 公约。此外因为尚有成员国未加入 WTO,所以组织内部也无法统一适用 WTO 争端解决机制。因此上合组织应当尽快将建立完善的投资争端解决机制放入促进贸易便利化的进程。

第四节　推进上合组织投资便利化的法律措施

一、增加硬法比重

上合组织法律体系中缺乏硬法的情况亟待解决。本书认为,为促进上合组织法律体系的完善和投资便利化的发展,上合组织应当尽快研究制定上合组织自由贸易协定,建立各成员国统一的关于投资的双边协定范本,并且在自由贸易协定和双边协定范本中引入可持续发展的投资政策框架。

(一)可持续发展的投资政策框架

可持续发展的投资政策框架(Investment Policy Framework for Sustainable Development, IPFSD),是于 2012 年被建立的创新的国际投资框架,由联合国贸易和发展委员会提出。其主要创新之处在于从“主要保护外资权益”到“推动东道国的可持续发展”,从“重点保护外资”到“平衡当事双方权利义务”,保护外资和管制外资从“各行其道”到“一体化”3 个方面。①

上合组织中各成员国的经济实力悬殊,除中国、俄罗斯以外的成员国普遍经济实力较弱,再加上该区域其他区域经济组织,如欧亚共同体、俄白哈关税联盟等的影响,上合组织内部各成员国的经济主张和利益诉求不同,不利于组织凝聚力的加强。IPFSD 提出的 3 个创新方面为扶植经济实力较弱的国家、提升组织的凝聚力、促进区域经济的发展开辟了新的阶段。

---

① 参见曾华群:《“可持续发展的投资政策框架”与我国的对策》,载《厦门大学学报(哲学社会科学版)》2013 年第 6 期。

(二)制定上合组织自由贸易区协定

自由贸易区是一个已经被学界统一认定的法律概念。在关贸总协定中,自由贸易区的概念是这样规定的:自由贸易区应该被理解为,在两个或两个以上的一组关税领土中,对成员领土之间的、实质上所有的、与产自此类领土产品相关的贸易,取消关税和其他贸易壁垒,比如限制性贸易法规。①

上合组织各成员国之间的经贸往来和合作规模已经可以支撑组织发展的下一阶段,即制定上合组织自由贸易协定。自由贸易协定的制定可以为上合组织建立新的硬法,在原有法律体系的基础上增强法律强制力,更好地平衡成员国的权利义务关系。并且自由贸易区的成立意味着上合组织各成员国之间取消了关税和贸易壁垒,这将刺激组织内贸易和投资的规模,创建更深层次的合作关系,而成员国无须改变本国原有的对非成员国的经济政策。这一方面促进了上合组织内各成员国的共同发展,另一方面又保证了各国的经济主权独立。

(三)制定内部统一的双边投资协定范本

与制定自由贸易协定一样,制定上合组织内统一的双边投资协定范本(BIT)的重要意义之一就是增加上合组织法律体系的硬法比重,加强体系的法律强制力。目前上合组织中的BIT不多,但中国已与其他各成员国之间签订了BIT。

统一的BIT范本在规制成员国之间贸易壁垒、争端解决机制,明确成员国双边的权利义务等问题上均具有十分重要的意义。通过统一的BIT范本使成员国均采取准入前国民待遇加负面清单的模式,进一步降低成员国间投资壁垒,促进投资便利化。另外,统一的BIT范本规定的以仲裁为中心的争端解决机制可以弥补上合组织争端解决机制的不足。

二、减少投资壁垒

(一)减少投资行业限制和投资条件

针对上合组织中的较大范围投资行业限制,上合组织应当推进成员国在投资方面适用负面清单管理模式,逐步放宽对组织内成员国的投资范围的限制。另外,为进一步减少成员国之间的投资壁垒,上合组织在成员国间投资的准入前阶段应推行国民待遇。但因涉及成员国各国国内的经济环境和国家安全问题,准入前国民待遇加负面清单模式的适用应当渐行式发展。首先,在制定负

① 参见黄毅、黄晓丽:《上海合作组织框架下建立中亚自由贸易区展望》,载《新疆社科论坛》2005年第5期。

面清单时,无法一次性将所有会对成员国国家的经济利益和主权产生危害的投资行为包括在内,同时也无法保证能将未来的在经济领域中的重大创新考虑在内。所以在创建负面清单的过程中,要重视的第一点就是对与准入有关的风险的把控,和对成员国国内的经济安全的保护;其次,打开成员国的市场、推进成员国的市场改革不是一蹴而就的,要建立逐步安排、逐步推进的渐行式战略。[①]

(二)完善对外资的行政审批制度

上合组织各成员国对外资的“严审批”一直都存在,尤其是中国和乌兹别克斯坦。但在目前上合组织各成员国经济发展均进入稳定状态,各成员国应当适当简化对外资的审核批准制度,以进一步促进组织内投资便利化,为伙伴国设立更简明的准入关卡。

三、构建便利有效的投资争端解决机制

区域经济组织争端解决的模式,是以一定的物质为基础的,这从根本上确定了区域经济组织争端解决模式的建立、应用和推行。[②] 基于上合组织中各成员国的经贸往来的密切程度,上合组织应当建立更完善、有效、便捷的投资争端解决机制。

目前上合组织内最常适用的投资争端解决机制为协商和谈判,但以这种方式达成的协商结果并无法律强制性。即使达成了一致的协商结果,争端方依然会出现履行方面的争议。因此单靠外交手段协商和通过和平共处五项原则处理区域内的投资争议是不够的,上合组织应当建立起自己的完善的投资争端解决机制。

(一)设立常驻的争端解决机构

目前,上合组织中虽然设立有北京的秘书处和塔什干的地区反恐怖机构两处常设机构,但却并没有针对投资争端的常设机构。而如果想要建立完善的统一的投资争端解决机制,则绝不能永远完全靠临时成立的争端解决小组处理区域内日益增多的案件。

本书认为,上合组织内部应当先建立一个基础规模的常驻的争端解决机

---

① 参见王雅雯:《上海合作组织投资便利化法律问题研究》,大连海事大学 2016 年硕士学位论文,第 28 页。

② 参见孙志煜:《区域经济组织争端解决模式研究——以 EU、NAF、TA、CAFTA 为中心》,西南政法大学 2011 年博士学位论文,第 20-22 页。

构，在此基础上再成立针对投资活动不同领域的争端解决小组，以快速高效地处理不同领域的大量的投资活动争议。

（二）统一采取便利有效的争端解决方式

1. 基本原则

上合组织争端解决机制应当符合和平共处五项原则和上合组织的基本宗旨和原则，应当坚持当事国双方或各方平等、协调方中立和利益平衡的原则。其主要目标是快速、高效地解决投资争端，促进投资便利化和规则透明化。

2. 采取以仲裁为主的争端解决方式

在争端解决的过程中，应该尽可能地实现解决机制对各方利益的平衡，来最大限度和最大范围地实现正义，进而为区域组织内各成员国之间的互相投资建立一个良好的、透明的法律环境。[①] 在各个区域组织中，除欧盟成立有欧洲法院运用司法途径解决区域内投资争端外，大多区域经济组织解决投资争端问题很少会使用司法的方式。因为区域内国际投资协定所制约的各方均为主权国家，而通过司法途径解决投资争端首先面临的一个问题即为主权国家的豁免权问题，诉讼和诉讼结果对于主权国家均无强制性。而各争端方对仲裁的约定说明了争端方对仲裁裁决的态度是认可其为终审的，争端方愿意对该裁决善意地进行遵守。在此基础上，在确立以仲裁为主的争端解决方式后，上合组织应当在有关投资争端解决的方面建立起非诉讼争端解决机制，即 ADR（Alternative Dispute Resolution）。

---

① 参见刘丹：《中国与中亚国家经贸合作中的法律问题研究》，西北大学 2015 年硕士学位论文，第 29 页。

第二章　中国投资俄罗斯的法律风险与防范

导　言

根据联合国贸易和发展会议的统计,全球的国际商业和跨境投资环境在2022年发生了巨大变化。在此大环境下,我国对俄罗斯投资有起有落——根据《中国统计年鉴》所提供的数据,2015年投资额为近几年之最,为29.6亿美元;2016年有所回落,为12.9亿美元。而根据国家统计局的数据,2022年前8个月,中国对俄罗斯投资4.5亿美元,同比增长150%。俄罗斯处于我国对外投资流量中的第15名。俄罗斯作为世界上国土面积最大的国家,拥有各种丰富的资源,但其吸引外资能力却不甚理想。俄罗斯政府为加快经济复苏、增强吸引外资的能力,从多个方面入手改善俄罗斯国内投资环境,简化外商投资流程、放宽多个领域的市场准入。我国政府与俄罗斯联邦政府签订众多的双边协定,为我国投资者赴俄罗斯投资提供保障。即便如此,投资者也不能忽视俄罗斯国内市场所存在的风险,做好风险防控才能减少损失。

第一节　中国在俄罗斯投资的概况

一、中国投资者近年来投资俄罗斯的概况

(一)投资历史

根据我国商务部、国家统计局和国家外汇管理局制作的

《2022年度中国对外直接投资统计公报》,我国对俄罗斯投资主要集中在采矿业、农林牧渔业和制造业,分别为41.9%、33.5%和17.2%;与之相比,传统的金融业和租赁、商业服务业仅占2.8%和2.9%。截至2016年年末,我国对俄直接投资存量为129.8亿美元。与投资流量分布趋势一致,前三名仍旧是采矿业、农林牧渔业以及制造业。其他领域投资是指居民服务/修理和其他服务业、科学研究和技术服务业、交通运输/仓储和邮政业、信息传输/软件和信息技术服务业以及受众范围小的其他领域的投资。[①] 对比2021年存量,采矿业仍独占鳌头,且比例扩大趋势明显;农林牧渔业在2016年取代制造业成为投资榜第二位。无论位次如何变化,我国投资者最青睐的一直是采矿业、农林牧渔业和制造业,其他领域内投入资金较少。然而,在2021年之前,采矿业并非都是投资势头最强劲的领域,根据过往对外投资统计公报,我国之前对俄罗斯投资存量最大的均为农林牧渔业,此后存量比例最大的均为制造业。由此可以看出我国投资者对俄罗斯投资的领域并非一成不变,每个领域的投资热度都会持续几个年度。但是,自2015年以来,采矿业投资比重持续走高,存量比例几乎占据所有对外投资存量的半壁江山,预计今后几年采矿业仍是对俄投资的热门领域。

(二)投资前景

着眼于俄罗斯国内发展环境进行多样化投资,才能减少风险、增加收益。俄罗斯幅员辽阔、自然资源丰富,俄罗斯的优势产业为资本密集型产业,此类产业对自然资源的依赖程度高,且出口的产品多为加工的初级产品或者初级加工产品,[②]如机械、石油和化工产业。我国政府与俄罗斯政府签订了有关金刚石、石油、天然气等领域的合作开发协定,为我国投资者在相关领域投资提供了指引。与此相对应的是,我国投资者不宜在俄罗斯投资劳动密集型产业,这是因为俄罗斯劳动力缺乏且成本高,从我国国内输出劳动力到俄罗斯程序复杂,且因护照超期人员滞留等问题造成的纠纷较多,由此导致企业运营成本高。[③]

2021年2月,在德勤会计师事务所和俄罗斯驻华大使馆主办的中国企业投资俄罗斯的圆桌会议上,专家提出俄罗斯基础设施建设和农业领域的多个重点项目。

---

① 数据来源:《2016年中国对外直接投资统计公报》,第36页。

② 参见张晓涛、王淳:《"一带一路"倡议下投资俄罗斯的产业选择与前景》,载《海外投资与出口信贷》2017年第26期。

③ 参见韩晓丹:《俄罗斯投资环境分析及建议》,载《现在经济信息》2017年第1期。

二、俄罗斯投资环境分析

在过去的几年中，俄乌冲突及其引发的国际制裁严重损害了俄罗斯的宏观经济，引发了通货膨胀，使俄罗斯国内货币贬值、国内债务融资困难，导致俄罗斯对外贸易受损，波及大量企业。[①] FICA(the Foreign Investment Advisory Council)发布的俄罗斯投资环境报告中采用调查的方式总结了外国投资者对俄投资的期许和态度。多数人认为，俄罗斯的经济状况是充满挑战的，并且在未来几年市场吸引力会减弱。尽管如此，调查报告显示高达90%的外国投资者对俄罗斯的经济发展潜力仍持乐观态度，并且有50%的投资者准备扩大在俄产业规模。

(一)自然资源环境

俄罗斯是世界上疆土面积最大的国家，在克里米亚并入俄罗斯之前，俄罗斯联邦的国土面积为1709.82万平方公里，偌大的国土储藏着丰富的自然资源，俄罗斯的森林资源、天然气资源、铁矿石资源存储量均位于世界第一，煤炭资源和铝矿石资源的蕴藏量位于世界第二，其他金属以及非金属资源也极其丰富，除此之外，极长的海岸线以及众多的湖泊河流为俄罗斯提供了丰富的水利和渔业资源，位于其境内的贝加尔湖是世界上蓄水量最大的淡水湖。[②]

(二)行政管理环境

1. 整体行政管理环境

行政管理环境对于外国投资者来说是一个极其重要的因素。俄罗斯投资环境报告中指出，外国投资者认为影响俄罗斯投资环境的行政管理因素如下：频繁的立法变动(77%)、严格的行政壁垒(50%)、陈旧的法律法规(33%)、选择性执法(33%)、经济转型期时间短(3%)以及其他因素(3%)。

相比之下，仍有一些负面的变化需要投资者应对：第一，联邦政府在发展和推进立法建议方面缺乏协调性，阻碍决策的制定和市场的发展；对于新颁布的法律和法规缺乏明确的解释说明，导致法律法规具有模糊性和不确定性。第二，行政管理系统具有不稳定性和不一致性。

针对以上存在的问题，外资代表机构认为俄罗斯政府可以从以下几个方面

---

① See FICA, *Investment in Russia—Foreign Investor Perception* 2015.

② 参见商务部对外投资和经济合作司等：《对外投资合作国别(地区)指南·俄罗斯》(2017年版)，第2页。

入手改善俄罗斯境内的投资环境[①]:

第一,减少行政审批程序。外国投资者认为俄罗斯政府虽然已经着手减少审批程序,例如简化在市场投放新产品时的审批环节,但是,这些措施本质上有局限性且俄罗斯的审批环节仍过于复杂。

第二,废止选择性法律和制订可预测性的规定以加强法律法规的透明性和有效性。法律的模糊性导致法律法规多重解释的出现,为人为的贸易阻碍提供可乘之机。加强投资程序透明度,法律法规中隐藏的针对外国投资者的内容势必不能存在。

第三,放松对移民的立法限制。放松对拥有高新技术的侨民的限制,才能充分利用工作人员的知识和技术促进经济发展进步。

第四,减少对外国投资者的控制。外国投资者希望俄罗斯政府可以废止过时的工业安全规则,减少对原材料和产品的额外要求,协调俄罗斯国内和国际上对于原材料和产品的标准。

2. 外国投资者与政府间的沟通问题

根据报告显示,投资者在与俄罗斯政府沟通时存在以下问题:(1)双方难以建立联系;(2)缺少相应的公共平台;(3)有些联邦机构不愿意解决外国投资者提出的问题;(4)联邦机构对请求的回馈效率低下;(5)法律体系具有矛盾性和存在选择性执法现象;(6)决策制定程序的不透明性。幸运的是,一些现存的联系方式能促使政府有效解决外国投资者的问题,根据调查,75%的外国投资者认为"个人联系"是政府和外国投资者沟通最有效的途径,接下来依次是在常设的顾问团工作(63%)、商业和工业联系(53%)、参与评估对法律法规监管的影响(44%)以及其他途径。外资企业质疑政府过度地检查和审查的必要性,以及检查主体是否严格按照职权范围行使权力。

(三)地方投资环境

俄罗斯地方投资环境有了很大的改善,这主要归因于《地区投资标准》的颁布、路况图的绘制以及评价地方政府表现的关键业绩指标的出台等。另一因素则是在俄罗斯脆弱的宏观经济下,地区间激烈的竞争迫使地区政府努力改善外商投资环境。[②]

《地区投资标准》与战略计划局发布的《地区吸引外资等级》为外商投资提

---

① FICA, *Investment in Russia—Foreign Investor Perception* 2015, p. 7.

② FICA, *Investment in Russia—Foreign Investor Perception* 2015, p. 11.

供了指南。在俄罗斯地区中,鞑靼斯坦被认为是最具外资吸引力的俄罗斯联邦主体,卡卢加、图拉地区和远东地区也被认为是极具外商吸引力的地方。有关报告指出,以上地区的政府做到了大力改善投资环境、减少官僚主义、扩大开放程度、完善基础设施建设,为外商提供了便利。除此之外,这些地区政府正在大力改善残存的"指挥控制"模式,努力迎合外国公司的标准。然而,即使地区政府在努力改善投资环境,但仍然存在以下问题:官僚主义和行政方面的障碍、交通基础设施落后、技术人员稀少等。这些都是俄罗斯亟须解决的问题。

俄罗斯的自然资源主要分布于远东地区。根据俄罗斯联邦远东发展部原部长亚历山大·加卢什卡的介绍,远东地区有亚太地区一半以上的森林储量、1/3 以上的淡水资源、27% 的天然气、17% 的石油、30% 以上的黄金和世界几乎所有的钻石矿藏以及其他自然资源。[①] 俄罗斯远东地区地理位置优越,位于著名的环太平洋巨型成矿带西段,具有巨大的成矿潜力,已发现和探明的矿物储量就有 70 多种,早在苏联时期远东地区就被作为燃料和原料供应基地。[②] 根据全俄地质矿产研究所分析,远东地区石油和天然气的远景资源量预测分别为 60 万亿立方米和 12 万亿立方米,其他资源的预测资源量都巨大,且远东地区大部分资源都未得到有效开发,仅少数基础设施健全的地区得到了部分开发。[③]

开发远东地区是俄罗斯国家政策的重要内容,俄罗斯将发展远东地区作为 21 世纪本国的优先方向。远东地区政府为实现这一任务、便利外国投资,集中财力并组织资源,采取一系列措施降低外国投资者运营成本、完善基础设施建设、改善行政管理环境。在俄罗斯的 562 个自由港和超前发展区中,28 个运营者都有中国公司参股。除此之外,远东地区临近我国黑龙江省,两地正在积极寻求合作,促进经济发展。

外国投资者赴俄投资渔业、畜牧业、矿产和其他自然资源产业,能够获得政策优惠,获得更快的产出回报。在 18 个超前发展区和符拉迪沃斯托克的自由港投资,可获得为期 10 年的优惠政策:在前 5 年,对利润、财产和土地无须纳

---

① 参见周洋、胡昊:《远东地区打开合作大门——专访俄罗斯联邦远东发展部长亚历山大·加卢什卡(Александр Галушка)》,载《中国投资》2017 年第 23 期。

② 参见申浩、池祥成、郭龙:《俄罗斯远东地区矿业投资环境浅析》,载《资源与产业》2017 年第 6 期。

③ 参见周永恒、刘金龙等:《俄罗斯远东地区矿产资源开发现状与潜力》,载《中国矿业》2017 年第 11 期。

税;在接下来的5年,投资者只需要交纳《俄罗斯联邦税法》所规定的税收的1/2,同时,在进口设备和加工原料时还可以免除增值税和进口税。投资采矿和加工产业,俄罗斯政府要求投资者一次性注入84万美元或者在5年内投资总额达850万美元,才能享受10年的优惠政策。远东地区的渔业投资也步入新时代,2017年起采用"配额换投资"机制,此外,远东地区政府还启动在线选择海域区块投资养殖业,极大地方便了外国投资者。①

第二节　俄罗斯外资法基本内容

一、立法沿革

俄罗斯外资法是由以《俄罗斯联邦外国投资法》以及《战略领域外国投资法》为中心的一系列法律法规组成。俄罗斯的外资法经历了3个阶段的发展:第一阶段是1991年至1998年叶利钦政府开始建立外商投资法律框架时期;第二阶段是1999年至2008年普京政府的放宽外商投资限制以及鼓励外商投资的时期;第三阶段是梅德韦杰夫以及普京新政府时期的外资法治建设。② 俄罗斯外资法从制定到现在经历了多次修改,尤其是在1993年俄罗斯申请加入世贸组织时为了达到世贸组织的要求而进行了大范围的法律法规修改,可以说这一系列的立改废活动几乎贯穿俄罗斯外资立法的全程。

(一)第一阶段立法概述

1991年俄罗斯颁布了第一部《俄罗斯联邦外国投资法》,这是俄罗斯首次采用立法的形式对外国投资进行管理,并对外资所能进入的行业的要求以及所能享受的待遇等方面进行了规定,全篇共7章42款。③ 该外资法明确规定俄罗斯保护外商投资,为外商进入俄罗斯市场提供法律保障。该法第二章为保护外国资本作了原则性的规定,第二章中写明外国资本不会被俄罗斯政府以任何借口或者理由征收、征用或者国有化,同样,俄罗斯政府官员也不得有损害外国投

---

① 参见周洋:《远东地区打开合作大门——专访俄罗斯联邦远东发展部长亚历山大·加卢什卡(Александр Галушка)》,载《中国投资》2017年第23期。

② 参见董欣:《俄罗斯利用外资政策与法律的演变》,载《对外经贸》2014年第3期。

③ 参见[俄]果鲁诺娃奥丽雅:《俄罗斯利用外国直接投资的政策与效应研究》,黑龙江大学2012年硕士学位论文,第9页。

资者的行为，否则外国投资者可获得赔偿；根据该法第三章的规定，外国投资者可以建立独资企业或者成立外国企业的子公司或者分支机构，而且第五章中对投资形式也作了规定，投资者可购买企业全套的资产、建筑物、土地使用权、股份、自然资源使用权以及参加国有资产私有化等，为投资者提供了明确的范围。[①] 除了规定投资者的权利，该法中第四章也对外国投资者所能享受的优惠政策和待遇作了阐述，如一些免税政策和在自由经济区投资所能享受的待遇。

除了《俄罗斯联邦外国投资法》，俄罗斯政府还相继颁布了其他调整外商投资的法律法规，如 1992 年出台的《关于在俄联邦境内发展自由经济区的措施》和《俄联邦国营和地方企业私有化纲领》，这些法律赋予外国投资者广泛的权利，但是，这些法律本身又存在很多问题，如《关于在俄联邦境内发展自由经济区的措施》中规定，在自由经济区内开采并按照自由经济区内所确定的限额出口的原料商品的税率，按照俄罗斯当时确定的出口税的 50%缴纳，同年 6 月，俄罗斯又针对该法颁布新的总统令对外资企业进行行政干预，对重要战略原料商品的出口交由指定的企业专营。[②] 这些举措都使俄罗斯的外资优惠政策大打折扣，削弱了对外国直接投资的吸引力。

在这一时期，俄罗斯政府对于外国资本进入本国市场后需要面临的其他问题也进行了立法规定，如《俄罗斯联邦产品分成协议》和《俄罗斯联邦租赁法》等。

（二）第二阶段立法概述

普京政府对外国直接投资高度重视，该政府认为扩大外资吸引规模和加快发展速度是俄罗斯经济发展的必然之路。这一期间，俄罗斯政府对现存的多部法律进行修改和完善，并且颁布了促进外商投资的多部法律法规。新的《俄罗斯联邦外国投资法》于 1999 年颁布，并进行了多次修改，该法在开篇即明确了对外国投资者的保护："本联邦法确定对外国投资者的投资及其投资收益和利润权利的基本保证，以及外国投资者在俄罗斯境内的经营条件。"同时，该法废止了 1991 年《俄罗斯联邦外国投资法》及其附属法律法规。

普京政府还修改完善了与新的《俄罗斯联邦外国投资法》相配套的一系列法律法规，如 1999 年出台的《对〈产品分成协议〉进行修改和补充的联邦法》、1999—2000 年出台的 5 项《关于可按产品分割条件使用的地下资源产地的联邦法》和 2005 年出台的《俄罗斯联邦经济特区法》等法律，这些法律法规为外资进

① 参见董欣：《俄罗斯利用外资政策与法律的演变》，载《对外经贸》2014 年第 3 期。

② 参见李传勋：《俄罗斯的自由经济区》，载《东欧中亚市场研究》1996 年第 6 期。

入俄罗斯资本市场提供明确的指引，除此之外，俄罗斯政府在1999年还颁布了《外国投资活动法》进一步简化外商投资审批手续，要求相关部门及时受理投资者的申诉并公布处理结果，同时还确立了相应的税收优惠政策。①

随着外商投资领域的不断扩大，对涉及国家安全的行业领域外资准入进行限制是必不可少的，2008年俄罗斯政府制定《战略领域投资法》，对进入俄罗斯战略行业和企业的外资实施国家安全审查制度。

（三）第三阶段立法概述

梅德韦杰夫政府时期仍以扩大外资吸引力为目标，制定了《对外国投资俄罗斯战略企业的管理办法》修正案，该修正案旨在扫清银行业（银行股权买卖）、食品业（生产与加工）以及服务业的壁垒，②同时，出台的相关法律缩小了“战略企业”的范围，扩大了外资的准入领域，如2013年出台的《公私合营法》。

普京新政府把握其能源大国的地位，极力扩大外商在俄罗斯能源领域的投资，积极完善对外资的税收征管制度并扩大外资准入的领域，为外资提供更为优惠的税收政策。

二、外资法律框架

俄罗斯外资法体系由《俄罗斯联邦外国投资法》《俄罗斯联邦产品分成协议》《俄罗斯联邦税收法》《俄罗斯联邦经济特区法》《俄罗斯联邦矿产资源法》《战略领域投资法》《俄罗斯联邦劳动法典》《俄罗斯联邦民事法典》《俄罗斯联邦建筑法典》《俄罗斯联邦证券市场法》《俄罗斯联邦环境保护法》《俄罗斯联邦租赁法》《俄罗斯联邦土地法典》等法律构成，除了以上对外资进行整体规制的法律，俄罗斯还出台了一系列有关外商投资形式和在特殊地区投资的法律法规，如《公私合营法》和《关于符拉迪沃斯托克自由港的联邦法律》。

（一）《俄罗斯联邦外国投资法》

该法制定的宗旨是：“旨在吸收和在俄罗斯经济中有效地利用外国物资和资金资源、先进技术、工艺及管理经验，保障外国投资者经营条件的稳定性并使外国投资法律制度符合国际法准则及投资合作国际惯例。”1999年《俄罗斯联邦外国投资法》（以下简称《外资法》）是俄罗斯在积极追求扩大对外国投资的吸引力的大背景下制定的，与1991年的《俄罗斯联邦外国投资法》相比较，旧的

---

① 参见董欣：《俄罗斯利用外资政策与法律的演变》，载《对外经贸》2014年第3期。

② 参见董欣：《俄罗斯利用外资政策与法律的演变》，载《对外经贸》2014年第3期。

外资法是为外国投资者赴俄投资制定相关的原则和行为准则，同时包含外资企业的成立和经营管理模式等基本规定；而新的《外资法》则着重为外国投资者提供各方面的保障，如保护投资者所获得的利润以及保证投资者的经营条件。①

该法共28条，第1条明确了该法的适用范围以及调整的关系，即外国投资者在俄罗斯境内投资时俄罗斯国家对投资者的权利加以保护而产生的相关关系，可以认为本法是一部“外国投资者保护法”。俄罗斯政府对外国投资者的保护不是无限度的，该法不调整外国资本对银行和其他金融机构，以及对保险组织进行投资而产生的法律关系，以上法律关系交由俄罗斯有关银行和银行活动的法律以及有关保险的法律进行调整。同时，该法也不调整出于公益目的的非商业性外国投资，其中包括教育、科学、慈善或者宗教方面的目的，以上非商业性投资产生的法律关系由相关法律调整。

俄罗斯为了增强吸引外资的能力，将外国投资区分为普通的外国直接投资和优先项目投资。两类投资对金额的要求不同，投资优先项目要求总金额达10亿卢布或者在合股资本中最低股份价值或投资不少于1亿卢布。只有投资法律所规定的优先项目才能享受第16条所规定的优惠政策。②

该法第4条和第5条规定了对外国投资者进行保护的总的原则。该法第4条确立了外国投资者的国民待遇原则。《俄罗斯联邦外国投资法》明确外国投资者享有不少于本国投资者所能获得的优惠，并且对外国投资者的限制只能出于保护国家安全、维护宪法尊严以及保护其他当事人合法权益的目的。但是，并非所有形式的外国投资都可享受国民待遇原则，该条后半部分排除了外国投资的商业组织的子公司和附属机构享受待遇的权利。第5条确立了对外国投资者的无条件的法律保护原则。该条中规定外国投资者享有不受俄罗斯政府和官员不作为损害的权利，并且这种权利受俄罗斯法律体系和俄罗斯签署的国际条约的保护。以上两条对外国投资者确立了高标准的保护，奠定了《外资法》对外国投资者保护的总基调。

该法第6条至第17条详细规定了外国投资者可享受的权利。该法中规定了外国投资者可以以外资法所不禁止的任何方式投资，但应用俄罗斯本国货币进行投资并且按照联邦法律进行资产评估；可根据合同转让自己的权利(让渡诉求)和义务(转移责任)；除根据法律的规定之外，财产免于征用、强制没收和

---

① 参见庄岚、黄运良、侯磊：《俄罗斯外商投资法解析》，载《大陆桥视野》2006年第6期。

② 参见庄岚、黄运良、侯磊：《俄罗斯外商投资法解析》，载《大陆桥视野》2006年第6期。

国有化,若外国投资者的财产因上述行为受到损害,则有权获得赔偿;投资的商业组织不因俄罗斯法律变动而受到损害;获得救济的权利;在俄罗斯境内使用和自由汇出其投资所得的权利,以及自由将最初投资所携带的器材、文件等材料带出俄罗斯境内的权利;购买有价证券、参与公有财产私有化的权利;获得土地、其他自然资源、建筑物、设施和其他不动产的权利;获得海关以及其他优惠的权利。《外资法》赋予外国投资者广泛的权利,这些权利涵盖了投资开始至结束的全过程。

该法对外国投资者的义务没有作过多的规定,除了在权利条款中对权利的享有和行使进行必要限制,仅有第 18 条明确提出了外国投资者所应承担的义务,即遵守俄罗斯的反垄断法和进行善意竞争。俄罗斯对恶意竞争和限制性经营活动的界定还包含了在俄罗斯境内设立有外国投资的商业组织或者外国法人的分支机构,以生产某种热门商品,而后将外国生产的类似商品打入俄罗斯市场而自行停业为目的,甚至利用价格协议、市场分割协议或者恶意招投标的行为。该法除了以上内容,还规定了外国投资的商业组织的设立和撤销,以及母公司与分支机构之间产生的法律关系。

《外资法》吸取先进的立法经验,为外国投资者提供了较高水平的法律保障,积极向 WTO 的高标准规定靠拢,增强了俄罗斯对外资的吸引力。

（二）《俄罗斯联邦税收法》

俄罗斯新一轮的税制改革始于 20 世纪 90 年代中期,于 1998 年和 2000 年分别颁布了《俄罗斯联邦税收法》的第一部和第二部,于 2001 年对该法进行补充修改并于 2008 年出台该法修正案。这两部税法典的出台标志着俄罗斯税制改革取得了实质性进步。①

1. 第一部税法典

第一部《俄罗斯联邦税收法》共 7 篇、20 章、142 条。税法第 1 条就明确了俄罗斯税收分为 3 个种类即俄罗斯联邦税、俄罗斯联邦主体税以及地方税。联邦税是在俄全境内征收的税种,但其税收并不统归联邦预算;联邦主体税由不同的联邦主体的立法机关确定并进行征收;地方税则是由地方自治机关在所管辖的地区内进行征收。该法共规定了增值税、自然人所得税、企业所得税、消费

---

① 参见商务部对外投资和经济合作司等:《对外投资合作国别(地区)指南 · 俄罗斯》(2017 年版),第 96 页。

税、水资源税、林业税等16种联邦税，企业财产税、车船使用税、博彩税等7种联邦主体税以及土地税、自然人财产税、广告税、继承或赠与税、地方许可证签发手续费5种地方税。①

该法对外国投资者提供平等待遇原则保护，不因投资者的国籍不同而采取差别税收，从原则上保护了外国投资者的利益。该法用大篇幅的内容对纳税主体的义务、不履行义务所应承担的责任以及受到损害时的救济进行了详细的阐述。

2. 第二部税法典

该法由7款条文组成，仅讲述了一个内容——联邦税中的增值税。该法详细规定了增值税的课税对象，并对与课税对象有关联的概念进行了界定，如商品销售地和工程(服务)实施地点。为保护投资者利益，本法对免税业务做了详尽的规定。第二部《俄罗斯联邦税收法》第149条确立了3个免税业务领域：第一，在俄罗斯境内向派驻在俄罗斯境内的外国公民或者组织提供办公用房和(或者)居住用房服务的；第二，在俄罗斯联邦领土上销售(为自身需要转让、完成工程、提供服务)法律规定的商品，如俄罗斯政府批准的国药产品和外国药产品；第三，特定业务，如提供银行信用卡业务服务。除了确立了大范围的免税项目，俄罗斯政府也对这些项目本身有特定限制，以防止外国投资者滥用此条款给俄罗斯国内企业造成损害。例如，对俄罗斯政府批准的国药产品和外国药产品进行免税，该法即规定此类药品需要是重要的、为生命所必需的药品、医疗制品或者器械；人工弥补和矫形制品及其制作原材料和半成品；残疾人使用的技术设备、眼镜片和镜框。该条同时也采用"但书"将不属于以上内容的业务予以排除，减少投资者投机取巧的机会。

《俄罗斯联邦税收法》第一、二部构成了俄罗斯税法基本框架，为外国投资者提供了明确的税收指南，税法的透明性保障了外国投资者的权利，同时，不断降低的税率也增加了外国投资的热情。但是俄罗斯税法仍需对其他税种作详细的规范，为外国投资者提供更加全面的保护和指引。

---

① 参见郭连成：《新版〈俄罗斯联邦税法典〉(第一部)简介》，载《东欧中亚市场研究》1999年第11期。

3. 俄罗斯主要税种税率(见表 2–1)

表 2–1　俄罗斯主要税种税率一览

税种	税率
企业所得税	法定税率:20%(2%税率征收额度纳入联邦预算;18%税率征收额度纳入联邦主体预算。各联邦主体有权针对特定纳税人实行优惠税率,优惠税率最低不得低于 13.5%,法律另有规定的除外) 低税率: (1)0%:从事教育或者医疗活动的法人实体取得的收入;研发企业的收入、股息红利的预提税;俄罗斯公司转让其 2011 年 1 月 1 日后取得的且持有至少 5 年的股份取得的收益等 (2)股息红利所得税税率: 0%——俄罗斯公司从其持有至少 50%股份且持股时间超过 365 天的俄罗斯公司获得的股息 13%——俄罗斯公司或者俄罗斯个人取得的股息 15%——外国公司取得的股息
个人所得税	法定税率:13% 具有特定身份的人所适用的税率: (1)非居民纳税人的外籍专家、通过免签停留在俄的外籍人士和凭特殊许可证工作的——13%;(2)非居民纳税人从俄罗斯公司获得的股息——15%;(3)非居民纳税人源于俄罗斯的收入——30%;(4)特定类型的非雇佣收入——35%(如通过博彩、竞赛、保险获得的收入)
增值税	(1)0%:通过海关出口到独联体国家的商品(石油、凝析油、天然气除外);与不征收增值税的产品的生产和销售有直接联系的工作或服务;与过境运输有直接联系的工作或服务;以统一的国际转运协议为基础的旅客和行李的转运服务;与宇宙空间站有关的工作;贵重金属开采以及与金融机构交易;与外交有关的商品 (2)10%:基础食品类;儿童商品类;报纸杂志;个人使用的医药产品 (3)20%:除以上两种税率适用的商品外,其他商品征收适用 20%税率 (4)结算税率:根据基本税倒推出的以含增值税的收入为税基的税率 (5)特殊税率:罚款、滞纳金、违反合同规定违约金的课税
消费税	酒类产品:不同酒精含量的成品和半成品征收不同的税率 烟草及其制品:不同种类烟征收不同税率 珠宝制品:5% 轿车、摩托车:不同种类机动车征收不同税率 燃油:不同类型燃油征收不同税率

续表

税种	税率
矿产资源开采税	矿产资源开采税依据不同矿产分别加以规定，税率由 3.8%—30%不等
水资源使用税	水资源使用税区分水的性质（地下水、河水、湖水、海水）、使用方式和经济区域等，确定不同的基准税率
联邦主体税收	企业财产税：最高不超过 2.2% 车船使用税：每单位马力 1—200 卢布，可增加或者降低最多 10 倍
地方税收	个人财产税：0.1%—2% 土地税：区分农业用地和非农业用地，适用不同税率，最低不低于 0.1%，最高不超过 1.5%；农村居民用地税率不超过 0.3%

资料来源：黑龙江省税务局《中国居民赴俄投资税收指南》、国家税务总局《中国居民赴俄罗斯投资税收指南（2022）》。

（三）《俄罗斯联邦经济特区法》

《俄罗斯联邦经济特区法》共 10 章、41 条，规定了经济特区的设置和经营管理以及与特区有关的人事物的内容。该法中认定的“经济特区”是指经营活动适用特殊制度的俄罗斯领土，在俄罗斯境内存在两种性质的经济特区：工业生产型经济特区和技术推广型经济特区，前者规模要远大于后者，工业生产型特区的面积不超过 20 平方公里，而技术推广型特区的面积不能超过 2 平方公里。由此可见，发展工业生产仍是俄罗斯吸引外资的主要目的。

外国投资者在经济特区内注资便拥有了“经济特区居民”的法律地位，该法第 9 条规定了不同外国投资的商业组织或经济特区居民身份的时间，两种经济特区的居民都需要按照俄罗斯法律进行注册，与经济特区管理机构签订在该法规定的条件和程序下开展活动的协议并且被列入经济特区居民清单之日起才能取得居民资格，两者不同之处在于对组织形式的要求不同：工业生产型居民只能是商业组织，而技术推广型居民可以为商业组织或者个体企业，但是两者都不能包含单一制企业。两类居民都必须严格按照自己所属的经济特区的属性从事经营活动。为了防止经济特区居民滥用特区所赋予的优惠，该法第 10 条第 4 款特别规定特区内的居民无权在特区外拥有分支机构和代表机构。特区居民享有税收优惠，若允许其设立分支机构和代表机构，特区内的居民企业极有可能成为外部企业的“避税港湾”，这势必会造成俄罗斯税收减损，因此该条可视为俄罗斯利益的“保护伞”。

经济特区居民不仅受相关法律法规的约束,还要接受俄罗斯国家检察机关有计划的综合检查,检察机关对于存在违法行为的居民企业可发出“停止违法命令”,在发布命令之后的两个月内,有权对违法的居民企业进行例外检查,对于在例外检查之前不予执行命令的企业,检察机关可向法院提交申请取消该企业的居民资格。对于税务和海关部门在经济特区内实施的检查,只有居民企业有两次或两次以上违法行为检察机关才得以向法院申请撤销其居民资格。

该法在第 36 条中规定了特区居民的税收参照《俄罗斯联邦税收法》的规定,至于海关制度,俄罗斯规定在经济特区内存在或生产的外国货物可以免征进口税和增值税,并且上述货物不受俄罗斯调节外贸活动的法律法规的经济性禁令和限制措施影响;同时,俄罗斯货物在出口时仅征消费税而不征收出口关税。第 37 条详细规定了对“存放”货物的要求,以减少外国投资者滥用权利的机会。

《俄罗斯联邦经济特区法》给予经济特区居民许多的优惠政策,但同时也对以上优惠政策制定限制,减少外资对本国经济造成的风险。

(四)《俄罗斯联邦环境保护法》

该法第 3 条确立了 20 多条有关环境保护的原则,如利用自然付费、损害环境赔偿原则、对计划中的活动实行危害推定原则、作出经济活动的决定时进行环境评估的原则、公民/社会/非商业性团体参与解决环境保护任务的原则等。该法旨在从根源上保护俄罗斯环境,减少环境破坏的现象和影响。

为了保护企业的自身权益,《俄罗斯联邦环境保护法》特别规定“生态保险”制度:在环境风险发生时保障法人和自然人的财产权益。俄罗斯并不强制自然人或者法人投保,该法第 18 条第 2 款仅规定“俄罗斯可以实施国家强制生态保险”,鉴于目前环境污染事故频发给企业和国家造成巨大损失,外国投资者投保生态保险能够减少自身的风险,因此建议外国投资者投保该险别,具体办理方式参见俄罗斯联邦法律法规。

该法利用大篇幅内容具体阐述各个领域的基本环境要求,如对建筑物、构筑物、工程和其他项目的布局、设计、建设、改建、投产、运营、停工和清算的基本环境保护要求;对能源项目布局、设计、建设、改建、投产和运营的环境保护要求;对石油天然气开采生产项目和石油天然气及其产品加工、运输、储存和销售项目的布局、设计、建设、改建、投产和运营的环境保护要求;对处置生产废物和消费废物的环境保护要求等,这些基本要求几乎涵盖所有投资领域,对企业从布局到真正投资生产的各个环节都有明文规定,足以看出俄罗斯政府对环境保护的重视以及对企业在环保方面的高要求。外国投资者赴俄投资需要重视俄罗斯对环境保护的要求,如果违反俄罗斯的基本环境要求,则企业的生产经营活动可能面临限制、停止或者终止的严重后果,自然人则可能受到财产责任、行政责任甚至刑事责任的处罚,俄罗斯对因环境污染受损的诉讼采用20年的追诉时效,除此之外,《俄罗斯联邦环境保护法》还实行"对产生不良环境影响的客体的国家登记制度"足以看出俄罗斯对污染环境者的惩戒力度之大。

(五)《俄罗斯联邦土地法》

该法第3章规定了俄罗斯的土地所有制,即私有制与公有制相结合的土地所有制度。该法第15条规定,公民和法人可以根据法律法规平等地取得土地的所有权,原本归国家或者市政所有的土地,除法律规定不能私有化之外的都可为公民和法人取得并拥有所有权。但是,该条第3款规定:外国人、无国籍人和外国法人不能取得俄罗斯边疆地区和俄罗斯法律规定的其他特殊地区的土地的所有权,此举多是为了保护俄罗斯的国家安全和利益。

俄罗斯公有的土地分为联邦所有制、俄罗斯联邦各主体所有制和市政所有制,这些土地虽为公有,但一部分土地仍可通过一定程序提供给公民或者法人使用。对于外国人、无国籍人和外国法人,只能有偿取得上述土地的所有权,而俄罗斯本国公民在一定情况下则可以无偿取得。根据该法第20条,俄罗斯不向公民提供长期(无限期)使用的地块,外国投资者有权短期租赁俄罗斯领土内的土地,并且在租赁期满时享有优先签订新的租赁合同的权利,对于租赁的土地,承租人可以通过将租赁权抵押、进行投资、作为生产合作社的股金等方式,将土地上的权利义务转让给第三人,租赁合同无特别规定,租赁权转让时仅需通知土地所有权人,无须征得其同意。承租人在租赁期内也有权进行转租,同权利转让一样,仅需通知所有权人。

外国投资者想要获得建设用地,需根据该法第31条向国家执行权力机关或者地方自治机关提出申请,申请书的内容包含项目用途、建设地点、面积、对土地的请求权,还可附对建设方案的论证或者必要的计算。申请者在提交申请之日起两周内有权获得负责机关免费提供的相关资料。

俄罗斯与我国一样,对土地权利以及土地上的建筑物的权利采用"房随地走,地随房走"的政策,《俄罗斯联邦土地法》仅允许登记的土地进行买卖,并且规定了土地买卖合同无效的后果:第一,规定卖方有按照自己意愿买回土地的权利;第二,限制卖方以后对土地的处分;第三,限制卖方在第三人对土地提出权利要求时的责任。若卖方向买方提供虚假资料,则买方有权要求减少价金或者解除合同并要求卖方赔偿损失。

该法第 6 章规定了土地所有权人、土地使用人、土地占有人和承租人的权利。土地所有权人有权利用土地上的矿产和水资源;根据土地的专门用途和许可的方式利用;根据法律的规定,实施灌溉、排水、农作技术和其他土壤改良工程,构筑池塘和其他封闭性水体;法律规定的其他权利。同时,要承担以下义务:按照专门用途利用土地;不破坏土地上原有的测量标志;实施土地保护措施;按时缴纳费用;在利用地块时遵守城市建设规程的要求和建筑、生态、卫生、消防及其他规则、标准;不使有关类别土地的肥沃土壤层受到污染、退化和恶化;法律规定的其他义务。投资者丧失土地所有权的方式包括自行放弃和强制终止。强制终止多是因为土地所有人违反俄罗斯相关法律法规的禁止性规定。

《俄罗斯联邦土地法》详细规定了各类土地的使用要求和限制,一方面能使本国土地物尽其用,另一方面又做到保护本国土地。

第三节　中国投资俄罗斯可能面临的法律风险

一、投资风险概况

俄罗斯投资环境虽然在不断改善,但仍然存在很多风险。根据海牙常设仲裁法庭所受理的外国投资者对东道国的仲裁案例来看,俄罗斯投资风险呈现多样化的状态,近年来共有 7 件针对俄罗斯国际投资争端的案件,多数案件的申请方为多家外国企业,申请的原因有俄罗斯政府违约等问题,且都处于未决的状态。同时,根据多边投资担保机构(MIGA)资料,MIGA 共承接针对俄罗斯的 37 个项目的投保,多边投资担保机构所承接的这些项目涵盖了征收险、汇兑险、战争内乱险等险别,其中有多个项目在不同年份都进行了投保。

二、法律风险概述

(一)俄罗斯外商投资法律体系不完善

首先,俄罗斯立法变动频繁。俄罗斯的外资法自制定以来经历了多次的修改与废止,尤其是俄罗斯申请加入世贸组织阶段就有上百部法律进行了变动,有的法律在生效后也进行了频繁的修改,许多重要条款的内容经常发生变化;有的则是调整同一经济关系的不同法律相继出台,常常是新法改变旧法的规定。[①] 2008 年 4 月俄罗斯议会上下两院通过了对限制投资的行业的规定，5 月又出台了《战略领域投资法》，对 13 类 42 种经营活动进行限制。两部法律颁布时间仅隔短短一个月，但是法律法规对投资的限制却发生了重大的变化。法律要发挥其应有的作用必须具有稳定性和可预见性，朝令夕改的法律让投资者无法预见自己的行为会产生的法律后果，不能预料的风险势必会减少外国投资者的热情，也会增加其投资成本。

其次，俄罗斯法律法规之间相互冲突。俄罗斯是联邦制国家，由 85 个平等的联邦主体组成，实行多级分权管理制度。根据俄罗斯法律，为发展当地的主导产业和欠发达产业，各个州区政府有权根据自身区域特色，制定本级优先投资项目，但是俄罗斯地大物博，各州市地区差别大，法律法规相互之间差异大，也难免与联邦法律有冲突。如《俄罗斯联邦外国投资法》规定只有联邦法律可以限制外国投资，而《关于完善外商投资工作》的总统令却赋予总统令限制外国投资的权力，由此一来，两者之间便产生冲突。[②]

根据 WTO 统计，俄罗斯加入世贸组织时农产品共有 8.6%的税目承诺零关税，但实际上只有 3%的税目实现了零关税承诺，最新数据显示，俄罗斯 44%的税目最终的税率小于 5%，有 2.3%的税目的税率大于等于 50%，甚至有 0.3%的税目的税率高于 100%。在非农业方面，3.4%的税目达到了零关税，51.6%的税目的税率小于 5%，与农产品关税相比，非农业产品关税更能达到 WTO 的高要求，大于等于 50%的关税项目为零，而俄罗斯针对农产品和非农业产品的最惠国税率分别是 9.2%和 16.5%（2016 年数据）。由此可见，俄罗斯税率仍然未达到 WTO 的要求。2016 年世贸组织确认俄罗斯对纸张、冰箱和棕榈油征收的进口关税违反世贸规则，俄罗斯承诺对纸张征收 5%的关税，但实际上却征收 10%或 15%的关税。

（二）司法救济难度大

《俄罗斯联邦外国投资法》中规定，外国投资者的权益受到损害时，可以根据俄罗斯签署的国际条约和俄罗斯法律在法院或国内仲裁法庭或者国际仲裁法庭上提起诉讼或申请仲裁。由此可见，外国投资者可以通过俄罗斯内部的司法体制或者国际仲裁获得救济。

---

① 参见许立新：《俄罗斯投资法律风险和防范建议》，载《黑龙江科技信息》2013 年第 11 期。

② 参见殷敏：《“一带一路”倡议下中国对俄投资的法律风险及应对》，载《国际商务研究》2018 年第 1 期。

首先,俄罗斯国内法院救济情况不容乐观。俄罗斯司法制度实行二审终审制,经济类案件由经济法院受理,一审由各个联邦主体法院进行审理,但是法院诉讼时间久,且对于一审的判决和裁定不服可以进行上诉,若对上诉法院的裁决仍表示不服的话可向联邦区法院进行申诉,对于已经生效的判决和裁定则可启动再审程序,因此在俄罗斯进行诉讼会消耗大量的精力和财力。① 对于外国投资者来说,选择法院进行诉讼虽然是最便捷的方式但并非解决问题的最佳途径,付出高昂的时间成本,但最终未必能获得适当的救济。

其次,俄罗斯国内仲裁存在大量问题。俄罗斯国内仲裁主要依照《俄罗斯联邦仲裁庭法》进行,俄罗斯仲裁协会董事会主席弗拉基米尔·荷瓦列对俄罗斯国内仲裁的评价为:"90%以上的俄罗斯商事仲裁机构与真正的商事仲裁没有任何共同点。这些机构,要么是'装在裤兜里的仲裁院',它们的存在让我们的外国同行笑掉大牙;要么是一些可疑的机构,它们的主要目的就是把不完全合法的方案合法化。"弗拉基米尔指出,俄罗斯仲裁机构会存在这样的问题根源在于俄罗斯的法院和警察局不能各司其职,以及普遍存在的滥用仲裁的行为。俄罗斯虽然正在对仲裁进行改革,试图改变商事仲裁的现状,但仍然存在本质性的问题:俄罗斯对于商业仲裁机构的设立采取行政许可的方式,但是俄罗斯联邦工商会国际商事仲裁院和海事仲裁委员会却得到了豁免。有律师认为,这样的决定违反了平等原则,不利于俄罗斯仲裁的改革。与此同时,俄罗斯的商事仲裁之所以没有像国外那样发达,不仅因为俄罗斯国内司法实践不稳定,还由于俄罗斯仲裁法律法规存在程序性问题。英国博闻律师事务所俄罗斯业务部负责人利马·马林斯卡娅认为,俄罗斯仲裁程序缺乏灵活性,且仲裁员的专业素质偏低,存在公开滥用职权和违反法律程序的行为,同时,仲裁程序的透明性低也使俄罗斯商事仲裁的声望和作用大打折扣。

俄罗斯国内救济程序存在众多的问题,外国投资者寻求救济可能达不到预期的效果。根据《俄罗斯联邦外国投资法》的规定,外国投资者还可以在国际仲裁机构申请仲裁获得救济。事实上,申请国际仲裁解决在俄纠纷也未必能达到理想的效果,著名的尤科斯石油公司诉俄罗斯政府案直接证明了在俄罗斯寻求国际救济的困境。

---

① 参见陈晗:《新常态背景下中国对俄投资研究》,黑龙江大学2016年硕士学位论文,第70页。

三、具体法律风险

(一)资本准入风险

根据《俄罗斯联邦外国投资法》,俄罗斯对外资准入的领域分为 3 个层次:首先,俄罗斯鼓励投资的领域包括的多是传统产业,如石油、天然气、煤炭、建筑、制造业等。其次,根据俄罗斯相关法律,限制投资的产业多为战略性行业,主要包括:国防军工、核原料生产、核反应堆项目建设运营、密码加密设备研究、联邦级地下资源开发、发行量较大的报纸和出版公司、俄罗斯电网等。最后,俄罗斯禁止外资进入的领域包括:(1)禁止外资投资赌博业和人寿保险业;(2)禁止外资银行设立分行;(3)禁止外国保险公司参与俄罗斯政府强制保险方案。根据俄罗斯入世议定书的内容,未来外国银行可在俄罗斯设立子行或者由外资参股和控股。① 外国投资者对具有战略意义的商业组织进行投资要受到俄罗斯政府的严格控制,同时,该类商业组织的交易程序复杂、要求严格,交易前有严格的审查过程,交易后还需承担向全权机关汇报信息的义务,并不是完成交易后就万事大吉,投资者一旦违反俄罗斯相关法律法规的规定,该类交易将会面临被撤销或者宣告无效的法律后果,投资者的努力将会付诸东流。

(二)投资方式法律风险

国际上常用的外国投资方式包括绿地投资、BOT、跨国并购等,俄罗斯的外资法对跨国并购、股权、证券投资以及外国投资者参与公私合营的方式作了规定。俄罗斯允许外国投资者并购俄罗斯境内的本地企业,俄罗斯外资并购的法律体系由多部法律组成,形成了不同的层次,且有几个不同的机构分工合作。俄罗斯外资并购的法律体系由俄罗斯法律、各联邦整体法律以及俄罗斯参加的国际条约组成,根据晨哨并购的统计,2016 年中国企业在俄罗斯开展了 13 次并购交易,交易金额高达 61.89 亿美元,同比增长 78%。② 但是外资并购受到相应限制,俄罗斯为了保障本国国防和国家安全,出台了新的法律法规强化现有的审查制度,并且颁布了《战略领域投资法》,对外资并购具有战略意义的企业进行了限制,法律规定有外国政府背景的外资对拥有联邦级地下资源公司的控股权不得超过 5%,对其他具有战略意义的企业的控股不能超过 25%,若想拥有其

---

① 参见商务部对外投资和经济合作司等:《对外投资合作国别(地区)指南·俄罗斯》(2017 年版),第 44 页。

② 参见晨哨并购官方网站,https://mw.chinamerger.com。

他战略意义的企业或者地下资源区块项目中10%以上的股份,需向俄罗斯相关机构申请。俄罗斯对并购的审查程序很严格,俄罗斯法律规定,要获得战略领域50%以上股份的外国私人投资者私营公司投资,必须获得专门的许可,要向专门委员会提出申请,若委员会在期限内不能作出决定,则会把申请项目交给政府审议,特殊领域的申请也可交给总统审议。在公私合营领域,俄罗斯只允许采用 BOT(建设—经营—转让)和 DBFO(设计—建设—融资—经营)模式,且DBFO 模式只能适用于公路项目。2013 年3 月,俄罗斯通过了《公司合作伙伴关系联邦法》草案,允许联邦和地方政府与私营企业家、本国或者外国法人合作建设俄罗斯公共基础设施项目,草案规定除了上述两种模式,还可采用其他多种模式以及设立合资企业等方式投资公共基础设施项目。《特许经营权协议》规定了 14 类经营权的客体,且都为不动产,如铁路运输工程设施、电力和热力生产、传输及配送的工程设施。① 外国投资者对俄罗斯进行投资的模式受到俄罗斯的限制,外国投资者只能采用以上几种方式在俄罗斯境内进行投资。

(三)雇佣劳工法律风险

外国投资者赴俄投资设立企业,可以选择雇佣俄罗斯本国的劳动力或者利用本国现有的劳动力进入俄罗斯境内务工。《俄罗斯联邦劳动法》是调整俄罗斯劳动关系的法典,该法律规定了俄罗斯本国劳动者的权利和义务,以及以立法的形式确立国家对劳动者的权利和自由进行保障。《俄罗斯联邦劳动法》规定,雇佣者需要与劳动者签订合同,分为定期与不定期合同,若双方未约定期限,则对劳动者的试用期不得超过 3 个月,对于所聘请企业的负责人、总会计师及其副手的试用期不能超过 6 个月。外国投资者应特别注意对上述三类劳动者的特殊规定。劳动合同到期后若任意一方都未提出解除合同,则合同自动延长,这一规定有利于劳动者而不利于企业,外国投资者若不想与劳动者续约,则需要采取明示的方式让劳动者知晓。劳动合同在双方协商一致的情况下随时可以解除,这与我国的规定相一致,但是其中一方提出解除合同,则需要及时通知对方,对于定期合同,雇佣者需要提前 3 日通知劳动者。

《俄罗斯联邦劳动法》赋予俄罗斯劳动者充分的保障,包括各种休息休假的权利以及明确的工资标准,2017 年 7 月 1 日起,俄罗斯联邦的最低工资调整为

---

① 参见商务部对外投资和经济合作司等:《对外投资合作国别(地区)指南 · 俄罗斯》(2017 年版),第 59-60 页。

7800 卢布/月。[①] 对于劳动者工作时间的规定,《俄罗斯联邦劳动法》与我国《劳动法》的规定有同有异,俄罗斯也采用每天工作不超过 8 小时的法定工作时间,但是劳动者每周工作不得超过 40 小时,我国的规定为 44 小时,同时,俄罗斯规定劳动每周有两天的休息时间,而我国法律则规定劳动者每周至少有一天的休息时间。俄罗斯劳动者在一个单位第一年连续工作满 6 个月后享有 28 天的带薪休假,劳动者福利待遇非常高,外国雇佣者需要按照劳动法的规定给予劳动者充分的福利待遇。俄罗斯的雇主需要承担较重的职工保险,俄罗斯规定的 3 种职工保险均由雇佣者负担。

外国投资者在俄罗斯设立企业并且雇佣当地的劳动者成本比较大,需要承担的社会责任较重,因此部分外国投资者选择将本国国内的劳动者派遣至俄罗斯进行劳务作业,但是外国人在俄罗斯务工存在很高的风险。

俄罗斯对于外来务工者采用配额制,根据俄罗斯法律的规定,用工企业和部门每年都要向当地的劳动就业部门和移民部门申请下一年度的配额,外国务工者必须持有与用工方签订的劳动合同以及俄罗斯颁发的工作许可证才可以在俄境内工作。对于不同类型的外资企业,俄罗斯政府还要求其具有相应比例的本国劳动者,如对外资信贷企业要求雇用的俄罗斯劳动者不少于劳动者总数的 75%,产品分成项目的要求则高达 80%。俄罗斯所签发的外国人工作签证时间短,普通劳动者签证和许可的有效期仅为 1 年,对于外国投资者来说极为不便,除了企业每年要申请新的配额之外,还需要本国员工申请新的签证和许可,这给企业岗位带来了很大的不稳定性。为了保障本国劳动者就业,俄罗斯不断削减配额的数量,同时严厉打击非法劳动移民,对非法用工的企业采取 25 万—80 万卢布的高额罚款,但是远东地区除外,在远东地区跨越式发展区注册的企业有权直接邀请外籍劳务务工。除雇工程序烦琐外,保障赴俄务工的劳务人员的人身安全也是外资企业的重要任务,俄罗斯境内治安环境较差,经常发生枪击事件,近几年发生了多起针对中国公民的伤害事件。[②]

外国投资在俄罗斯进行投资无论雇佣哪一国的劳动者都需要承担较重的义务和责任,若外国投资者违反《俄罗斯联邦劳动法》则会面临行政责任、财产

---

① 参见商务部对外投资和经济合作司等:《对外投资合作国别(地区)指南·俄罗斯》(2017 年版),第 61 页。

② 参见商务部对外投资和经济合作司等:《对外投资合作国别(地区)指南·俄罗斯》(2017 年版),第 18 页。

责任甚至是刑事责任。[①]

(四)环境保护法律风险

《俄罗斯联邦环境保护法》和《俄罗斯联邦生态评估法》是俄罗斯环境保护方面的基本法律。这两部法律为俄罗斯环境保护制定了较高的标准。《俄罗斯联邦环境保护法》对企业保护环境提出了十多项要求和原则,同时还赋予了公民环境权,规定每个人都有享有良好环境的权利,保障每个人享有良好的生活条件。违反该法的企业及其负责人会面临财产责任、纪律责任、行政责任和刑事责任,除此之外,《俄罗斯联邦生态评估法》对企业的经营活动制定了严格的评估原则,如确立的生态评估参与者和利益相关者对组织、行为、生态评估质量承担责任的原则。《俄罗斯联邦生态评估法》要求一般性项目在初步设计方案中提供项目环评报告,高污染项目则需在设计前提交环评报告,从源头上控制企业对环境的破坏。

我国企业赴俄投资的产业多为资源密集型产业和基础设施的建设,有些企业在环境保护方面投入的精力和财力较少,容易导致环境污染问题,因此被处以巨额罚款的可能性比较大。[②]

(五)政治风险

外国投资者赴俄投资会面临一定的政治风险。

第四节 中国投资俄罗斯的法律风险防范对策

一、企业自身加强法律风险防范

企业对外投资,需从自身加强风险应对能力,事前做好尽职调查减少不必要的损失。

(一)投资前熟悉东道国和项目的投资环境

许多投资者被东道国投资所宣传的政策和环境所吸引,在未对东道国投资

---

① 参见宏运通商务纵横:《用人单位违反俄联邦劳动法应承担的责任,各类违规行为和诉讼案例解读》。

② 参见殷敏:《"一带一路"倡议下中国对俄投资的法律风险及应对》,载《国际商务研究》2018 年第 1 期。

法律环境做充分了解的情况下就盲目进行投资，容易遇到较大的风险，对俄罗斯进行投资可能会遇到众多的风险，投资者应在事前仔细研究俄罗斯有关外商投资的法律法规，了解允许外资进入的领域和行业，特别关注对外资进行限制或者禁止的领域，若外商不关注俄罗斯法律对外资准入的限制而随意投资，会给自身造成损害。赴俄投资的目的在于赢利，并非俄罗斯所有允许投资的行业都有前景，投资者应在本国和国际的权威机构处了解赴俄投资的相关情况，如我国投资者可以在商务部、中华人民共和国驻俄罗斯联邦大使馆经济商务参赞处、走出去公共服务平台、中俄经贸网等国内网站或者国际贸易发展委员会等机构的官方网站了解俄罗斯相关产业投资行情。除对俄罗斯境内人们的投资产业有所了解外，还需具体研读相关领域对外商投资在实体和程序方面的限制，以俄罗斯采矿业为例，投资者需要了解采矿业招投标规范、国际能源战略、投资地区的执法、劳动力招募、企业的组织形式等情况，同时，对事先批准的限制、地下资源许可证的有效性、撤销或者注销许可证的情况也应当全面了解。

到目前为止，仍有许多企业在海外投资时轻信合作方的陈述，不做尽职调查，此举会导致许多风险，如收购的资产的合法性以及所有权归属问题，若收购的企业本身隐藏着诉讼风险或者背负巨大债务，或者被收购企业已经被注销而不复存在，投资者将会面临巨大的损失甚至承担诉讼的风险。因此，在投资具体项目之前应前往项目所在地进行实地考察，与项目的管理人员以及员工进行交流，甚至与当地政府的官员进行交谈，从而了解投资项目的真实情况以及隐藏的风险。

（二）投资前购买海外投资保险

去俄罗斯进行投资可能遇到许多风险，根据与国际投资争端有关的组织提供的数据，我国投资者赴俄投资可能遇到的最大风险是征收风险、内乱或者战争风险以及汇兑限制风险。除了投资前仔细研究东道国国家有关外商投资的法律法规以及政策，还有一个方法可减少意外的风险，即购买海外投资保险。国内外都有机构提供海外投资保险服务，在我国，中国出口信用保险公司（以下简称中国信保）是由国家出资设立、支持中国对外经济贸易发展与合作、具有独立法人地位的国有政策性保险公司，是我国唯一承办政策性出口信用保险业务的金融机构。[①] 中国信保为我国投资者提供海外投资，其承保在东道国发生的

① 参见商务部对外投资和经济合作司等：《对外投资合作国别（地区）指南·俄罗斯》（2017 年版），第 105 页。

征收、汇兑限制、战争及政治暴乱、违约等政治风险，承保业务的信用期限一般为1—15年，中国信保对每种类型的风险所包含的范围都作了严格的限定，例如战争和政治暴乱风险，具体包含东道国发生的革命、骚乱、政变、内战、叛乱恐怖活动以及其他类似战争行为，导致我国投资企业资产损失或者面临永久无法经营的风险。中国信保对我国投资者因承保风险所遭受的损失给予最高不超过95%的赔偿比例。统计显示，中国信保对我国企业海外投资的累计承保金额超过2200亿美元，2022年前10个月的承保金额接近370亿美元，截至2022年10月末，中国信保在海外投资保险项下累计赔付案件30宗，累计支付赔款超过1亿美元。①　我国投资者购买海外投资保险，对于俄罗斯发生的5种政治风险所造成的损失可以获得最大程度的补偿，从而可为海外投资保驾护航。

除了中国信保提供的海外投资保险，我国投资者还可以购买多边投资担保机构（MIGA）所提供的针对发展中国家的海外投资保险，MIGA2017财年签发担保额为48亿美元，同时，MIGA也与渣打银行、黑石集团、裕信银行等顶级投资机构开展合作，MIGA既担保大型基础设施的建设，也担保小额投资项目。②MIGA对于投保的项目有以下几点要求：第一，投资东道国必须为发展中国家；第二，承保的项目需要是新的投资项目；第三，新的投资项目必须符合东道国的经济政策和法律，是合理的投资。MIGA担保的具体风险包括征收险、货币汇兑险、违约险、战争内乱险以及其他非商业风险。

（三）经营中的风险防范

外国投资者在俄罗斯投资设立企业，进行经营管理要严格遵守俄罗斯有关法律，按照俄罗斯规定的经营程序和范围，在技术水平、环境保护以及劳工待遇等方面要达到俄罗斯的要求，减少不必要的摩擦。俄罗斯注重对环境的保护，俄罗斯《环境保护法》的客体范围很广，涵盖了土地、矿产、水资源、大气、动植物等，既包含人文环境也包含自然人文物质存在，俄罗斯法律对不同领域的环境标准都作了详细的规定，对于违反环境法律法规，造成污染的行为采取高额罚款的处罚措施，外国投资者应特别注意企业对环境的影响。③

俄罗斯的法律法规以及投资政策变化频繁，且许多法律的规定与实际操作

---

①　参见李丽梦：《中国信保海外投资保险推出14年，累计赔款超过1亿美元》，载中国网财经版。

②　参见www. miga. org，最后访问日期：2023年5月10日。

③　参见商务部对外投资和经济合作司等：《对外投资合作国别（地区）指南·俄罗斯》（2017年版），第109页。

不一致,如俄罗斯法律规定在能源和矿产资源的关键领域进行投资,合资公司中外资所占的比例不能超过 50%,但在现实的投资中,我国与俄罗斯企业进行合作,中方出资比例往往高于 50%,俄方承诺以其对能源和矿产的使用权作为担保,保证我国企业的收益,如果俄方企业违反合同收回使用权,中企将会遭受巨大的损失。① 投资者还应密切关注俄罗斯政府政策方针的变化以便及时调整投资方案和策略,对于运转周期较长的项目,制订阶段性经营计划,分阶段实现经营目标,争取短时间内收回投资,在确保收回投资的基础上制订长期的经营计划。②

(四)风险发生后的应对措施

外国投资者在东道国遇到风险既可以寻求东道国国内司法救济也可寻求国际组织的救济,根据《俄罗斯联邦外国投资法》的规定,外国投资者遇到争端可以诉诸俄罗斯国内法院和仲裁机构,也可提起国际仲裁。

如前文中所述,寻求俄罗斯境内司法救济困难大,要耗费巨大的财力和精力,因此外国投资者可积极寻求国际仲裁机构的救济。国际投资争端解决中心(ICSID)为投资者和东道国之间的投资争端提供解决争议的平台,但是必须争议双方书面同意争议提交 ICSID 管辖。除此之外,投资者在东道国受到不公正待遇可以寻求其母国的救济,即由其母国向 WTO 进行申诉,要求东道国就其不合理的措施给投资者母国以及投资者造成的损失进行赔偿,WTO 争端解决机制仅适用于 WTO 成员之间,投资者个人无权要求 WTO 解决其投资争端。

二、母国加强对投资者的保护

目前世界投资争端频发,投资者的母国应加强对本国投资者的保护。我国从多个方面保护本国投资者的权益。从国内立法层面,我国先后出台了《境外中资企业机构和人员安全管理指南》《对外投资合作境外安全事件应急响应和处置规定》《对外投资合作境外安全风险预警和信息通报制度》等官方文件,为我国投资者可能遭遇的风险进行预警。其中,《境外中资企业机构和人员安全管理指南》为境外的中资企业提出了 9 项安全管理的原则,如生命至上、以人为本、预防为主的原则,该文件对各种安全风险的评估提供了很高的参考价值,文件中详细规定了合同安全、人员安全、场所安全、作业安全、物流安全、信息安

① 参见陈晗:《新常态背景下中国对俄投资研究》,黑龙江大学 2016 年硕士学位论文,第 70 页。

② 参见许立新:《俄罗斯投资法律风险和防范建议》,载《黑龙江科技信息》2013 年第 11 期。

全、医疗卫生安全、财物安全、环境安全和保险保障,从多个方面为中资企业风险防控提供了蓝本。不仅指出了风险所在,这部文件还为投资者提供安全培训方面,以及风险应急处理等内容。除了针对投资风险本身,我国还出台了《对外劳务合作管理条例》《对外承包工程管理条例》等法律法规,对企业海外投资的各个环节都进行了严格限制,从根源上减少境外投资风险,保障我国投资者的合法权益。

除了静态的法律法规的保障,我国商务部、外交部等官方机构还不断向投资者传递投资东道国的实时状态,第一时间在官方平台发布东道国的投资风险状况,为投资者进行风险防控提供指导。

目前,有关俄罗斯投资的法律法规和政策都散见于我国官方机构平台和各个贸易网站,为了方便我国投资者海外投资,我国有必要成立专门的对俄投资法律信息咨询服务机构,从专业的角度帮助投资者了解和防控赴俄投资可能遇到的风险,帮助中企解读俄罗斯相关法律的重点内容,为企业赴俄投资提供建议。①

三、加强国际防控风险合作

加强投资者母国与东道国之间的合作能有效减少海外投资法律风险。我国与俄罗斯政府签订了《中华人民共和国政府和俄罗斯联邦政府对所得避免双重征税和防止偷税漏税的协定》《中华人民共和国政府和俄罗斯联邦政府关于便利公民往来的协议》《中华人民共和国政府与俄罗斯联邦政府关于在社会劳动领域进行合作的协定》等双边协定,同时也在多个投资领域签订了协约方便两国投资者进行投资。虽然两国间有众多的协定,但是投资和贸易保护的体系还不够完善,我国投资者赴俄投资热度不减,但在俄罗斯境内投资会面临众多的风险,外加俄罗斯境内的司法救济体系不完善,我国投资者的权益更难获得保障,若两国之间没有完善的投资者保护法律体系,我国投资者的权益势必会受到不同程度的损害。

除了签订针对不同领域的双边条约,设立中俄自由贸易区可以最大限度地便利我国投资者赴俄投资。我国已经与世界上很多国家建立了自由贸易区,如中日韩自由贸易区、中欧自由贸易区、中国与东盟自由贸易区等,利用自由贸易

① 参见殷敏:《"一带一路"倡议下中国对俄投资的法律风险及应对》,载《国际商务研究》2018年第1期。

区的建立，我国与俄罗斯可以从更全面的角度进行合作，自由贸易区的各种优惠政策和制度也会促进两国之间的合作与发展。

我国投资者赴俄投资面临的最大的问题是获得救济难，我国与俄罗斯都是WTO、ICSID等国际机构的成员国，但是投资者通过以上两种途径寻求救济难度大，如果针对中俄两国之间的投资和贸易争端设立专门的、独立的争端解决机构，会极大便利两国投资者，为我国投资者提供救济的平台。

第三章　中国投资哈萨克斯坦的法律风险与防范

导　言

哈萨克斯坦是世界上最大的内陆国，与俄罗斯、中国、吉尔吉斯斯坦、乌兹别克斯坦、土库曼斯坦等国接壤，并与伊朗、阿塞拜疆隔里海相望，国土面积排名世界第九位。哈萨克斯坦位于亚洲中部，约有15%的土地为欧洲部分。哈萨克斯坦的自然资源非常丰富，尤其是石油资源和矿产资源，已经探明石油储量140亿吨（陆上和里海地区），已经探明的矿藏90多种，而水资源相对短缺。[①] 据新华社2022年9月14日报道，国家主席习近平当日抵达哈萨克斯坦进行国事访问，并与托卡耶夫举行正式会谈。两国元首签署并发表《中华人民共和国和哈萨克斯坦共和国建交30周年联合声明》，宣布为中哈构建世代友好、高度互信、休戚与共的命运共同体目标和愿景而努力。托卡耶夫表示，习近平主席此访必将成为哈中关系发展史上的一个新的里程碑，为哈中永久全面战略伙伴关系发展注入新的内涵和动力。[②]

在过去的10年间，哈萨克斯坦加强公共事业的建设，不断改善商业环境，努力转型，摆脱经济对资源的依赖。根据经济合作与发展组织（OECD）在2016年所作的评估，哈萨克斯坦很有可能实现其2050年战略目标，并在2050年之前

---

① 资料来源：百度百科，哈萨克斯坦项下信息。

② 资料来源：新华社。

赶上上合组织收入水平。此外,哈萨克斯坦是共建“一带一路”的关键国家。在推动丝绸之路经济带问题上,哈萨克斯坦最早介入,和中国有着共同的利益,中哈是彼此可靠的合作伙伴。在中亚五国中,无论是综合国力还是国内生产总值,哈萨克斯坦各方面都处于前列,是独联体经济发展最快的国家。哈萨克斯坦在世界银行发布的营商环境排名靠前,改革成效突出。

第一节　中国企业在哈萨克斯坦投资的概况

一、哈萨克斯坦投资环境介绍

(一)资源介绍

哈萨克斯坦有2000多种自然资源,2800处已探明矿床。尽管河流众多,渔业资源丰富,但是哈萨克斯坦仍然属于缺水国家。哈萨克斯坦作为古丝绸之路的沿线国家,幅员辽阔并且横跨欧亚大陆,自然风光优美,人文历史悠久,旅游资源非常充足。

1. 油气资源

哈萨克斯坦石油储量非常丰富,已探明储量居世界第七位,独联体第二位。哈萨克斯坦境内已探明的石油储量占全球储量的3%,石油产区约占国土面积的62%,分布有大小162个油田。根据哈萨克斯坦储量委员会公布的数据,目前哈萨克斯坦石油可采储量40亿吨,天然气可采储量3万亿立方米。① 哈萨克有三大油田:田吉兹(Tengiz)油田、卡沙甘(Kashagan)油田、卡拉恰干纳克(Karachaganak)油气田。哈萨克斯坦国内有三大炼油厂:阿特劳炼油厂、巴甫洛达尔炼油厂和希姆肯特炼油厂。哈萨克斯坦的油气工业至今已有百余年历史,基本形成了包括勘探、运输、开发、储藏、炼化、销售等在内的较为完整的产业链。但是三大炼油厂的工艺落后,急需改造。②

2. 矿产资源

哈萨克斯坦的许多矿产资源储量都居于世界前列,矿产资源的投资吸引力

① 参见商务部对外投资和经济合作司等:《对外投资合作国别(地区)指南·哈萨克斯坦》(2022年版),第5页。

② 参见Frantsyshina Y.、吴先华:《中国与哈萨克斯坦开展油气合作的历程及前景研究》,载《阅江学刊》2017年第6期。

巨大。哈萨克斯坦矿产资源十分丰富,有超过5000个矿产资源产地,一些重要矿产蕴藏量进入世界前10名。哈萨克斯坦的自然资源丰富,尤其是固体矿产资源非常丰富,境内有90多种矿藏,1200多种矿物原料。不少矿藏储量占全球储量的比例很高,如钨含量超过50%,铀25%,铬矿23%,铅19%,锌13%,铜和铁各10%。

哈萨克斯坦部分固矿资源世界排名见表3-1。

表3-1　哈萨克斯坦部分固矿资源世界排名

全球排名	名称	储量
1	钨	200万吨
2	铬	4亿吨
2	铀	150万吨
4	锰	6亿吨
4	铜	3450万吨
4	锌	2570万吨
6	铁	91亿吨
6	铅	1170万吨
7	钴	—
8	金	1900吨
8	煤	1767亿吨
10	铝土	4.5亿吨

资料来源:中国驻哈萨克斯坦大使馆经参处。

3. 农业资源

哈萨克斯坦地广人稀,境内平原、低地较多,可耕种面积大,并且气候适宜。该国尽管农业生产值仅占GDP的5%,但是有1/3的国民从事农业生产。哈萨克斯坦位于北温带,属典型的大陆性气候,冬寒夏热,1月平均气温-19—4℃,7月平均气温19—26℃,昼夜温差大,日照时间长,光照资源丰富,且光热同季,非常有利于农作物的生长和养分积累,利于土地密集型粮食生长,为优质粮、棉、林果、花卉等产业发展提供了得天独厚的光热条件。[①] 哈萨克斯坦北部地区主

① 参见商务部对外投资和经济合作司等:《对外投资合作国别(地区)指南·哈萨克斯坦》(2022年版),第5-6页。

要集中为种植业,南部地区主要从事肉类、奶制品生产,农作物和畜牧业所占比重大致相等。哈萨克斯坦的主要农作物包括小麦(占粮食作物产量的90%左右)、玉米、大麦、燕麦、黑麦。粮食主产区(90%产量)在北部的科斯塔奈州、北哈萨克斯坦州和阿克莫拉州。南方部分地区可种植水稻、棉花、烟草、甜菜、葡萄和水果等。哈萨克斯坦还是优质的长绒棉生产国,其日照条件虽略逊于中国新疆,但是降雨量多于新疆。灌溉对棉田至关重要,因此哈萨克斯坦得天独厚的条件非常适合棉花生长。总体来说,由于技术水平的限制,该国农作物产量不够高。哈萨克斯坦的天然牧场面积有17,900万公顷,可放养10,000万只绵羊、山羊、牛、马和骆驼。① 但是基于饲料不足、牲畜病疫多发、兽医水平有限、纯种牲畜数量少等原因,哈萨克斯坦近几年畜牧业的发展不算太好。总体来说,哈萨克斯坦的农业和畜牧业仍然面临着很大的挑战,自然灾害多发,干旱以及地震频发;种植技术和机器都比较落后,抵御风险能力差;农业保险的普及率低,理赔混乱,农业保险诈欺的事项时有发生。另外,中国的一些企业在哈萨克斯坦投资建立了多个农业产业园,结合哈萨克斯坦的资源优势和中国的农业技术优势,对提高哈萨克斯坦农业发展质量大有好处。

4. 旅游资源

哈萨克斯坦作为古丝绸之路的途径点,汇聚各种古代文明,人文历史独具一格,这些历史文明是哈萨克斯坦宝贵的旅游资源之一。同时,哈萨克斯坦自然风光秀丽,有草原、湖泊、高山、原始森林、沙漠等。截至2016年,哈萨克斯坦拥有世界自然或文化遗产5处,占中亚地区的1/3,极具世界级旅游目的地潜质。② 就哈萨克斯坦而言,发展生态旅游和民族旅游非常方便且市场前景良好。夏季的哈萨克斯坦是避暑胜地,冬季的哈萨克斯坦则是滑雪胜地;南部地区的阿拉木图市、江布尔州、南哈萨克斯坦州和克孜勒奥尔达州保留着丰富的古代历史文化遗产;西部地区的阿克纠宾州、阿特劳州、曼格斯套州是欧亚大陆的十字路口,里海沿岸低地,是世界第三低地,有着丰富的石油工业旅游资源;北部地区的库斯塔奈州、北哈萨克斯坦州、卡拉干达州、东哈萨克斯坦州等地气候宜人。哈萨克斯坦北部有世界知名的库尔加尔吉诺和瑙尔祖姆自然保护区以及巴尔喀什湖等为代表的森林、湖泊资源旅游度假村,还有阿尔泰山、额尔齐斯

---

① 参见商务部对外投资和经济合作司等:《对外投资合作国别(地区)指南·哈萨克斯坦》(2022年版),第5-6页。

② 参见高明:《"一带一路"背景下中哈国际旅游合作研究:现实检视与政策选项》,载《长春师范大学学报》2018年第1期。

河、阿拉湖、斋桑湖等自然景观资源。[①] 此外，古代哈萨克斯坦地区是游牧文明、中国文明、古波斯文明、古希腊文明、古印度文明等多种文明的交会中心，在哈萨克斯坦境内保留了大量的上述文明遗留下的古代文化遗产。哈萨克斯坦国家博物馆、阿拉木图博物馆等收藏了包括古人类、斯基泰人、乌孙人、月氏人、柔然人、匈奴人、粟特人等人类文化遗产。该国另有 1 万多处历史遗迹，其中有四项世界文化遗产。[②]

但是哈萨克斯坦的旅游资源利用仍然处于初级水平，旅游服务贸易并非哈萨克斯坦的主体经济，所以，哈方在旅游贸易方面资源分布不均，在旅游景点建设相关设施方面存在不足，还伴有景点服务水平标准不统一等问题。[③] 2017 年该国成立了哈萨克国有旅游公司，专门从事旅游开发，该公司的主要任务是提高国家旅游潜力，吸引投资，促进旅游业的发展。近年来，哈萨克斯坦社会经济快速发展，国内生产总值年增长率达 6%，2014 年国民年人均收入已达 1.2 万美元。哈萨克斯坦南部地区的阿拉木图市、北部地区的阿斯塔纳市、西部地区石油重镇阿克套市等酒店业迅速发展，而酒店业是旅游业发展的重要内容之一，也是旅游业发展的重要指标。[④]

（二）政治环境

哈萨克斯坦是总统制共和国，独立实行渐进式民主政治改革。2022 年 9 月 16 日，哈萨克斯坦议会上下两院联席会议召开，审议通过《关于对哈萨克斯坦共和国宪法进行修改和补充》法案。修改内容包括：将哈萨克斯坦总统的任职期限修改为一届 7 年，不得连任的条款适用于在此法案生效之后当选总统的人。哈萨克斯坦的政党制度经过 20 多年的变迁发展为哈萨克斯坦带来了政治稳定，综合实力稳居中亚五国之首。

哈萨克斯坦的外交策略就是保障本国安全和经济发展，同时保持当前权力平衡[⑤]。与中国建立良好的外交关系是哈萨克斯坦外交的主要任务之一。哈萨

---

① 参见赵常庆编著：《哈萨克斯坦》，社会科学文献出版社 2004 年版，第 6-8 页。

② 参见李宁：《“丝绸之路经济带”背景下哈萨克斯坦旅游业发展及其与中国的合作》，载《伊犁师范学院学报（社会科学版）》2017 年第 1 期。

③ 参见何芯、周鑫兰等：《“一带一路”背景下中国与哈萨克斯坦旅游业合作发展研究》，载《劳动保障研究会议论文集（五）》，2020 年 8 月。

④ 参见何芯、周鑫兰等：《“一带一路”背景下中国与哈萨克斯坦旅游业合作发展研究》，载《劳动保障研究会议论文集（五）》，2020 年 8 月。

⑤ 参见傅仁坤：《哈萨克斯坦的地缘政治：过去与前途》，阿拉木图，俄文版，2000 年版，第 6 页。

克斯坦多年来同中国保持友好的外交关系,2011 年 6 月,中国和哈萨克斯坦提升为全面战略伙伴关系。

(三)哈萨克斯坦吸引外资优势

哈萨克斯坦 2021 年外商直接投资(FDI)流量达 31.72 亿美元(折合人民币 202 亿元),同比下降 13.7%;绿地投资数量达 20 个,同比增加 100%,投资金额为 7.14 亿美元(折合人民币约 45.5 亿元),同比下降 15.7%。2022 年哈萨克斯坦吸引海外直接投资 280 亿美元,创 10 年新高,其中荷兰、美国、瑞士分别以 83 亿美元、51 亿美元、28 亿美元位列对哈投资额前三;按行业划分,采矿业、制造业、批发和零售行业、科技行业、运输仓储行业投资额分别为 121 亿美元、56 亿美元、51 亿美元、12 亿美元、12 亿美元。政策角度,2022 年 6 月哈政府通过至 2026 年国家投资政策构想,至 2026 年实现固定资产投资规模提升至国内生产总值的 25.1%,直接外来投资总额增至 255 亿美元(2021 年为 240 亿美元)。哈萨克斯坦基础设施较为完善、投资优惠政策多,是中亚五国中投资吸引力最大的国家。

1. 营商环境较好

哈萨克斯坦较早就开始实行开放性经济政策,无论是国内市场还是制度环境都相对成熟,在中亚五国中营商环境最好。美国传统基金会发布的 2022 年度经济自由度指数排名中,哈萨克斯坦在 180 个国家和地区中排名第 64 位,在中亚五国中排名领先。吉尔吉斯斯坦排名第 116 位,塔吉克斯坦排名第 147 位,乌兹别克斯坦排名第 117 位,土库曼斯坦排名第 165 位。另外,根据世界银行发布的营商环境报告,哈萨克斯坦近年来发布多项政策改善本国营商环境,受到一致肯定。此外,2017 年 3 月 31 日时任国民经济部部长苏莱曼诺夫通过新闻发布会表示,哈萨克斯坦正在研究基于国家技术现代化构建新的经济增长模式,实现 GDP 平均增速达到 5%—6%的水平。他在讲话的第四部分强调:要构建公平竞争环境,减少政府调控和经济干预成分,保障社会资本的优势地位;启用地区营商环境排行榜,并设立专项奖金,敦促各地区出台改善营商环境的具体举措;最大限度优化政府服务流程,逐步向电子化过渡;压缩办理期限和文件数量,剔除重复程序;对现行法律法规进行全面核查,找出妨碍竞争的不合理规定。①

---

① 参见中国驻哈萨克斯坦经济商务参赞处,http://kz.mofcom.gov.cn/article/jmxw/201704/2017040 2545954.shtml。

2. 政策法律有利于投资

2017 年 8 月 15 日哈萨克斯坦通过了未来 5 年国家投资战略，时任哈萨克斯坦投资发展部部长卡希姆别克在当天举行的政府工作会议上表示，这一战略的根本目的是建立良好投资环境并尽可能吸引更多投资。

2017 年年底，哈萨克斯坦对《哈萨克斯坦企业法典》中投资立法的部分进行修订，明确投资者可以获得投资优惠的条件、种类和领域。简单来说，该项投资优惠针对在哈萨克斯坦注册的法人和在哈萨克斯坦注册的一些优先投资领域的法人。在这里，优先投资领域的法人指新成立的相关领域法人实体，成立时间具体不早于申请优惠政策前 24 个月。优惠政策一共有两种。一是项目激励政策（针对所有投资项目），该政策给予投资者的优惠是免除关税和国家实物补助①；二是针对优先投资项目的激励政策，该政策给予投资者的优惠是税收优惠和投资补贴。② 但是需要注意，并不是所有符合条件的哈籍法人都能得到上述补贴，最终能否享受补贴由哈萨克斯坦政府决定。

3. 投资者受保护程度高

"Minchenko Consulting"咨询公司发布了中亚五国投资吸引力排行榜，哈萨克斯坦在中亚国家中排名第一位，各项指标都毫无疑问地领先其他国家。作出排名所依据的 5 个指标中包括为投资者制定的法规的自由度和为投资者制定的游戏规则的透明性和稳定性。除此之外，2019 年，哈萨克斯坦政府出台《关于对哈萨克斯坦涉及营商环境和商业活动管理的部分法律进行修订补充的法案》，旨在通过营造良好营商环境、减免部分税收、改善电子交易水平、加强消费者权益保护等方式吸引外商投资。从哈萨克斯坦近 10 年为改善营商环境所发布的政策中看，大部分政策的出台都是为了保护投资者，从各个方面保障投资者的权益。

哈萨克斯坦政府宣称还将继续完善法律，加强对投资者权益的保护。在这一方面，哈萨克斯坦投资与发展部将协同有关部门完善投资监察员制度，保证外国投资者在哈通过法律途径维权；与最高检察部门制定减少投资活动检查项

---

① 免除关税：（1）对技术设备与技术综合设施的进口免除关税，最多不超过 5 年；（2）根据固定资产投资额，对技术设备零件的进口给予最多 5 年的免关税政策；（3）对原材料与（或）其他材料的进口给予 5 年的免关税政策。国家实物补助：（1）可暂时性免费使用产权归哈萨克斯坦共和国所有的资产，或暂时性免费提供土地使用，并提供免费的土地所有权或使用权；（2）国家实物补助的规模不超过企业固定资产总投资额的 30%。

② 税收优惠：（1）免除企业应缴所得税 100%，共 10 年；（2）土地税税率为 0，共 10 年；（3）财产税税率为 0，共 8 年。投资补贴：最多提供建设项目、安装工程与设备采购成本 30% 的补贴。

目的措施。此外,哈政府将启动新的问题和投诉跟踪系统,将投资者遇到的问题及时反馈至相应部门。

4. 基础设施相对较为完善

2017 年年底,哈萨克斯坦推出《2025 年国家发展纲要》,取代了 2010 年发布的《2020 年国家发展纲要》,提出要强化地州现代化。目前哈萨克斯坦的基础设施建设远超其他中亚四国,交通运输的线路和方式越来越多,同时在如火如荼地改进城市通信和电力设施。

(1)交通运输

哈萨克斯坦目前共有公路里程 9.74 万公里,其中国道 2.35 万公里,州(区)道 7039 万公里。哈萨克斯坦的铁路总里程为 1.51 万公里。同时,哈萨克斯坦有大型机场 21 个,其中 12 个机场能够提供国际客运。但是哈萨克斯坦的水运相对不太发达,里海沿岸主要依靠 3 个港口运输,内河航运总里程是 4054 公里。

(2)电力通信

近年来,哈萨克斯坦的电力自给能力得到极大的提高,电力进口明显下降。截至 2016 年,哈萨克斯坦全国共有大小各类型电站约 102 个,装机总容量 20844.2 兆瓦。此外,哈萨克斯坦的电信行业发展在中亚地区也属前列,国内共有两大固话运营商和四大移动运营商。根据 NetIndex 公司对全球 188 个国家进行的网速评估,哈萨克斯坦网速为 16.7Mbps,全球排名第 58 位。

二、中国企业在哈萨克斯坦投资现状

哈萨克斯坦电讯社阿拉木图 2021 年 7 月 7 日电,欧亚经济委员会宏观经济政策司发布的《欧亚经济联盟发展战略和中国"一带一路"倡议对接合作报告》指出,2015—2016 年危机之后,中国对哈萨克斯坦直接投资增长了 2—2.5 倍。报告称,欧亚经济联盟国家吸引中国投资仅占中国对外投资总量的 0.7%。中国在欧亚经济联盟的投资大项目主要集中在油气开采及其管道运输领域。同时,中国逐步扩大在联盟农业领域的投资,其中,中国在哈农业投资主要用于保障重要农产品供应。

值得一提的是,哈萨克斯坦 2017 年举办了世博会,参加阿斯塔纳世博会的中国企业超过 1000 多家,最少的代表团人数也将近 100 人。随着"一带一路"倡议的推进和丝绸之路经济带建立的区域合作,越来越多的中国企业和个人有意向投资哈萨克斯坦。

第二节 哈萨克斯坦外资法的基本内容

一、外资法汇总及分析

哈萨克斯坦近年来新法频出,2016 年《哈萨克斯坦企业法典》生效,2018 年 1 月 1 日,《欧亚经济联盟海关法典》和新《税法》正式生效实施。同时,哈萨克斯坦正在制定矿产和矿产资源利用法典和新劳动法典。上述法典的内容和投资息息相关,总体来说,哈萨克斯坦政府修订的与外资相关的大部分内容对规范投资领域都有好处。除此之外,哈萨克斯坦涉及投资的法律主要还包括《工商登记法》《外汇调节法》《许可证法》《补贴与反补贴法》《反倾销法》《保障措施法》《专利法》《商标服务标记及原产地名称法》《不公平竞争法》《银行法》《融资租赁法》《金融市场及金融机构监管法》《建筑法》《电信法》《谷物法》《交通法》《海关事务法》《反垄断与价格法》等。

除了上述与投资直接相关的法律外,还有一些法律中也规定了投资者拥有的权利。比如《哈萨克斯坦共和国宪法》规定:(1)私有财产受法律保护,个人财产因公共利益而被征收,应当给予同等价值的补偿;(2)人人享有自由从事经营活动,自由利用其财产从事任何合法经营活动的权利,为其他外资立法提供了宪法依据;(3)已经被批准的国际条约优先于国内法,可以在国内直接实施,除非该条约的实施需要将其转化为国内法。还有《哈萨克斯坦共和国民法典》将外国投资者实施的投资行为定义为民事法律行为,赋予国内外投资者相同的地位;另外,《哈萨克斯坦共和国民法典》还规定对财产权利的终止仅能由法院依据法律作出判决,意味着政府或其他政党机关将不能随便剥夺投资者的财产权。

(一)鼓励投资法

哈萨克斯坦独立之后,对本国的法律进行了全面修订,1994 年颁布了哈萨克斯坦共和国第 266 号法律,《哈萨克斯坦共和国外国投资法》取代了原有的外商投资法。《哈萨克斯坦共和国外国投资法》(1994 年)根据哈萨克斯坦当时的国情而制定,随后哈萨克斯坦政府颁布了一系列总统令对规则进行细化,加强对外商经济活动的总体控制,例如通过颁布《关于外国人在哈萨克斯坦境内法律地位的命令》来认定外国人在哈萨克斯坦的法律地位,通过颁布《关于确定吸引国外直接投资的重点经济部门名单的总统令》来明确外国投资者的投资领域等。此外,该法对外国投资者的权益进行了补充规定,对于吸引外资起到了重要的作用。从这时开始,哈萨克斯坦注重于如何吸引外资,所以对于外资提供了更多的保护和税收优惠政策,创造了一个好的投资环境。① 2006 年 1 月 1 日,《哈萨克斯坦企业法典》生效,其中第 25 章专章规定了投资立法。该章共有两小节,投资法律制度和国家支持投资。该法典第 31 章第 324 条第 15 款规定:废止 2003 年《哈萨克斯坦投资法》,哈萨克斯坦境内的投资关系转由《哈萨克斯坦企业法典》第 25 章"国家对投资活动的支持"规定和调整。第 25 章主要涉及国家鼓励投资的法律基础和经济基础、保护在哈萨克斯坦投资的投资商权利、确定国家支持投资的措施、涉及投资商争议的解决程序等。

(二)税法、海关法

哈萨克斯坦不断调整其税收政策,投资者需要对税收变化保持高度关注,尤其是关注税收优惠相关政策和法律,以便最大限度地利用和享受该国的税收优惠。哈萨克斯坦的税收制度的依据是需纳税财产的来源是否在哈萨克斯坦境内,而不是纳税人的国籍。另外,哈萨克斯坦有税务监督和税务警察两种管理程序,税法也规定了一系列的处罚程序。

哈萨克斯坦主要税种税率(见表 3-2)。

表 3-2　哈萨克斯坦主要税种税率

序号	税种	税率
1	企业所得税	15%—20%
2	个人所得税	10%
3	增值税	15%
4	消费税	根据商品种类确定税率
5	社会税	11%
6	土地税	0.1%—0.5%(根据不同的土地征收渐进式土地使用税)
7	运输工具税	税率取决于运输工具种类、发动机容量、出厂时间,并以"月核算基数"为基础计算

① 参见刘婷、阿卡:《哈萨克斯坦国际投资立法的嬗变及对中哈能源合作的影响》,载《上海法学研究》2021 年第 13 卷。

续表

序号	税种	税率
8	财产税	0.05%—1.5%
9	法人不动产税	2%
10	法人财产税	0.05%—1%

资料来源:《哈萨克斯坦共和国税款和其他应缴财政款法》。

需要注意的是,哈萨克斯坦政府响应 BEPS 行动计划①,不断地加强跨境税收管理,哈萨克斯坦政府不断更新国内的反避税规定。独立初期,哈萨克斯坦在采取一系列经济转轨措施的同时,政府开始着手建立适应市场经济需要的税收法律制度,先后颁布了《哈萨克斯坦共和国税法》《哈萨克斯坦共和国企业、联合体和组织税法》《关于企业、联合体和组织税收法实施程序》等税收法律制度。哈萨克斯坦于 2017 年进行税制改革,制定出台了新版《哈萨克斯坦共和国税款和其他应缴财政款法》(以下简称《税法》),2018 年开始执行。

以下简要介绍近 3 年税制的重要变化:

(1)自 2019 年 12 月 23 日起开征农机报废税,征税对象涉及哈萨克斯坦本国农机设备自行生产商,以及从欧亚经济联盟成员国和第三国进口农机的进口商。

(2)自 2020 年 1 月 1 日起上调汽油消费税。根据命令,针对生产商批发汽油征收的消费税由原来的 10,500 坚戈/吨上调至 24,435 坚戈/吨;对零售汽油征收的消费税由 11,000 坚戈/吨上调至 24,935 坚戈/吨。受此影响,每升汽油将增加 10 坚戈消费税成本。

(3)自 2020 年 1 月 1 日起,对小微企业免征 3 年所得税(所得税包括企业法人的企业所得税、个体工商户的个人所得税、农户或农场的统一土地税、以及适用特殊税制企业的社会税)。这将减轻小微企业的税务负担。小型企业是指雇员数量不超过 100 人、年收入不超过 30 万倍月核算基数(约 7.95 亿坚戈)的个体工商户或企业法人;微型企业是指雇员数量不超过 15 人、年收入不超过 3 万倍月核算基数(约 7900 万坚戈)的个体工商户。

(4)自 2020 年 1 月 1 日起,3 年内暂停对小微企业实施税务检查和预防性

① BEPS(Base Erosion and Profit Shifting),税基侵蚀和利润转移,是指跨国企业利用国际税收规则存在的不足,以及各国税制差异和征管漏洞,最大限度地减少其全球总体的税负,甚至达到双重不征税的效果,对各国税基造成侵蚀。

监管。

(5)2021 年 3 月 3 日,哈萨克斯坦议会审议通过《欧亚经济联盟成员国关于对烟草制品实行消费税政策原则的协定》(以下简称《协定》)。根据《协定》,自 2024 年起,联盟各成员国烟草制品消费税税率将趋于一致,指导税率以本币计价,等值 35 欧元/1000 支。之后每 5 年对统一指导税率和浮动区间进行一次调整。为确保协调一致,2024 年,各成员国实际消费税率将以指导税率为基础,上下浮动区间不超过 20%。

(6)需要特别注意的是,根据国家税务总局发布的《关于哈萨克斯坦超额利润税税收抵免有关问题的公告》(国家税务总局公告 2019 年第 1 号)规定,自 2019 年 1 月 1 日起,中国企业在哈萨克斯坦缴纳的超额利润税,应纳入可抵免境外所得税税额范围,计算境外税收抵免。①

2018 年 1 月 1 日欧亚经济联盟各国签署的《欧亚经济联盟海关法典》开始生效。新的海关法旨在保障成员国实施统一海关法律法规,较此之前联盟框架内有关协议,其自由化程度更高,具体包括:优化通关程序、实施电子报关和自动化、采用"单一窗口"制、加强后续监管并建立"货物追溯系统"、铁路运输和空运免征强制税、税费缴纳可延期 1 个月等。

税法和海关法在 2017 年都进行了修订,2018 年哈萨克斯坦实行新税法和新海关法。新税法较旧税法有三方面改变:一是免除互联网销售者税收;二是简化中小企业报表制度;三是减轻税收负担。新海关法的主要改变在于规定了海关监管领域的新优先事项:一是以电子方式提交海关申报单,不用向海关机构提供相关文件;二是可以通过预付款支付海关费用;三是使用国家机构信息交流的"单一窗口"机制。近年来,哈萨克斯坦一直致力于"一站式"服务的改革,简化企业注册程序、纳税申报程序、许可证审批程序等。

(三)劳动法、环境法

截至 2021 年,哈萨克斯坦保护环境的有关法律包括:1991 年 8 月 23 日颁布的《保护赛加羚羊种群的法规》;1992 年 4 月 7 日颁布的《关于保护乌拉尔—里海流域鱼类孵化场的法规》;2003 年 7 月 8 日颁布的《哈萨克斯坦共和国森林法》;2003 年 7 月 8 日颁布的《哈萨克斯坦共和国水法》(2004 年 12 月 12 日作了修改);2003 年 6 月 20 日颁布的《哈萨克斯坦土地法》;2003 年 12 月 3 日颁布的《2004—2015 年生态安全》总统令;2006 年 11 月 14 日颁布的《2007—2024

---

① 参见《中国居民赴哈萨克斯坦投资税收指南》(2021 年版),第 19 页。

可持续发展过渡方案》总统令;2007年1月9日颁布的《哈萨克斯坦共和国生态保护法》;2008年2月19日颁布的《2008—2010年环境保护方案》等。2016年3月19日哈萨克斯坦上议院全体会议通过了《关于对哈萨克斯坦向“绿色经济”转型的部分法律修订和补充》的草案,该法案的目的是根据哈总统2013年5月30日签署的命令,进一步落实向“绿色经济”转型的理念和2013—2020年行动计划。该法案对土地、水资源、生态和企业以及行政违规等多部法律进行了补充和修订;通过制定相应指标和标准以改善水利设施保护、提高水质和强化饮用水监管;推行“绿色采购”,优先购买利用可再生原料生产的产品。2021年12月21日,哈萨克斯坦新《环保法法典》在参议院(议会上院)全体会议上获得二读通过。根据哈萨克斯坦生态、地质和自然资源部部长的介绍,这项新法案旨在改善和优化哈萨克斯坦环保领域的立法情况,建立环境保护和自然资源使用领域的有效监管体系,确保在相关联领域的各项活动符合国际条约和哈萨克斯坦本国法律,确保各主体履行相关的责任义务。新法典在预防和治理环境污染问题上,将“谁污染谁治理”列为首要原则,在明确对环境的损害赔偿义务的同时,还规定了恢复环境原貌的责任要求。该法典进一步要求国家机构必须严格监督自然资源使用情况,采取更有效的措施防止对环境的不利影响。哈萨克斯坦有关环境保护方面的规定越来越严格,对工业环保的要求也越来越高,随着中国开始征环保税,哈萨克斯坦未来也可能向企业征收环保税。

1999年12月10日哈萨克斯坦颁布《劳动法典》,2004年2月28日颁布《劳动安全与保护法》,随后又陆续颁布了其他一系列法规。2015年11月26日颁布了新《劳动法》,2016年1月1日起实施。该法律旨在形成新的自由劳动关系模式,并兼顾企业和劳动者利益,国家、雇主和雇员的社会责任。根据新《劳动法》,灵活协调劳动关系的机制将更加广泛,阻碍企业发展的限制逐步减少,同时该法对企业和劳动力市场的发展及吸引外资具有积极作用。同时,纳扎尔巴耶夫还签署了《关于对哈萨克斯坦有关劳动调节法律规定进行修改和补充的法律》,以便现行法律符合新通过的《劳动法》。

哈萨克斯坦对外国劳务人员实行严格的工作许可制度,实行配额制,并且非欧亚经济联盟成员国国籍外国人获得劳动许可证手续烦琐,非常困难。外国劳务配额按照劳动人口数量百分比予以确定,企业所有员工中哈籍雇员占比的要求:第一类别(机构领导及其副职)和第二类别(分支机构领导)工作人员中不少于70%;第三类别(专业技术人员)和第四类别(熟练工人)工作人员中不少于90%。另外,相比中亚其他国家,哈萨克斯坦的薪金水平较高,根据经济发展水平和职业不同,哈萨克斯坦产业工人薪资在400—700美元,基层管理岗位薪资则在800—1000美元,普通金融和科研人员薪资为500—2500美元。2017年和2018年,连续两年哈萨克斯坦都上调了最低工资数额。投资者对哈萨克斯坦的劳动法规需要有充分的了解,尤其是和哈籍人签订劳动合同时,要严格按照劳动法规定,避免出现纠纷。

第三节　中国投资哈萨克斯坦可能面临的法律风险

一、投资相关法规多变

哈萨克斯坦的投资相关法规多变,且政府角色非常强势。比如投资法,该国自独立以来颁布了三部《投资法》,2016年又将投资法专章规定到《企业法典》中。不仅是投资法,该国的税法、海关法、劳动法等都存在这一问题,每年都有若干修正法案或者新规定出现,有大量的随机应变式法律法规。比如企业所得税,在哈萨克斯坦经济大萧条时期,企业所得税被规定至20%。另外,该国有多项投资优惠政策,新旧优惠政策中可能相互矛盾,或者突然颁布新法律废除优惠政策,让投资者没有安全感。并且,法令政策的快速更迭,不能保证该条令的实施效果,法律难以得到彻底落实。同时,实施法律的机关能力素养跟不上快速前进的法律,"权力寻租"的现象比较严重。

二、配套法规尚未完善

尽管哈萨克斯坦的投资相关法律对投资者的保护程度非常高,受到一致好评,但是相关的配套法规远远达不到相应的水平。尽管《企业法典》第25章对投资商因投资行为产生争议的纠纷解决方式也有明确的规定,投资商可以针对政府机关的法令、官员行为造成的损失,主张相应的损失赔偿;并且给国内外投资者设立平等的赔偿机制,以及在哈萨克斯坦国内的司法救济路径,但是,这些规定仅仅体现在投资法中,相应的涉外程序法目前并无改动。因此,要使该项规定真正落到实处,还需要有一系列的国内司法程序对涉外诉讼程序进行特殊规定。哈萨克斯坦在经贸和投资方面的法律法规多变且不健全,在解决具体问题时,则常以总统令、内阁规定等文件来调节外商和外国投资在其国内的活动。频繁的总统令和内阁文件往往是后面否定前面的政策,多变的政策影响了投资环境的稳定,影响了投资者决策。政府有关部门的执法随意性较大,影响了中资企业在哈萨克斯坦的贸易和投资活动。因此,中国企业投资哈萨克斯坦必须要慎重决策,仔细研究调查被投资国的税收政策和对外的经济政策及法律。① 另外,2015 年 6 月 4 日时任哈萨克斯坦最高法院院长马米在阿拉木图举行的行政司法国际经验交流会上表示,为保护投资者的权益,借鉴迪拜的经验做法,哈萨克斯坦将在阿斯塔纳建立具有国际仲裁员的国际仲裁中心。2018 年 1 月 1 日,阿斯塔纳国际金融中心(AIFC)国际仲裁中心开始运作。时任国际仲裁中心的司法常务官克里斯托弗·坎贝尔·霍尔特(Christopher Campbell-Holt)说:AIFC 国际仲裁中心将提供一个一流的替代方案,以替代传统的解决民事和商业纠纷的方法,并将适用最优秀的国际标准,它将提供仲裁、调解和其他解决争议的方法,以最大限度的灵活性和响应性来满足争端各方的需要。该仲裁中心致力于用最高的国际标准来解决民事和商业纠纷,无条件适用可靠性、公平性以及法治原则。

---

① 参见王婧:《中国企业投资哈萨克斯坦的法律风险防范及解决途径》,载《中国商贸》2010 年第 17 期。

第四章　中国投资吉尔吉斯斯坦的法律风险与防范

导　言

吉尔吉斯共和国(通称吉尔吉斯斯坦)是位于中亚东北部的一个内陆国,北部与哈萨克斯坦毗邻,南部与塔吉克斯坦相连,西南部与乌兹别克斯坦交界,东部和东南部与中国西北面接壤。吉尔吉斯斯坦矿产资源和水利资源丰富,但水电开发较少,交通运输方面仍以公路为主,山地众多。[①] 中国和吉尔吉斯斯坦两国睦邻友好,2013 年两国元首会面,共同发表《中华人民共和国和吉尔吉斯共和国关于进一步深化战略伙伴关系的联合声明》,宣布中吉两国建立战略伙伴关系,全面深化两国各领域的合作。中国和吉尔吉斯斯坦的双边贸易发展迅速,中国企业在吉尔吉斯斯坦市场的数量也逐渐增多。在 2006 年至 2017 年,两国贸易量几乎翻倍,现在中国是吉尔吉斯斯坦第一大贸易伙伴、第一大进口来源国和第一大投资来源国。

自 2010 年以来,吉尔吉斯斯坦经济发展趋于稳定,致力于改善投资环境吸引外资。近几年吉尔吉斯斯坦的营商环境排名已经趋于稳定,但是一些关键性的指标仍然相对

① 参见国家税务总局国际税务司国别(地区)投资税收指南课题组:《中国居民赴吉尔吉斯共和国投资税收指南》,https://www.chinatax.gov.cn/chinatax/n810219/n810744/n1671176/n1671206/c2581143/5116173/files/483f4259d97d4ba6aabe88b328549ed3。

落后。

中吉两国贸易约占吉尔吉斯斯坦对外贸易的1/4，吉尔吉斯斯坦近几年来就“一带一路”倡议积极与中国对话，共同致力于中吉友好合作。在俄罗斯索契上海合作组织第十六次总理会议期间，吉尔吉斯斯坦总理伊萨科夫与时任总理李克强进行会晤，希望加强和深化中吉双边关系。时任总理李克强称，“中国未来将继续支持并为扩大中吉经贸合作、挖掘吉尔吉斯斯坦农业领域的发展潜力提供好的条件，包括扩大从吉尔吉斯斯坦进口农产品”。[①]

2008—2015年，中国连续8年是吉尔吉斯斯坦第二大贸易伙伴。2014—2015年受吉尔吉斯斯坦加入欧亚经济联盟影响，中吉贸易额全面下滑，中国商人投资吉尔吉斯斯坦的步伐减缓，中国政府仍然给予吉尔吉斯斯坦较大支持，尤其是基础设施方面。自2016年起，中国成为吉尔吉斯斯坦第一大贸易伙伴。

第一节　中国在吉尔吉斯斯坦投资的概况

一、吉尔吉斯斯坦投资环境

（一）资源介绍

由于地缘政治的博弈、城乡矛盾、民族矛盾、国内产业根基不足等，吉尔吉斯斯坦的发展并不稳定，现阶段经济在缓慢上升，吉尔吉斯斯坦的经济结构转型迫在眉睫。但是吉尔吉斯斯坦自然资源丰富，地处中亚腹地，得天独厚的地理位置为吉尔吉斯斯坦带来诸多优势，吸引众多投资。

1. 矿产资源

2017年年初，吉尔吉斯斯坦1月GDP增长一度达到7.9%，但专家认为该现象并不乐观，国家经济仍然依赖金矿。吉尔吉斯斯坦的矿产资源非常丰富，基本上拥有化学元素周期表中的所有元素，矿物资源分布共计1964处，仅有部分得到开发，大部分矿产资源仍需进行勘探。吉尔吉斯斯坦的矿产资源主要有黄金、煤、银、锑、钨、锡、锌、汞、铅、铀、石油、天然气、有色金属和稀有金属

---

① 参见胡永启：《李克强会见吉尔吉斯斯坦总理伊萨科夫》，载中国日报网，http://cn.chinadaily.com.cn/2017-12/02/content_35164103.htm。

等。其中锑产量居世界第三位、独联体第一位,锡和汞产量居独联体第二位。此外,吉尔吉斯斯坦的煤炭产量极为可观,被称为“中亚煤都”。

2. 水力资源

总体来说,中亚五国的水资源比较短缺,但是吉尔吉斯斯坦的人均水资源拥有量达到 1.0394 万立方米,在中亚五国中位列第二,人均水资源拥有量高出第三名哈萨克斯坦 6000 多立方米。因此,吉尔吉斯斯坦水力资源相对丰富。

吉尔吉斯斯坦共有 2000 多条河流,总长度达到 3.5 万公里。中亚最长的河流锡尔河,吉尔吉斯斯坦控制其水流量的 74%。吉尔吉斯斯坦的水电资源在独联体中排名第三,拥有非常好的发展前景。除了 1900 多个天然湖泊外,吉尔吉斯斯坦还修建了大约 200 个水库。其中,库容量 100 万—1000 万立方米的较大水库有 12 座。

此外,吉尔吉斯斯坦地处天山山脉西,天山海拔高,融化的冰川和雪水水量丰富。吉尔吉斯斯坦目前有大小冰川 8208 个,其总面积为 8100 平方公里,占全国国土面积的 4.2%。吉尔吉斯斯坦地下淡水资源有 1062.72 万立方米,地下淡水自然资源总储量为 330 立方米/秒。根据吉尔吉斯斯坦地下水的成分和温度情况,该国可开发出大量适用于医疗、发电或者提供给工业使用的热矿泉水。在吉尔吉斯斯坦,这种热矿泉水水源有大约 150 处。

3. 农业资源

吉尔吉斯斯坦 54%的国土面积适宜发展农牧业,共计 108 万平方公里,其中牧场和天然割草场 90 多万平方公里,耕地面积 13 万平方公里,耕地面积仅占农牧用地的 12%左右,大部分耕地分布在海拔 1200—1600 米的地区,全都需要人工灌溉,受气候条件影响较大。[①] 据估计,在 2006—2016 年的 10 年间,农业对国民 GDP 的贡献在 30%—40%,在吉尔吉斯斯坦整体经济中发挥着重要的作用。

但是吉尔吉斯斯坦农业的竞争力明显不足,作物产量低,尤其是主要作物产量往往落后于邻国。一是因为缺乏现代农业设施及种植知识不系统;二是因为农作物施肥不足,很多的偏远地区,当地的种植户根本买不到农药;三是因为农业保险不能全面覆盖,市场风险难以预测;四是因为大多数农民无法获知准确的天气预报,或者没有意识去了解天气变化。吉尔吉斯斯坦气象部门只对 7 个州的中心进行天气预报,且该预报不具有及时性,只预报次日的天气情况。

---

① 参见范伟赠、陈红丹:《吉尔吉斯斯坦农业概况介绍》,载《江西农业》2017 年第 15 期。

因此,即使是处在7个州中心的农民也没有时间来改变种植条件的变化或者采取缓解措施。

吉尔吉斯斯坦的单位面积耕地化肥施用量仅为2.61kg/km^2,而我国的新疆地区则有34.73kg/km^2;吉尔吉斯斯坦单位面积耕地农业机械拥有量为0.003台/km^2,我国新疆地区为0.034台/km^2;我国新疆地区谷物产量为570 kg/km^2,而吉尔吉斯斯坦只有235.5kg/km^2,小麦产量新疆地区为507.1 kg/km^2,吉尔吉斯斯坦为190.2kg/km^2,棉花产量新疆地区为542.4kg/km^2,吉尔吉斯斯坦为290.8kg/km^2。[①] 与我国新疆地区相比,吉尔吉斯斯坦农业种植各方面指标都较低,因此吉尔吉斯斯坦的农业发展潜力比较大。另外,中国与吉尔吉斯在农业方面也建立了"吉—中农牧业科技示范中心",该中心由河南农业方面的专业学校河南科技学院与吉尔吉斯斯克里亚宾农业大学合作建设,这样的合作能够加深两国在农业领域的深度合作。[②]

4.旅游资源

作为古丝绸之路沿线地区之一的吉尔吉斯斯坦具有独特的人文景观、历史古迹以及高山湖泊(美丽的自然风光,悠久的历史,多样的文化和美观的建筑)。吉尔吉斯斯坦以其天独厚的旅游资源享有"中亚小瑞士"之称,有2000多个高山湖泊,尤其以伊塞克湖著名;还拥有丰富的森林资源,约有3.5万平方公里且森林结构多种多样,这些可改造为独特的旅游资源,丰富游客的旅游活动。[③] 根据2016年世界旅游组织的评估,吉尔吉斯斯坦是最具有发展旅游业潜力的国家之一,未来10年内吉尔吉斯斯坦旅游业将迎来蓬勃式发展。据吉尔吉斯斯坦国家统计委员会数据,2017年1月至6月,外国游客为吉尔吉斯斯坦带来1.74亿美元财政收入。这一期间吉尔吉斯斯坦国内宾馆和民居共接待游客21.7万人,其中本国游客占81%。吉尔吉斯斯坦国内共有303家旅游、休闲机构和组织。2017年1月至6月吉尔吉斯斯坦旅游工程建设规模在不断扩大,项目造价高达69亿索姆(约合6.9亿元人民币),是2016年的3.4倍。

尽管吉尔吉斯斯坦社会稳定程度不高,但国内风景原始自然,尤其是世界

---

① 参见范伟赠、陈红丹:《吉尔吉斯斯坦农业概况介绍》,载《江西农业》2017年第15期。

② 参见尹江勇:《河南良种添彩"一带一路"! 农作物平均增产四成以上　推广面积近800万亩》,载河南日报2019年8月28日,https://baijiahao.baidu.com/s?id=1643067255973041687&wfr=spider&for=pc。

③ 参见刘庚岑、徐小云编著:《列国志:吉尔吉斯斯坦》,社会科学文献出版社2005年版。

上最大的高山湖之一伊塞克湖，吸引了大批外国游客。吉尔吉斯斯坦旅游业专家总结出了吉尔吉斯斯坦的4种重要类型的旅游：休闲游，探险游，“丝绸之路”游和商务旅行。吉尔吉斯斯坦政府已将开发旅游资源作为吉尔吉斯斯坦发展经济的优先方向之一，目前吉尔吉斯斯坦对44个国家实行免签制度，为吸引更多的外国游客，吉尔吉斯斯坦政府简化签证办理，并于2017年9月开始推行电子签证。

（二）政治环境

吉尔吉斯斯坦划分为7州（省）2市：楚河州、塔拉斯州、奥什州、贾拉拉巴德州、纳伦州、伊塞克湖州、巴特肯州和比什凯克市、奥什市。除了伊塞克湖州外，其余各州的首府均为同名城市，伊塞克湖州的主要城市是卡拉科尔市和巴雷克奇市。首都比什凯克是全国的政治、经济、文化、科学中心和主要的交通枢纽。

吉尔吉斯斯坦独立后主张同世界各国友好相处，积极发展对外联系与合作，奉行平衡、务实的外交政策；外交重点是通过吸引外资、寻求外援来为国内的经济建设服务；吉尔吉斯斯坦重视发展同中国、俄罗斯、中亚邻国的关系，将发展大国关系视作其外交的优先方向。此外，吉尔吉斯斯坦还致力于推进同伊斯兰国家的关系，积极参与地区经济合作。自1991年12月以来，吉尔吉斯斯坦相继加入独联体、欧安组织、中西亚经济合作组织和联合国等国际组织。到2017年年底，吉尔吉斯斯坦与一百多个国家建立了外交关系。时任总统索隆拜·热恩别科夫在就职演讲中说，在他的任期内，吉将继续在联合国、上合组织和欧亚经济联盟等框架内积极参与国际事务和一体化进程；继续秉承友好的方针，发展与俄罗斯、中国的同盟伙伴关系及与其他国家的友好关系；同中亚国家在互利、相互尊重和互不干涉内政的原则上发展关系；继续同欧盟国家保持紧密对话；同日本、韩国、印度、蒙古国、巴基斯坦、阿拉伯各国在内的亚洲国家保持紧密对话；发展同土耳其、美国的合作。① 他提到，吉尔吉斯斯坦将会在睦邻友好和战略伙伴精神指导下深化同中国的关系。

---

① 参见王德禄：《吉尔吉斯斯坦新任总统：吉将发展与俄中两国的战略伙伴关系》，载搜狐网2017年11月24日，https://www.sohu.com/a/206391348_115239。

二、吉尔吉斯斯坦吸引外资优势

(一)政策环境优势

吉尔吉斯斯坦是中亚五国中最早加入世界贸易组织的国家,也是最早被西方国家承认为市场经济的国家。其经济开放程度较高,经济和贸易政策比其他独联体国家宽松,非关税贸易壁垒也较少。在2017年新发布的世界经济自由度[①]报告中,吉尔吉斯斯坦的经济自由度指数得分61.1分,在179个国家中排名第78位,属于中等自由经济体国家。吉尔吉斯斯坦拥有发展转口贸易的良好条件,过境运输优势明显,对其贸易伙伴比较公平,没有什么歧视性政策。吉尔吉斯斯坦独立后主张同世界各国友好相处,积极发展对外关系与合作。

吉尔吉斯斯坦的经济总量在中亚五国中处于中间水平,现在正处于经济转型的摸索阶段,人均GDP较低,有很大的发展空间。同时,吉尔吉斯斯坦市场准入宽松,对外国投资者几乎没有限制。吉尔吉斯斯坦原总理伊萨科夫称营造良好的营商环境是该届新政府的主要工作之一。“我们已经将该问题列入中长期发展规划中,政府将保持政策的连贯性,努力完成规划中的各项工作。”凡在吉尔吉斯斯坦政府鼓励优先发展的领域进行投资,以及在吉尔吉斯斯坦国家发展规划下对特定区域进行投资,均可根据吉尔吉斯斯坦有关法律规定对投资者给予相应的优惠。此外,吉尔吉斯斯坦的税率较低,基本税率为12%,对出口商品,国际运输,航空服务实行0税率,对出口金银,金融保险,土地供给进行免税。另外,吉尔吉斯斯坦有4个自由经济区,投资在经济区内能够享有更大的投资优惠。自由经济区内的相关政策包括:自由经济区生产的产品出口不需受配额和许可证的限制;除吉尔吉斯共和国自由经济区的法律规定的优惠以外,享受经济区外的法律规定的优惠待遇;利润100%不征税;由于不征收所得税,工时成本比吉尔吉斯其他地区低;能对商品不收补充成本税;帮助寻找当地伙伴和建立合作企业;可将收入汇款至世界任何国家;自由经济区生产的商品不收海关税和产量税;换外汇不受限制;在自由经济区实行外国公民出入境的

---

① 美国传统基金会研究所经济自由的定义:政府不干涉或阻挠商品与服务的生产、分配和消费。经济自由度10项指标:银行业和金融业状况、资本流动和外国投资、货币政策、政府财政负担、贸易政策、工资和物价、政府对经济的干预程度、产权、行业监管及黑市交易。

简化手续;银行业务在“比什凯克”自由贸易区内银行的利润不收税。[①]

为了吸引中国投资者,吉尔吉斯斯坦政府致力于同中国合作,出台了一些仅针对中国投资者的优惠政策。2017 年 7 月 27—28 日,中吉政府间经贸合作委员会中国新疆—吉尔吉斯共和国工作组第九次会议在乌鲁木齐市成功举办。时任吉尔吉斯斯坦经济部副部长萨兹巴科夫·阿力马兹说,目前吉尔吉斯斯坦正在制定税收等优惠政策,为中国企业赴吉投资创造有利环境,希望新疆优秀的企业能参与吉尔吉斯斯坦各领域建设。不仅是新疆企业,中国各地企业都应当抓住这个机遇。世界银行发布的 2018 年营商环境报告详细分析了吉尔吉斯斯坦为改善投资环境所做的努力。

但是,正因为吉尔吉斯斯坦各方面规章制度还未健全,政策法规比较多变,仍然有一些需要改进的地方。未来吉尔吉斯斯坦国内市场规则将会更靠近国际市场规则,如食品卫生标准、海关税率等,在吉投资企业应当做好全面的投资准备和风险预防工作。

(二)商务成本较低

在中亚五国中,吉尔吉斯斯坦的投资优势明显。该国水电气价格低廉,是欧洲和中亚地区电价最低的国家,仅为 2 美分每度,邻国哈萨克斯坦的电价则要高出 4—5 倍。吉尔吉斯斯坦和中国有关于电力的大型合作项目,吉尔吉斯斯坦政府希望将电力作为出口的主要产品,因此在一段时间内,电力价格涨幅不大。同时,吉尔吉斯斯坦劳动力市场供不应求,且没有最低工资标准,劳务成本低廉,但缺少技术型人才。吉尔吉斯斯坦对外籍工作者发放许可证比较严格,原则上欢迎外国务工人员。2017 年,吉尔吉斯斯坦政府一共发放超过 1.47 万个外国劳务人员许可,其中 1.1 万个由中国公民获得,约占总数的 70%。据吉尔吉斯斯坦国家移民局统计,近 5 年来,来自中国的劳务移民占吉尔吉斯斯坦外国劳务总数的 67%—75%,主要从事道路建设、首都热电站改造以及采矿等工作。

总体来说,吉尔吉斯斯坦商务成本较低,具体到各行业又各有不同。(1)有关农业方面,吉尔吉斯斯坦目前有大片肥沃的闲置土地,适合种植各类粮食、蔬菜、油料和中药材等农作物,由于该国土地没有受到任何污染,日照时间长,植

---

① 参见吉尔吉斯斯坦国情及投资招商项目介绍,http://shop.99114.com/268889/ad804651.html?moduleId=218&viewType=2,最后访问日期:2023 年 11 月 26 日。

物的成活和生产能力非常旺盛。而当地大部分人不懂农作物种植技术,因此,他们吃的粮食、蔬菜、色拉油等大部分靠进口,价格非常昂贵,发展农业,带动当地种植业、畜牧业发展的商机非常多。并且本地农作物价格低,适宜发展农产品加工业,比如玉米,价格是中国的一半。(2)有关纺织业方面,该国棉花、羊绒产量丰富且价格低。吉尔吉斯斯坦政府对纺织业有特别的税收优惠政策:一是原料进口优惠政策,对服装加工的进口面料和设备免除进口关税;二是建立纺织服装职业培训学校,并在吉尔吉斯斯坦科技大学增设缝纫技师和服装设计师培训班,培养专业的纺织缝纫技术人员;三是如果企业进驻自由经济区,则可享受相关的税收优惠。(3)有关矿业方面,吉尔吉斯斯坦矿业资源极其丰富,但是相比较来说矿业成本比较高,对从事金、银、铜矿开采企业的许可证新收费标准分别为:金矿 58.8 美元/(公顷·年),银矿 29.4 美元/(公顷·年)、铜矿 14.7 美元/(公顷·年)。而修改前的许可证法规定,所有矿业开采许可证统一收费标准为 4.4 美元/(公顷·年)。此外,吉尔吉斯斯坦水资源保护政策非常严苛,公路网络也尚未健全,无形中增加了运输成本。

(三)待投资项目多

吉尔吉斯斯坦近年来努力发展和建设道路和交通基础设施,为中小企业发展创造条件,重视在工作岗位方面吸引投资促进地区经济发展。因此,面对外资的大型招商项目非常多,投资者可选的吉尔吉斯斯坦国内各行业小型投资项目也非常丰富。

1. 大型投资项目汇总(见表 4-1)

表 4-1 大型投资项目汇总

项目名称	项目简介
奥什国际机场	预计投资:5 亿美元;处在自由经济区内,地理位置优越
贸易物流中心项目	预计投资:2500 万美元;50 万平方米地块,距玛纳斯国际机场 3—4 千米
露天运动场和体育馆项目	容纳 3 万人,各种设施完备;位于比什凯克
吉尔吉斯斯坦航空公司股份私有化	吉尔吉斯斯坦航空公司预计出售 49% 的股份,收购股份总花费预计近 5 亿美元,包括购买 10 架飞机,营运资本,班机训练和技术人员等

续表

项目名称	项目简介
考奇考尔区贸易—物流中心的建设	预计投资:540万美元;项目内容:在纳伦地区考奇考尔市建设一个贸易和物流中心,占地17万平方米
苏萨梅尔—考考梅林水电站	预计投资:22亿美元;项目内容:建成3个水电站
吉尔吉斯斯坦北吉利亚别尔德地段金矿勘探工作	项目内容:在吉利亚别尔德河谷地,勘探大储量的金矿矿床
比什凯克城市道路沥青路面修复项目	招标要求:具有相应资质的中资企业
灌区改造项目	招标要求:具有相应资质的中资企业

资料来源:中国国际贸易促进委员会投资项目、中国驻吉尔吉斯斯坦使馆经商参处。

2. 小型项目介绍

乌兹别克斯坦、塔吉克斯坦和土库曼斯坦与中国无直接通商口岸,而其对中国商品的依赖性又很强,因此,商品只有通过吉尔吉斯斯坦中转,而吉尔吉斯斯坦几乎所有的日常用品(至少95%以上)是通过中国喀什和土尔奈特口岸陆路及从北京雅宝路市场空运至比什凯克,然后转去吉尔吉斯斯坦周边国家。吉尔吉斯斯坦政策环境宽松,商务成本又低,投资办厂生产日常用品国内市场广阔,出口外国市场便利,前景良好。

三、中国企业在吉尔吉斯斯坦投资现状

中国在对“一带一路”共建国家,尤其是对中亚国家的投资中,中坚力量是国企。在吉尔吉斯斯坦,20多家中国国企承包了基础设施、互联互通项目。比如中国路桥,中国路桥开发了一种新型合作模式:一方面依靠国际金融机构的贷款,通过竞标进入吉尔吉斯斯坦;另一方面运用中国政府的贷款来实施重大骨干项目。中国路桥建成(修复)的公路有将近1000公里,一期、二期工程总共投入7亿美元。有的项目同时需要多家国企的参与,比如库鲁—捷盖烈克项目,由中国黄金集团进行矿产资源开发,中国能建新疆院承接该项目的外部供电工程。还有中国特变电工公司承建的上合优惠出口买方信贷项下的比什凯克热电站项目,项目总金额3.8亿美元。这样的大项目往往工程建设周期长,复杂程度高,耗费资金多,只能由中国国企承包。

根据2017吉尔吉斯斯坦投资指南：中国在吉尔吉斯斯坦注册企业约260家，合作范围涉及贸易、工程承包、通信服务、矿产资源勘探和开发、农业种植、养殖、食品和农产品加工、金属冶炼、建材生产、轻工业、运输、房地产开发、建筑、餐饮、旅游、娱乐等多个领域和行业。中国企业在交通、通信领域市场份额进一步加大，行业"领头羊"地位突出。根据吉方统计，在吉尔吉斯斯坦注册的中国企业超过600家，中国企业主要分布在该国首都比什凯克市和南部的奥什市，投资领域主要涉及农业养殖、农产品加工、矿产资源开发和冶炼、工程承包、通信服务、航空运输、房地产开发、餐饮服务等。

比较典型的民企投资项目有：(1)"亚洲之星"农业产业合作区，由河南省贵友集团投资，位于比什凯克东30公里处，购地10,700亩，成为中亚地区最大的农业产业综合园，建设以农业种植、畜禽养殖加工、食品加工、物流运输、印刷包装、国际贸易小区为一体的园区。(2)福建著龙服装有限公司，该公司在俄罗斯、乌克兰、哈萨克斯坦都设立了销售公司，2007年在吉尔吉斯斯坦建立了首个国外分厂，生产销往中亚和独联体国家的针织内衣产品。著龙公司将分厂设在吉尔吉斯斯坦完全是基于该国宽松的政策，税收优惠大、对外出口也不受配额限制等。(3)新疆大得实业公司投资经营的大唐商城公司，在吉尔吉斯斯坦建立商品市场，成为该国商业流通领域的领军公司。[①] (4)华为2002年进入吉尔吉斯斯坦市场，成立办事处，2011年成立华为技术比什凯克有限公司。现在吉尔吉斯电信，包括传输网基站以及计费系统的主要设备100%来自华为。2018年1月11日，华为公司拿下吉尔吉斯斯坦6000万美元的"智慧城市项目"。(5)目前，内蒙古伊利实业集团股份有限公司也有意进军吉尔吉斯斯坦，相信日后也将成为在吉尔吉斯斯坦投资的中国企业的典型代表。

第二节　吉尔吉斯斯坦外资法的基本内容

一、外资法汇总及分析

近年来，吉尔吉斯斯坦法律频修，吸引外资态度积极。针对外国投资，最直

---

① 参见环球印象吉尔吉斯斯坦事业部：《中国在吉尔吉斯斯坦主要投资领域与投资现状分析》，载丝路印象网2024年7月19日，http://www.zcqtz.com/news/31262.html。

接的法律依据是《吉尔吉斯共和国鼓励投资法》,吉尔吉斯斯坦还颁布了《自由经济区法》《税法》《海关法》《许可制度法》《劳动法》《环保法》等相关法律法规。同时,政府出台了一系列政策规范引导在吉的外国投资和外国投资者。

下面简要分析吉尔吉斯斯坦与投资有关的几部法律。

(一)鼓励投资法、自由经济区法

吉尔吉斯斯坦的投资政策原则是通过为投资人提供公正、平等的法律制度和保护其对吉尔吉斯共和国经济的投资,达到改善吉尔吉斯共和国投资环境,吸引本国和外国投资的目的。《鼓励投资法》向投资者提供了最基本的10年政策保障,极大地降低了投资者的投资风险。

2014年1月11日,吉尔吉斯斯坦颁布了新《自由经济区法》,规范吉尔吉斯斯坦四大自由经济区内的自由活动。新《自由经济区法》着重规定外资企业的税收、费用减免和投资程序简化以及行业准入问题:(1)税收、费用优惠方面,对经济区内生产的、进口的、进一步进口的商品免除关税,进一步出口的商品免除配额(有例外)。在经济区内营业的时间段内,外资企业可以享有各种费用减免,包括税收、关税、会费等。(2)程序简化方面,简化公司注册程序、海关程序和外国雇员的出入境程序。(3)外国投资者在经济区内投资行业的限制方面,限制矿产资源的开发与生产,应税商品的生产、进口及销售,放射性武器、核能及其他放射性物质的生产与销售及其他类型行为。

(二)税收、贸易政策法规

吉尔吉斯斯坦现行的《税法》是2008年10月20日出台的,将税种由16项缩减为9项,给予外资企业较为优惠的税收条件:增值税从原来的20%降至12%,企业所得税是10%,一些小型贸易公司的所得税为4%,取消道路所得税,虽然加征房产税至1%,但尚未实际征收。吉尔吉斯斯坦成为欧亚经济联盟中税收政策最宽松的国家。

2013年吉尔吉斯斯坦政府出台税法修正案,免征进口铁合金冶炼炉的工艺设备及元件的增值税;2015年1月再一次出台新税法修正案,根据金价变化提高矿企的缴税门槛,即仅在金价高于一定价格时,矿企才需缴税。同时,从2015年第一季度起,所有右舵车的进口关税都被提高。

(三)劳工、环境保护政策法规

《吉尔吉斯斯坦劳动法》于2004年8月4日公布,在该法中外国投资者需要注意的事项有两点：一是有关工时、节假日、病产假等的规定；二是针对非本国国民从事劳动的特殊规定。

吉尔吉斯斯坦政府出台的有关环境保护方面的法律相对来说比较全面。有《山地区域法》《生态保护法》《特殊自然区域保护法》《地矿法》《生态鉴定法》《大气层保护法》《生态区域保护法上〈植被利用与保护〉法》《关于吉尔吉斯斯坦与邻国跨界、河流水力资源利用对外政策的总统令》。吉尔吉斯斯坦《环保法》规定，对违法责任人追究民事和刑事责任，起诉有效期为 20 年。责任人及责任单位除恢复自然环境，并对受害个人及单位进行经济赔偿外，还要被追加刑事处罚。①

二、吉尔吉斯斯坦加入国际组织及签订 BIT 情况

（一）加入国际组织情况

吉尔吉斯斯坦是 84 个国际和地区组织的成员国，加入了世界贸易组织、经济合作组织、独立国家联合体、上海合作组织、经济合作发展组织等。此外，吉尔吉斯斯坦在 1995 年 6 月 9 日签署《解决国家与他国国民间投资争端公约》，目前在 ICSID 有数起作为被申请方的仲裁案件，大部分已审结。吉尔吉斯斯坦在 1998 年 12 月 20 日加入世界贸易组织，对于外国投资者来说，吉尔吉斯斯坦入世意味着政府必须履行相应的义务，实施稳定的政策。

（二）对外签订 BIT 情况

吉尔吉斯斯坦和 25 个国家签订了双边投资协定，截至 2013 年 2 月吉尔吉斯斯坦政府和 36 个国家签订了避免双重征税协定，其中同 21 个国家的所签协议已经生效，包括：哈萨克斯坦、俄罗斯、白俄罗斯、乌兹别克斯坦、加拿大、土耳其、印度、乌克兰、塔吉克斯坦、波兰、蒙古国、瑞士、奥地利、中国、伊朗、摩尔多瓦、芬兰、德国、巴基斯坦、拉脱维亚等。此外，吉尔吉斯斯坦已同韩国和立陶宛签署协议；同时，吉尔吉斯斯坦还与格鲁吉亚、亚美尼亚、荷兰、捷克、卢森堡、阿塞拜疆、科威特、卡塔尔、沙特阿拉伯、阿曼等国草签了协议。

---

① 参见《吉尔吉斯斯坦环境保护法规、部门》，载环俄网 2023 年 7 月 28 日，https://www.huanenet.com/jejst/1791.html。

第三节　中国投资吉尔吉斯斯坦可能面临的法律风险

一、政府出台“国有化”政策随意

尽管吉尔吉斯斯坦自然资源非常丰富，市场准入没有限制，但是投资者需要预防投资项目被收归国有的风险。2010年，吉尔吉斯斯坦经济规划部披露了一份将企业收归国有的计划，大批企业受到牵连。那次国有化是该届政府对巴基耶夫旧政府的一次清理，受政权变动的影响。

二、制度法律随机性较高

吉尔吉斯斯坦政权高度集中，社会民众对政府信任度较低。并且，该国制度法律多变，随机性高，一些制度不能落到实处，或者实施困难。政府办事效率低下，官僚主义较为严重，投资者需要与政府搞好关系，无形中增加了成本。

吉尔吉斯斯坦各项制度正在摸索中完善，但是各项制度的完成质量仍然不能达到一定水平。因此，投资者要仔细研究吉尔吉斯斯坦各相关法律、政策、制度、程序等，以便在争端发生时能最大化地为自己争取利益。

三、企业对政策法律了解不足

中国对吉尔吉斯斯坦的投资量呈上涨趋势，对吉投资和在吉注册的中国企业也越来越多，但是其中部分企业自身应对风险能力低下，与西方大型跨国公司存在一定差距，即使受到损失，也没有运用投资争端解决方法向吉尔吉斯斯坦政府进行求偿。

第五章　中国投资塔吉克斯坦的法律风险及防范

导　言

塔吉克斯坦共和国地处中亚东南部,1991 年苏联解体后独立成为主权国家。塔吉克斯坦是中亚面积最小的国家,境内多山,素有“高山之国”的美誉。塔吉克斯坦和其他的中亚国家一样,都有着丰富的矿产资源,这也是其多年来吸引外资的一个重要优势。塔吉克斯坦本国的经济规模较小,其发展较为依赖国际社会其他国家,自从 2015 年受到经济危机的影响以来,塔吉克斯坦的经济形势不太乐观,但一直保持增长势头。

中塔 1992 年建交,自建交以来,中塔双边关系发展稳定。近年来,在上海合作组织和两国元首的推动下,中塔关系快速发展,进入了历史鼎盛时期。具体表现为两国政治互信不断加强,务实合作成果显著,安全合作持续发展,民意基础更加扎实,地方合作方兴未艾。① 从两国的双边贸易额来看,自 2014 年以来,总体呈现递减后趋于稳定的趋势;据我国海关统计,截至 2023 年 10 月,该年度中塔两国的双边贸易额为 231.72 亿元人民币,其中我国对塔出口达 217.30 亿元人民币,我国自塔进口为 14.42 亿元人民币。

诚然,中塔双边贸易一直处于较为稳定健康的发展阶

---

① 参见中国驻塔吉克斯坦共和国大使馆官网,http://tj.china-embassy.org/chn/。

段,但对比中亚其他国家,中塔的贸易往来并不频繁,而是处于相对较低的水平。目前,在两国双边投资往来中,存在一些亟待解决的问题。

第一节 中国在塔吉克斯坦投资的概况

一、中国在塔吉克斯坦投资的特点

(一)中塔投资流量波动较大,直接投资无显著增长

1997 年,中国开始对塔吉克斯坦进行直接投资。之后,中国对塔吉克斯坦的直接投资并没有显著增长,一直保持较低的水平,直到近两年才开始趋于稳定。从贸易地位来看,2015 年以来,塔吉克斯坦的第一大贸易国是俄罗斯,中国为塔吉克斯坦的第二大贸易伙伴;从投资数量上看,中国早在 2015 年就成为塔吉克斯坦最大的投资来源国。2017 年中国与塔吉克斯坦两国元首一致决定建立中塔全面战略伙伴关系。

(二)中塔间投资规模中等

中塔两国在投资领域的合作与中亚地区其他国家相比处在中等地位,从统计数据上看,塔吉克斯坦、吉尔吉斯斯坦与乌兹别克斯坦相差无几。具体情况可以从 2022 年中国对哈萨克斯坦、塔吉克斯坦、吉尔吉斯斯坦、乌兹别克斯坦、土库曼斯坦等中亚五国的直接投资情况来看(见表 5-1)。

表 5-1 2022 年中国对中亚五国的直接投资情况

国别	中国对该国直接投资总额/万美元	中国对该国直接投资占中国对中亚五国直接投资总额的比例
哈萨克斯坦	543,227	59.41%
吉尔吉斯斯坦	123,782	13.54%
乌兹别克斯坦	105,771	11.57%
塔吉克斯坦	116,703	12.76%
土库曼斯坦	24,908	2.72%

资料来源:中华人民共和国商务部、中华人民共和国国家统计局、国家外汇管理局《2022 年度中国对外直接投资统计公报》。

(三)中塔投资领域较为集中

1. 投资方式

中国企业依据在海外投资的方式的不同一般分为三种,分别为:中外合资企业、外商独资企业和跨国并购企业。有些企业则采用不同方式组合的混合式,但在企业成长的不同阶段侧重有所差别。

早先,中国对中亚国家的能源型企业的投资都是由政府部门牵头,中外双方企业共同出资成立中外合资企业,这种投资方式在天然气、石油等领域尤为明显。参与投资的中外企业共担风险、共享利益。而大部分中小型企业在中亚的投资主要采取外商独资的形式,这种方式的优点在于经营管理相对简单。加工制造领域多采用的是这种投资方式。到了投资后期,跨国并购逐渐成为中国企业在中亚投资的主流方式。2002 年被称为中国的"并购元年",之后中国参与的投资中跨国并购显得异常活跃,这种投资形式常见于能源资源型领域,换个角度来看,这也说明中国企业在中亚地区并购企业的目的之一是获取资源。

2. 产业分布

截至 2021 年年末,中国在塔吉克斯坦主要的投资企业有:塔中矿业股份有限公司、金色谷地农业有限公司、特变电工股份有限公司塔吉克分公司、中泰(丹加拉)新丝路纺织产业有限公司等,其中主要涉及矿业、农业、电信和水泥等领域。① 在承包劳务方面,签订的大型工程承包项目有:苏州中材建设有限公司承建的莫伊尔水泥有限公司 3200t/d 熟料水泥生产线建设工程;中铁五局集团有限公司承建的塔吉克斯坦中亚道路连接项目;新疆北新路桥集团股份有限公司承建的塔吉克杜尚别第 82 小区环形路交叉处立交桥项目。在电信行业,塔吉克斯坦的通信服务、通信设备和通信网络市场佼佼者的位置已经被中国的中兴通讯公司和华为技术公司所占领。在采矿业,中国投资者的投资主要集中于有色金属采选业,例如紫金矿业西北公司倾向采选金矿、中国环球新技术进出口公司侧重采选铅锌矿。此外,由于塔吉克斯坦的耕种能力不足,因此中国与塔吉克斯坦还存在农业领域的投资合作。中国企业在塔吉克斯坦直接投资的主要产业分布情况见表 5-2。

值得关注的是,从 1997 年开始,中国对塔吉克斯坦投资的贸易型企业的经营状况不是很好,如新疆国际经济技术合作公司、喀什农垦进出口公司、中国华

---

① 参见商务部对外投资和经济合作司等:《对外投资合作国别(地区)指南·塔吉克斯坦》(2022 年版),第 35-36 页。

源辽宁公司等。[①] 这些公司主要经营对塔吉克斯坦合作项目所需原料和设备的出口业务，但相关的项目都不同程度上陷入了经营危机。

表 5-2 中国企业在塔吉克斯坦直接投资的主要产业分布

所属企业	企业名称	主营业务
矿业	紫金矿业西北公司（金矿）、中国环球新技术进出口公司（铅锌矿）	有色金属采选
农业	河南天邦农产品塔吉克斯坦亚湾分公司、金谷农业联合体有限责任公司、新疆天业（集团）有限公司	农业种植
通信业	华为技术公司、中兴通讯公司	通信服务
建材业	中材国际莫伊尔水泥有限公司、中建投资公司、德天混凝土有限责任公司、中承国际工程有限公司塔吉克斯坦分公司	工程承包、基建

资料来源：根据国家商务部、国家发改委和外交部《对外投资国别产业指引》（2011 版）和相关中国企业数据整理而成。

二、塔吉克斯坦吸引外资的优势

中国和塔吉克斯坦自从建交以来，凭借着两国地理位置毗邻之天然优势，开展了诸多投资贸易活动。近年来，塔吉克斯坦的政局趋于稳定、经济平稳增长、市场自由开放、相关法律制度和措施有所完善，两国的交往更加密切。随着中国和塔吉克斯坦的投资合作逐步加深，两国也签订或加入了一系列的双边贸易协定或多边贸易协定，为双方的贸易投资打下坚实的法律基础。塔吉克斯坦之所以可以吸引大量的外国投资，其优势主要体现在以下各方面。

（一）塔吉克斯坦地理位置优越

塔吉克斯坦地处中亚的东南部，是一个内陆国家，其东部、东南部都与中国新疆接壤（边境线 430 公里，首都杜尚别至中国边境口岸距离 1009 公里），[②]在塔吉克斯坦，塔吉克族约占总人口数的 80%，是塔吉克斯坦的第一大民族。塔

① 参见杨殿中：《中国企业对中亚五国直接投资的产业分布及产业选择建议》，载《中央财经大学学报》2012 年第 9 期。

② 参见商务部对外投资和经济合作司等：《对外投资合作国别（地区）指南 · 塔吉克斯坦》（2022 年版），第 2 页。

吉克族人跨境而居,但他们有着相同的生活习惯、共同的历史渊源,这都决定了他们有着相似的背景、文化和历史,决定了他们之间有着不可割裂的联系。于中国新疆而言,与塔吉克斯坦等国毗邻的优越地理位置也成为其发展的一大契机,新疆成为中国西部开发的重点对象。中央通过加大对新疆基础建设的投资力度,降低了其与中亚和内地其他省市的差距,使新疆一跃成为中亚和内地两大市场的中心,再加上中亚与新疆同时具有丰富多样的自然资源,而产业分布和企业规模与市场需求和资源的丰富程度有密切联系,这就凸显了新疆的地缘优势。①

(二)塔吉克斯坦政治局面趋于稳定

稳定的政治局面对促进国家间的贸易投资大有裨益,而政治领域最核心的问题在于权力的交接。拉赫蒙自 1994 年以来一直担任塔吉克斯坦的总统,塔吉克斯坦的总统任期为 7 年一届,至目前最近的一次总统大选是在 2020 年 10 月 11 日,拉赫蒙第四次连任总统。且在 2016 年 5 月,塔吉克斯坦通过全民公决决定其可无限期连任。这意味着近几年,塔吉克斯坦都不存在权力交接方面的政治隐患。塔吉克斯坦虽然是个多党派的国家,但是其中人民民主党的人数是最多的,在 2020 年的选举中该党派也赢得了最高选票并在议会下院取得了 12 个席位,②加之该党派的主席是拉赫蒙总统,因此人民民主党是塔吉克斯坦最重要的一个党派。正因为由拉赫蒙总统领导的人民民主党在议院占有多数席位,议会总能顺利通过议案,从而完善相关的法律制度,在一定程度上保障了该国的政局稳定。一国政局的稳定能为其经济发展保驾护航,中塔两国政治稳定加强了双方进行经贸合作的信心和愿望,在上海合作组织的框架下,两国顺利开展了多项合作,对投资关系起到了积极的促进作用。除此之外,中国新疆与塔吉克斯坦天然的地域优势也是两国经济交往频繁的原因之一。中国政府搭建起来的喀什交易会、欧亚博览会等交易平台对两国的经济合作也产生了正面的促进作用。③ 相对稳定的政治局面,是一国吸引外资在政治领域的保障,对该国的直接投资有很大的影响。

(三)塔吉克斯坦经济状况平稳

早在苏联时期,塔吉克斯坦的经济状况是不理想的。近年来,由于塔吉克

---

① 参见郭德辉:《新疆与中亚地区经贸关系的战略思考》,载《新疆财经》2008 年第 4 期。

② 参见商务部对外投资和经济合作司等:《对外投资合作国别(地区)指南 · 塔吉克斯坦》(2022 年版),第 6 页。

③ 参见驻塔吉克经商参处:《塔吉克斯坦投资环境概观》,载中华人民共和国商务部官网,http://tj. mofcom. gov. cn/article/yshj/201511/20151101154329. shtml。

斯坦实施对外开放的经济政策，积极寻求国际上的帮助，大力开展对外经贸合作，一改过去的常年通货紧缩现象，经济已经处于一个平稳的态势。但塔吉克斯坦自身的经济规模小以及对国际社会的过度依赖，致使塔吉克斯坦经济全面增长依然任重道远。2021年塔吉克斯坦的GDP为989亿索莫尼，折合美元87.53亿，同比增长9.2%（按索莫尼计算）。① 2022年塔吉克斯坦GDP为104.3亿美元，同比增长29%，增速相较2021年上升了20个百分点。据塔吉克斯坦统计署报告，2022年塔吉克斯坦GDP较2021年增加了19.6亿美元，增长23%。2023年，塔吉克斯坦农业发展平稳，工业发展迅速，吸引外资的增加以及历年的数据，都充分说明塔吉克斯坦近年来在经济进步方面进行了努力并取得了巨大成就。这也为塔吉克斯坦更好地吸引外资奠定了坚实的经济基础。

（四）塔吉克斯坦法律制度日趋完善

由于塔吉克斯坦本国的经济规模小，对国际社会的依赖偏重，为了更好地顺应经济全球化的潮流，吸引更多国家来塔吉克斯坦投资，塔吉克斯坦实现了从过去的垄断性的外贸管理体制到宽松的对外贸易政策的转变，不仅该国的企业法人可以对一般的商品进行进出口贸易，自然人也享受同样的待遇。在自由开放的贸易制度下，塔吉克斯坦为外来投资者提供了不少优惠政策。而为了给外来投资者吃一剂“定心丸”，塔吉克斯坦政府还通过制定一系列法律法规来改善塔吉克斯坦的投资环境，实际保障其在塔吉克斯坦的投资。该国政府先后通过了《外国投资法》《企业经营法》《塔吉克斯坦共和国税法》等一系列相关的法律文件，并在后期不断地修改完善。该国现行法律和其签订或加入的国际条约以及多边协定都将为投资者们提供全方位的保护。塔吉克斯坦法律制度保障力度的加强和完善，以及该国投资环境的改善，对于中国对塔吉克斯坦投资有着重大的直接影响。②

中国与塔吉克斯坦的经贸往来始终遵循着循序渐进的规律，多年来始终保持着稳定的状态。两国从1992年1月4日正式建交以来，塔吉克斯坦除颁布了多项法律法规政策外，还与中国先后签订了一系列投资贸易协定，如《经济技术合作协定》《经济贸易协定》《能源领域合作协定》《关于鼓励和相互保护投资协

---

① 参见商务部对外投资和经济合作司等：《对外投资合作国别（地区）指南·塔吉克斯坦》（2022年版），第7页。

② 参见郑守瑛：《塔吉克斯坦投资法律制度研究——兼论中国对该国直接投资的法律风险与防范对策》，新疆大学2016年博士学位论文，第37页。

定》《对所得和财产避免双重征税和防止偷漏税的协定》《关于加强数字经济合作的谅解备忘录》等。以上各项法律的颁布和投资贸易协定的签订都为塔吉克斯坦吸引外资打下了坚实的法律基础,有利于维护中塔间的贸易往来和合作关系。

(五)中塔经济的合作互助性较强

塔吉克斯坦与中亚的大部分国家一样,各类自然资源非常丰富。为大家所熟知的是塔吉克斯坦的矿产资源,目前已知的有50多种矿产,而已探明未开发的矿床也有600多个。① 塔吉克斯坦的国家工商会副主席卡拉马列夫·阿桑纳曾说过:“元素周期表上所列的所有元素,在我们国家都有。”塔吉克斯坦是一个多山的国家,有很多的宝石,但是该国缺乏对这类矿产资源开发和深加工的能力,因此,让中国企业在疏附县广州新城设厂来帮助其对宝石进行深加工成了塔吉克斯坦政府一直以来梦寐以求的事情。此外,塔吉克斯坦的水资源在中亚是较为丰富的,几乎占有整个中亚水资源的一半,人均拥有量居世界第一位,但实际的开发量不足总量的10%,这说明塔吉克斯坦的技术和开发能力是相当有限的,也正因如此,塔吉克斯坦急需中国企业技术和资金上的支持。塔吉克斯坦的农产品也都是“纯天然”的,如柠檬、石榴等,蜂蜜也很好,但却由于包装问题导致出口受限。因此,加快制定优惠政策、到新疆寻求合作、引进外国智力支持成为塔吉克斯坦政府官员近年来重要的工作任务。

第二节　塔吉克斯坦外资法的基本内容

一、立法概况

自从塔吉克斯坦1991年脱离苏联独立以来,塔吉克斯坦政府为了大量吸引外资来快速发展本国经济和稳定国民生活,颁布和出台了相关的法律法规和优惠政策。1992年,由于塔吉克斯坦刚刚独立不久,国家经济处于极不稳定的危机状态,塔吉克斯坦为早日摆脱贫困,积极寻求外来投资,颁布了与吸引外资最为密切的《外国投资法》以达到净化国内投资环境的目的。《外国投资法》的特点是采取了“双轨制”模式,即对内外商投资分别立法。这部法律实施了15

---

① 参见商务部对外投资和经济合作司等:《对外投资合作国别(地区)指南·塔吉克斯坦》(2022年版),第40页。

年时间，在此期间其对调节投资环境、保护外来投资者起到一定作用，但不可否认的是，也暴露出不少弊端。因此，在对《外国投资法》的优势和弊端进行了分析总结后，塔吉克斯坦将“双轨制”改为对内外商投资统一立法的“单轨制”，于2007年颁布了新的《塔吉克斯坦共和国投资法》，这部《塔吉克斯坦共和国投资法》在体系和内容上相较于《外国投资法》都有所改变。

1997年，塔吉克斯坦的经济逐步走出低谷，呈现恢复性增长。2000年，塔吉克斯坦成功发行了新货币，建立了金融和财政体系，塔吉克斯坦政府开始完善国家的海关、税收等与外商投资相关的法律法规。在经贸领域，塔吉克斯坦政府陆续出台了《塔吉克斯坦共和国劳动法》(2001年)、《塔吉克斯坦共和国对外经济活动法》和《土地法》(2002年)、《海关法》和《塔吉克斯坦共和国自由经济区法》(2004年)、《商品采购法》(2006年)、《塔吉克斯坦共和国投资法》(2007年)、《对外贸易法》(2012年)、《塔吉克斯坦共和国税法》(2013年)以及《塔吉克斯坦共和国企业法》《外汇管理法》等法律文件。[①]

在此期间，除去塔吉克斯坦颁布的一系列法律法规，中塔间还通过签署大量的条约和协定来保障外国投资者的权益，规范国内外资本市场。其中主要有：《中华人民共和国和塔吉克斯坦共和国经济贸易协定》(1992年)、《中华人民共和国和塔吉克斯坦共和国关于鼓励和相互保护投资协定》(1993年)、《中塔关于进一步发展两国睦邻友好和互利合作关系的联合声明》(1996年)、《中塔关于发展两国面向21世纪的睦邻友好合作关系的联合声明》(2000年)以及《中塔合作规划纲要》(2017年)等。

从以上所列的法律文件来看，塔吉克斯坦对部分商品的经营许可是有限制的，但对一般商品的经营采取开放的态度，再加上塔吉克斯坦自独立以来，一改过去垄断性质的管理模式，总体而言，塔吉克斯坦采取的是宽松的贸易政策。这对活跃本国经济，吸引外商投资大有裨益。

二、当前外资法的基本框架

外资法，是指资本输入国制定的关于调整外国私人直接投资关系的法律规范的总称。[②] 各国的外资立法形式不一，外资法的名称也各不相同，大体有以下

---

① 参见郑守瑛：《塔吉克斯坦投资法律制度研究——兼论中国对该国直接投资的法律风险与防范对策》，新疆大学2016年博士学位论文，第4页。

② 参见余劲松主编：《国际投资法》(第3版)，法律出版社2007年版，第38页。

三种立法体制：一是制定一部统一、系统的外资法典作为调整外国投资的基本法律，另辅之以其他有关的可适用于外国投资的法律。如阿根廷1976年制定后修订的《外国投资法》即属此类，该法对于外国投资的相关事项作了具体规定，是调整外国投资的基本法律文件。此外，还有许多其他的法律文件也可调整外资关系，如公司法、矿业法、商法、民法、技术转让法等。二是不针对外国投资制定统一法典，而是制定一个或者几个有关外国投资的专门法律或者法规、条令，由此构成一个关于外国投资的基本法或法群，再辅之以其他的法律调整。如毛里求斯制定了几个专门法规：1970年《出口加工区法》、1974年《发展鼓励法》、1981年《出口劳务区法》以及1982年《旅馆管理（鼓励）法》等。三是既没有制定统一的外资法典，也没有专门的法律法规，而是使用该国普通的法律、法规来调整外国投资活动。如美国这样的发达国家，迄今没有一部完整的外资法，外国投资者在美国享有和本国国民一样的待遇，相关的外国投资活动也是由美国的国内法来调整。

塔吉克斯坦的外资立法体制属于第一种形式。因此，这里的外资法指的是广义上的外资法，即不仅包括《塔吉克斯坦共和国投资法》这部法律文件，还包括能够调节管理约束外商投资活动的相关法律法规、决议和命令。根据这些法律文件所调整的具体对象的不同，大致可以将它们分为以下几类：(1)投资准入环节相关法律文件；(2)外资并购相关法律文件；(3)外汇法；(4)税收法；(5)劳工法；(6)外资企业登记注册相关法律文件；(7)环境法；(8)知识产权法等。这也大致是外资企业在塔吉克斯坦投资所要经历的几个过程和应该要得到东道国监管的几大方面。具体的分类见表5-3。

表5-3　塔吉克斯坦有关投资的法律法规

类型	颁布时间	法律法规名称
投资准入	1992年3月10日	《塔吉克斯坦共和国投资法》(2007年修订)
		《投资协议法》
		《特许经营权法》
		《塔吉克斯坦许可证法》
		《塔吉克斯坦经营国家保护和支持法》
	1993年12月27日	《塔吉克斯坦共和国对外经济活动法》(2002年修订)

续表

类型	颁布时间	法律法规名称
外资并购	1993年6月	《塔吉克斯坦共和国企业法》
	2012年	《公共私营合作法》
	1991年12月	《塔吉克斯坦共和国股份公司法》(1998年修订)
	2002年5月	《塔吉克斯坦共和国有限责任公司法》
	2002年12月	《塔吉克斯坦共和国生产合作法》
		《关于商品市场竞争及限制垄断行为法》
外汇		《货币管理和货币调控法》
	1995年11月4日	《外汇调解和外汇管理法》(1999年修订)
环境		《塔吉克斯坦共和国林法典》
		《塔吉克斯坦共和国水法典》
		《塔吉克斯坦共和国土地法典》
		《塔吉克斯坦共和国大气保护法》
		《塔吉克斯坦共和国煤炭法》
		《塔吉克斯坦共和国植物保护法》
		《塔吉克斯坦共和国生态鉴定法》
		《塔吉克斯坦共和国放射性废物处理法》
		《塔吉克斯坦共和国山区法》
		《塔吉克斯坦共和国草原法》
		《塔吉克斯坦共和国动物法》
		《塔吉克斯坦共和国生态监测法》
		《塔吉克斯坦共和国生态信息法》
		《塔吉克斯坦共和国特别自然保护区法》
		《塔吉克斯坦共和国居民生态教育法》
		《塔吉克斯坦共和国植物品种保护法》
		《塔吉克斯坦共和国禁烟法》
		《塔吉克斯坦共和国水利设施安全法》
		《塔吉克斯坦共和国饮用水和饮用水供应法》
		《塔吉克斯坦共和国地下水法》

续表

类型	颁布时间	法律法规名称
环境		《塔吉克斯坦生产和生活废物法》
		《塔吉克斯坦共和国杀虫剂和农用化学品生产和安全处理法》
		《塔吉克斯坦植物保护和利用法》
		《塔吉克斯坦共和国废旧金属法》
		《塔吉克斯坦能源法》
	2002 年	《塔吉克斯坦土地规划法》
	1996 年 2 月	《塔吉克斯坦共和国环境保护法》(2011 年 8 月)
税收	1994 年	《塔吉克斯坦共和国税法》(2013 年修订)
		《塔吉克斯坦海关税则》
劳工		《塔吉克斯坦共和国出入境管理法》
	1997 年 5 月 15 日	《塔吉克斯坦共和国劳动法》(2001 年修订)
		《外国公民权利法》
	2001 年 12 月	《外国劳动移民实施办法》
知识产权		《塔吉克斯坦产品商标和服务标识法》
		《塔吉克斯坦工业样品法》
		《塔吉克斯坦著作权法》
外资企业登记注册	1997 年 7 月 15 日	《关于对企业创办文件进行资格鉴定的程序》(塔政府第 308 号决议)
		《塔吉克斯坦法人国家登记法》
	1993 年 11 月 29 日	《关于国家收费标准》(塔吉克部长会议第 587 号决议)(1997 年修订)
	1993 年 6 月 26 日	《关于外国公司、银行、经贸组织以及其分支机构在塔吉克境内设立代表处的程序》(塔吉克部长会议第 307 号决议)
	1998 年 3 月 24 日	《审核外资企业创办文件、出具财务鉴定的程序》(财政部第 36 号令)

续表

类型	颁布时间	法律法规名称
其他	2014 年 11 月 27 日	《塔吉克斯坦保险法》
		《塔吉克斯坦有价证券和证券交易所法》
		《产品分成协议法》
	1998 年 5 月 23 日	《塔吉克斯坦银行法》(2001 年修订)
	2004 年 5 月	《塔吉克斯坦自由经济区法》(2011 年修订)

与投资相关的法律法规有很多,也涉及许多不同的领域,具体到不同的投资项目的调整所要用到的法律文件更是不胜枚举。本章将仅对其中几个与投资相关性最为密切的法律文件进行进一步的了解和分析。

1.《塔吉克斯坦共和国投资法》

塔吉克斯坦政府在 1992 年颁布,并经 1996 年、1997 年、1999 年修订的投资法是《外国投资法》,2007 年颁布的是《塔吉克斯坦共和国投资法》,两部法律在立法体系、调整对象、投资主体等方面的规定都有所差异,这些也正是塔吉克斯坦投资法的最大亮点所在。以下就是塔吉克斯坦新旧投资法的部分不同点。

(1)立法体系。《外国投资法》在总则前就明确其是外国投资者在塔吉克斯坦投资的法律、经济和社会条例,将立法体系立足于“外商”,旨在保护外国投资主体的利益,保障市场经济条件下外国投资者在国民经济中的作用;而《塔吉克斯坦共和国投资法》主要保护塔吉克斯坦“境内投资者”的权利,为境内投资者提供公平公正的法律制度和权益保障,旨在为塔吉克斯坦吸引外资,引进先进的技术和管理经验,为投资活动创造一个良好的环境,同时也在遵循国际法规则和国际秩序层面作出了良好表现。《塔吉克斯坦共和国投资法》未对调整对象做出国籍限制,即只要是在塔吉克斯坦境内的投资者,无论是不是外国商人,都受该法约束和保护。这种转变不仅改变了以往塔吉克斯坦在外贸投资领域所主张的“双轨制”模式的弊端,避免了因投资主体的国籍不同而受两套不同的法律调整的烦琐以及对司法资源的浪费,而且还强调了国内外投资者的平等地位。此外,《塔吉克斯坦共和国投资法》的另一大闪光点在于其立法技术上的进步。《塔吉克斯坦共和国投资法》不同于《外国投资法》,更注重和倡导国际法准则和国际合作规则的遵守,这为塔吉克斯坦经济走向国际打下了坚实的基石;《塔吉克斯坦共和国投资法》以保护国家利益为首要目的,明确排除国家预算和政府担保下的投资活动以及非商业组织的投资。

(2)投资主体。《外国投资法》中的投资主体指的就是外国投资者,包括外国法人、外国公民、无国籍者、长期居住外国的本国公民、无法人资格的外国企业和国际组织。《塔吉克斯坦共和国投资法》将投资主体分为两个部分,一是外国投资者,二是本国投资者,其中外国投资者的界定与《外国投资法》规定基本一致,而对本国投资者的规定就是《塔吉克斯坦共和国投资法》与《外国投资法》的区别所在。新旧投资法之所以会在投资主体的界定上产生分歧,原因与立法体系的不同一样,都是为了消除以往“双轨制”模式的弊端。《外国投资法》强调吸引外资,但忽视了国内外投资者的平等性,如外国投资者在投资政策、税收优惠方面享受的“超国民待遇”会影响国内投资者的投资热情,同样,国内投资者在资本减少、出资额转让和劳动雇佣方面享有的“低国民待遇”也会引发外国投资者的不满情绪。[①] 为了解决这一问题,《塔吉克斯坦共和国投资法》采用“单轨制”的模式,即外国投资者与本国投资者统一由本法调整。《塔吉克斯坦共和国投资法》利用排除法对本国投资者进行界定,本国投资者指的是除外国投资者以外的在塔吉克斯坦境内从事投资活动的法人或自然人。《塔吉克斯坦共和国投资法》对投资主体的规定是比较宽泛的,也并未对外国投资者加以限制,这无疑更加利于吸引外资。

(3)投资待遇。《外国投资法》第 6 条规定:“对外国投资者在塔吉克斯坦共和国投资的法律制度要比财产和财产权的相应制度优越,也要比塔吉克斯坦共和国本国企业、组织和公民进行投资活动的法律制度优越。对塔吉克斯坦共和国法律规定的经济优先发展领域和个别地区的投资,可增加税收优惠和其他优惠政策。”该条款前半部分的规定是对外国投资者实行“超国民待遇”的一种体现,塔吉克斯坦政府的此种做法势必引发国内投资者的不满情绪,从而会对国民经济产生巨大的冲击。而后半部分指的是外国投资者在制定区域内投资,还可以获得额外的税收优惠和其他优惠,以上都可明确塔吉克斯坦希望通过颁布优惠政策和法律法规来吸引投资的决心,但对于国内外投资者所采取的“双轨制”模式也的确会产生不小的弊端和负面影响。《塔吉克斯坦共和国投资法》通过扩大投资主体的范围将本国投资者纳入本法的调整范围,使得国内外投资者在税收、外汇、优惠政策等方面得到一致待遇,消除了“双轨制”带来的弊端。

---

① 参见刘国胜:《塔吉克斯坦共和国新旧外商投资法比较分析》,载《俄罗斯中亚东欧市场》2008 年第 9 期。

(4)投资形式及投资种类。所谓投资形式,就是东道国法律规定的投资者可以对哪些形式的资产进行投资。《外国投资法》第1条就对投资形式进行了规定,其中有形资产有货币、专有银行存款、股份和其他有价证券、动产和不动产,无形资产有著作权等知识产权、土地及自然资源的使用权等。《塔吉克斯坦共和国投资法》不同于《外国投资法》的列举式规定,采用的是更为简洁明了的概括式规定,即除自用财产和与销售未加工商品有关的投资活动以外的所有的物权形式都是塔吉克斯坦允许的投资形式。除此之外,《外国投资法》在第四章对外国投资者购买有价证券进行了特别规定,即外国投资者购买有价证券应该按照塔吉克斯坦财政部规定的程序购买。而《塔吉克斯坦共和国投资法》对外国投资者的投资形式并无特殊的限制。

《外国投资法》对外商投资种类的规定大致可以总结为三种类型:(1)外国投资者的独资企业;(2)外国投资者与塔吉克斯坦法人或公民共同成立的企业(通过参股、购买某些财产的使用权或签订有关投资形式的合同等途径);(3)购置股票或有价证券等财产。《塔吉克斯坦共和国投资法》对投资种类的规定与《外国投资法》有些许不同,但大体也分为三类:(1)公民、非国有企业、机关、团体或其他机构从事的私营投资行为和国家机关、国有企业等从事的国家投资行为;(2)外国公民、法人、国家或无国籍人从事的外来投资活动;(3)塔吉克斯坦公民、法人和外国投资者共同从事的投资活动。由于《塔吉克斯坦共和国投资法》调整约束的不仅是外国投资者,还有国内投资者,因此,从法律条文上来看,《塔吉克斯坦共和国投资法》的规定更具有进步性。

2.《塔吉克斯坦共和国对外经济活动法》

《塔吉克斯坦共和国对外经济活动法》是1993年12月27日颁布,2002年修订的一部与投资有关的较为重要的法律文件之一。该法的体系结构为四章20条,主要内容包括总则、对外经济活动的实施、政府有关对外经济活动的法规以及对外经济活动参与人的责任和权益保障。其中,总则是对条文所涉及的一些关键词的理解以及对除总则外其余三章的概括性规定,而第二、三、四章则是对相关内容的具体规定。《塔吉克斯坦共和国对外经济活动法》在双方权利义务平等、合作互利、不干涉对方内政的基本原则的基础之上,对塔吉克斯坦政府履行观测和贯彻经济形势、调解对外经贸活动中出现的矛盾以及签署国际条约和协定等职能进行调整和约束,目的在于规范塔吉克斯坦对外经济活动,为塔吉克斯坦早日走上国际化道路,与国际接轨,提供一个好的法律基础,促进塔吉克斯坦经济融入世界体系。

3.《关于商品市场竞争及限制垄断行为法》

中国企业到塔吉克斯坦进行投资经常会采用企业并购的方式，而在塔吉克斯坦规制本国或外国投资者的并购行为的就是《关于商品市场竞争及限制垄断行为法》。该法是为了确保塔吉克斯坦市场有效建立和运作而颁布的一部限制和阻止垄断行为及非良性竞争行为的基本法，规定有垄断行为、国家反垄断机构、对国家竞争的监管、违反反垄断法的责任、国家反垄断机构制定以及实施决议的程序等内容。该法第 15 条就是对企业收并购的相关规定，如企业收并购的资产总额达到了 400 万索莫尼，就需要塔吉克斯坦政府反垄断局的同意，反垄断局在收到申请 30 天内予以回复。若企业收并购造成了限制竞争等损害，相关企业就需要根据反垄断局的要求恢复竞争。国家登记部门只有在企业获得反垄断局同意后才能对收并购企业进行登记注册，否则在法律上视为无效。截至目前，塔吉克斯坦的中资企业还未遇到并购遭遇阻碍的案例。

4.《货币管理和货币调控法》以及《外汇调解和外汇管理法》

塔吉克斯坦监管外汇的权力机关是塔吉克斯坦国家银行。塔吉克斯坦管理外汇的法律法规除了投资法以外，还有《货币管理和货币调控法》以及《外汇调解和外汇管理法》。

《货币管理和货币调控法》是调整塔吉克斯坦境内的货币管理、货币调控关系和塔吉克斯坦的居民以及非居民拥有、使用和处分货币价值的权利和义务的。该法规定，居民和非居民之间的货币交易是不受任何限制的，但居民之间的货币交易是被禁止的。

《外汇调解和外汇管理法》1995 年 11 月 4 日颁布，1999 年 3 月进行修订。根据该法的规定，塔吉克斯坦的本国居民可以在境内自由使用外汇，但非居民要使用外币需要遵循额外的规定，此规定要根据塔吉克斯坦的法律由国家银行制定。塔吉克斯坦对于居民和非居民持有的合法外汇都是保护的，外汇的汇进汇出和带进带出都要遵照相关规定操作。与塔吉克斯坦有直接外汇交易的国家有德国、美国、英国、瑞士等，塔吉克斯坦有外汇授权业务的银行可以与以上国家的银行进行直接的外汇业务往来，而对于与塔吉克斯坦没有直接外汇业务的国家要通过第三方来进行外汇交易，即借助其他国家的银行。2000 年 4 月以前，在塔吉克斯坦，人们可以随身携带 500 美元外汇；2000 年 4 月之后，可随身携带的外汇金额由 500 美元调整为 2000 美元。超过 2000 美元的就要向海关申报，并且要出具授权银行或者国家银行的证明。2013 年新出台的《外汇调解和外汇管理法》对外汇管理试行新规定，比过去有了更多的限制。该法规定了紧急预案措施,如果塔吉克斯坦遇到威胁国家经济、财政体系、汇率安全的情形,可以启动紧急预案,试行为期6个月的特别外汇管理办法,该办法甚至有为保护塔吉克斯坦经济而暂停外汇业务的规定。①

5.《塔吉克斯坦共和国环境保护法》

《塔吉克斯坦共和国环境保护法》是1996年2月公布的,经过了2002年5月、12月,2004年7月,2011年8月2日4次修订。该法规定所有企业和个人对待环境的原则是:环境要适合人的居住和生活,利于居民的劳动、生活和休息。对于水、森林、土地、植物等国家资源的使用以及对污染环境的废弃物、边角料及其他有害物的丢弃都采取有偿的形式。对影响环境的项目都要得到国家批准并获得许可证,任何企业和个人都应该保护周边环境以防影响他人健康,任何项目在得到国家批准之前都不能擅自开工,不能擅自更改环保内容。《塔吉克斯坦共和国环境保护法》还规定国家自然保护区内禁止一切生产活动和商业活动,法人或自然人因违反环境保护法律法规的行为而给环境造成损害的,必须依法赔偿。赔偿应该是自愿的或根据法院判决进行的,赔偿数额由行为所造成的包括应得利益在内的损失和用于恢复的实际费用决定。

此外,塔吉克斯坦的环境保护法还对规避企业在塔吉克斯坦投资可能遭遇的环境保护的风险的防范措施予以规定,环境评估在企业的行为可能对周边的人或环境造成影响时进行,但环境评估一定发生在企业建厂和开始经营之前,是企业在塔吉克斯坦投资的必经程序。

6.《塔吉克斯坦共和国税法》

税收是影响一个国家吸收外资多少的一个十分重要的因素。《塔吉克斯坦共和国税法》作为对国家税收相关的具体规定,也显得尤为重要。塔吉克斯坦共和国独立以后于1994年在继承苏联税收体系的基础之上完成了税收立法,之后为适应经济发展的需要,塔吉克斯坦政府推行了三次税法改革。第一次是在1998年,次年1月1日开始执行;第二次是2004年改革,2005年1月1日开始执行新的《塔吉克斯坦共和国税法》;第三次改革是2012年5月8日,塔吉克斯坦总统拉赫蒙召开会议邀国家税务局及有关人员参与起草塔吉克斯坦的新税法典,2013年1月1日开始部分实行新的《塔吉克斯坦共和国税法》。

与原版塔吉克斯坦税务法典相比,2013年新版的税务法典遵循公平、公正、

---

①　参见高洁琼:《TRIMs协议视野下塔吉克斯坦外商投资法研究》,新疆大学2014年博士学位论文,第13页。

高效、高透明度的原则,简化了征税和报表程序,以达到减轻纳税人负担的目的,具体体现在以下几个方面:新版税务法典的条文总条款的数量由 359 条缩减到 329 条,税目的数量由原先的 384 个缩减到 176 个,税务申报的数量缩减至 41%,税务报表数量降低至 86%。2013 年的《塔吉克斯坦共和国税法》对塔吉克斯坦的税收制度作出了很大程度上的调整,税种由 21 个缩减到 10 个(自 2017 年 1 月 1 日起缩减至 9 个类别),其中国税由 17 种减为 8 种,地税由 4 种减为 2 种,提高增值税最低登记额,降低法人利润税的税率。在 2017 年前取消行车税,从 2017 年起,制造业的利润税税率由 15%降低到 13%,其他经营类别的税率由 25%降低至 23%。

新版的《塔吉克斯坦共和国税法》删除了对零售贸易税的规定,另通过将相近的税种进行合并来精简税种的总数量,其中包括将土地税与不动产买卖税、销售税与商品加工税、矿产资源使用税与水利资源税,以及利润税与最低利润税进行合并,目的是避免重复征税,减少对税收相关部门的资源的浪费。同时,还取消了采用平均统计指标来计算利润税和社会税的方法。塔吉克斯坦的税收法律制度从 1994 年的税种繁多、过高的税率,让外国投资者们望而却步到 2013 年的税种精简、税率合理、吸引大量外国投资者的投资,历经了 19 个年头,塔吉克斯坦政府一步步地努力和改善,使得塔吉克斯坦的税收法律制度越来越适应国际化的要求。

7.《塔吉克斯坦共和国劳动法》及《外国劳动移民实施办法》

塔吉克斯坦规范外国劳动力权利义务的主要有《塔吉克斯坦共和国劳动法》以及塔吉克斯坦政府出台的《外国劳动移民实施办法》。其中,《塔吉克斯坦共和国劳动法》是 1997 年 5 月 15 日颁布的,2001 年塔吉克斯坦政府对该法进行了修改。根据《塔吉克斯坦共和国劳动法》的规定,在塔吉克斯坦居住的外国人可以在塔吉克斯坦的企业、机关或其他组织工作。为了进一步细化和具体落实《塔吉克斯坦共和国劳动法》的规定,塔吉克斯坦政府于 2001 年 12 月出台了《外国劳动移民实施办法》。依照《外国劳动移民实施办法》的规定,塔吉克斯坦的外国劳工享有以下权利义务:(1)外国人以及无国籍人可以依据和雇主签订的劳动合同在塔吉克斯坦境内从事劳务,但是法律规定只能由塔吉克斯坦本国公民从事的职务或者工种除外;(2)在塔吉克斯坦从事劳务的外国人都享有和承担《外国公民权利法》中的权利和义务;(3)外国劳工在进入塔吉克斯坦境内后,需要持有相关部门开出的书面文件到居住地有关机构办理临时居住;(4)外国劳工的具体工作流程由其与雇主签订的劳动合同规定,劳动合同中应该对雇主与雇员的基本情况、双方的权利义务、合同对象、员工薪酬、纠纷解决等内容予以约定;(5)529 号政府令规定自 2008 年 10 月 31 日起,对外来员工实行许可证制度,还规定外资企业中外籍员工不得超过总数的 30%。2016 年以来又对用工比例进行了限制。

8.《关于信息保护的法律》以及《关于商标和服务标志的法律》

塔吉克斯坦现尚无一部专门的知识产权法,但有数部法律法规与其相关,如《关于信息保护的法律》以及《关于商标和服务标志的法律》。《关于信息保护的法律》中确立有保护信息安全的基本原则以及该领域的法律关系。该法规定了文件和信息资源的使用和形成、信息技术自动化信息系统和网络的创设所产生的法律关系,同时对信息资源的保护程序以及信息化过程中参与主体的权利和义务进行了定义。

《关于商标和服务标志的法律》不仅规定了商标、标志和服务标记的关系,还规定了差异化方式的权利。根据该法,商标的保护和注册由专利办公室负责,但对于在塔吉克斯坦境外永久居住的个人或外国法人,塔吉克斯坦法律规定要通过经授权的专利律师和专利办公室办理业务。在塔吉克斯坦注册商标,要注意提交申请文件、支付注册必要条款的确认文件、注册集体商标的特许证以及律师权利和权力的确认文件。其中申请文件中应该包含注册请求、商标符号、注册商标的产品列表和对商标的简要介绍。且申请文件必须用塔吉克斯坦语或俄语填写,后由申请人或律师签字。

9.《塔吉克斯坦共和国证券市场法》

塔吉克斯坦的证券市场尚处于不发达的阶段,但一个有组织的证券交易平台现已经建立,塔吉克斯坦证券市场主要的监管主体是塔吉克斯坦财政部的证券市场发展和专业注册机构,在塔吉克斯坦境内发行的证券应在被授权的国家机构登记,即塔吉克斯坦财政部。塔吉克斯坦证券相关的法律主要有《塔吉克斯坦共和国证券市场法》,该法规范了权益性证券的发行、配售、流通和支付过程中产生的关系以及证券市场主体的运作,明确了证券市场的监管秩序。但塔吉克斯坦国家银行的证券发行和交易不由该法调整,而是由《塔吉克斯坦国家银行第 189 号证券指令》规范的。该指令规定外国和本国投资者可以通过在塔吉克斯坦国家银行注册的金融机构来购买塔吉克斯坦国家银行的证券,塔吉克斯坦国家银行每周会通过拍卖出售其证券。《塔吉克斯坦共和国证券市场法》规定外国公司必须要遵守适用于所有证券参与者的一般性规定,该法并未对外国投资者参与证券市场有其他特殊要求。但在塔吉克斯坦进行证券交易活动都需要特别许可证，而外国公司想要获得许可证，必须在塔吉克斯坦注册一家子公司或分支机构，证券交易许可证的期限一般为 5 年。

三、塔吉克斯坦对外的投资协定

（一）双边或多边协定

根据 ICSID 给出的数据，塔吉克斯坦与外国签订的双边或多边的投资协定已有 27 个之多。这二十多项投资协定分别是塔吉克斯坦与阿塞拜疆、乌克兰、越南、泰国、科威特、白俄罗斯、西班牙、摩尔多瓦、巴基斯坦、土耳其、德国、中国、瑞士、荷兰、澳大利亚、法国、哈萨克斯坦、印度、美国、比利时、卢森堡、斯洛伐克共和国、捷克共和国、阿拉伯联合酋长国、韩国以及伊朗伊斯兰共和国等国家签署的。其中，塔吉克斯坦与中国在 1993 年 3 月 9 日签署了《中华人民共和国政府和塔吉克斯坦共和国政府关于鼓励和相互保护投资协定》。除此之外，塔吉克斯坦政府还与中国签署了一系列与投资有关的双边或多边协定，如 2008 年 8 月中塔签署《中华人民共和国政府和塔吉克斯坦共和国政府对所得和财产避免双重征税和防止偷漏税的协定》，部分经济贸易协定如《中华人民共和国和塔吉克斯坦共和国经济贸易协定》（1992 年）、《中塔关于进一步发展两国睦邻友好和互利合作关系的联合声明》（1996 年）、《中华人民共和国政府和塔吉克斯坦共和国政府经济贸易关系协定》（1996 年）、《中华人民共和国和塔吉克斯坦共和国经济技术合作协定》（1999 年）、《中塔关于发展两国面向 21 世纪的睦邻友好合作关系的联合声明》（2000 年）、《中塔合作规划纲要》（2017）等，以及部分其他相关保护政策如《中华人民共和国政府和塔吉克斯坦共和国政府科学技术合作协定》《中华人民共和国和塔吉克斯坦共和国汽车运输协定》《中华人民共和国和塔吉克斯坦共和国能源领域合作协定》《中华人民共和国政府和塔吉克斯坦共和国政府关于天然气管道建设运营的合作协议》等。[①]

中塔政府为促进两国经济合作，签署了不少协定。本文将就其中几个与投资相关的双边或多边协定进行重点介绍与探讨：

（1）《中华人民共和国政府和塔吉克斯坦共和国政府关于鼓励和相互保护投资协定》是中塔两国政府代表在 1993 年 3 月 9 日签署的，1994 年 1 月 20 日生效。两国政府都本着相互尊重主权和平等互利的原则，促进一缔约方在另一

---

① 参见商务部对外投资和经济合作司等：《对外投资合作国别（地区）指南 · 塔吉克斯坦》（2022 年版），第 39 页。

缔约方领土内的投资,签署了这一协定。该协定一共有12个条款,主要内容包括协定内所涉及的主要名词解释、适用对象、优惠待遇、争端解决、文本效力等。协定内容为双方再次进行磋商留有余地,条文中规定了双方可进行磋商的事宜以及明确在规定事项内,一缔约方提出磋商建议,另一方及时作出反应,双方就可轮流在北京和杜尚别进行磋商。《中华人民共和国政府和塔吉克斯坦共和国政府关于鼓励和相互保护投资协定》的签署本意本就是促进交易、鼓励投资,因此协定中规定如果缔约一方依据法律法规或者双方为其成员的国际协定给予另一方投资者的投资或与投资相关事项的待遇优于本协定,应从优适用。不难看出,塔吉克斯坦对中方的投资者在塔吉克斯坦投资是报以鼓励与支持的态度的,并且为之提供了较好的投资环境。

(2)《中华人民共和国政府和塔吉克斯坦共和国政府对所得和财产避免双重征税和防止偷漏税的协定》是中塔双方代表于2008年8月27日在杜尚别正式签署的,全文共有30条。该协定主要对适用对象、税种范围、针对不同情况的征税方式、两国消除双重征税的方法等内容进行协商。其中,协定第1条明确适用于缔约国一方或同时为双方居民的人,但在第4条对人的范围作出了限制,将"缔约国一方居民"界定为根据该国法律,因住所、居所、成立地、实际管理机构所在地或其他类似标准而在该国负有纳税义务的人,不包括仅因源于该缔约国的所得或坐落在该缔约国的财产而在该国负有纳税义务的人。此外,协定还分别对缔约国一方居民的不动产所得、企业营业利润、国际运输所得、关联企业利润、股息、利息、特许权使用费、财产收益、独立或非独立个人劳务所得、董事费、退休金等典型资产的征税方式、地点和特殊限制作出了规定。中塔签署的这一税收协定将会促进两国的经济合作,在保护国民经济的同时也保障了投资者的利益。

(3)中塔两国元首致力于建立中塔全面战略伙伴关系,于2017年8月31日共同见证了《中塔合作规划纲要》以及科技、农业、能源、基础设施、人力资源、地方、媒体等领域十多项合作文件的签署。双方都表示要加强经贸合作,中方支持塔方同中国的金融机构、丝路基金、亚洲基础设施投资银行建立联系,从而促进两国贸易和投资的便利化。

(二)塔吉克斯坦与WTO

塔吉克斯坦2011年5月29日申请加入WTO,之后所有的谈判于2012年10月26日完成,11月10日,塔吉克斯坦总统与WTO总干事在日内瓦签署了《塔吉克斯坦加入议定书》,塔吉克斯坦成为WTO第159个成员国。塔吉克斯坦入世无论是对于其本国还是中国都是有好处的，就拿新疆的鸡肉出口来说，鸡肉在塔吉克斯坦属于进口受限制的商品，每次进口鸡肉都必须要有专门的进口批文，因此过去塔吉克斯坦进口鸡肉都是通过其本国人到我国企业进行购买的方式，但是这样的方式只能实现小批量的进口，进口数量十分有限。塔吉克斯坦入世后，与同为 WTO 成员国的中国进行交易，其进出口手续一定会大大简化，商机也会逐渐增多。今后我国与塔吉克斯坦的交易形式也将越来越多样化，不仅可以由塔吉克斯坦商人到我国采购，还可以由我国企业主动运送商品出去。塔吉克斯坦入世不仅利于开拓经贸市场，还有助于塔吉克斯坦融入国际化的社会，塔吉克斯坦在中亚国家中属于国力较弱的，法制建设也还不完善，塔吉克斯坦加入世贸组织会提高其市场化程度，整个经济环境会由政府主导向市场主导过渡，与此同时，其经济和税收政策也会顺应 WTO 的要求进行调整，中国与塔吉克斯坦的经贸合作将会更加便利，更加符合国际化的规则。因此，中国早在 2012 年就成了塔吉克斯坦的第二大贸易伙伴国。

（三）塔吉克斯坦与 ICSID

ICSID 全称是国际投资争端解决中心，它是依据 1965 年签署、1966 年 10 月 14 日生效的《解决国家与他国国民间投资争端公约》（也称《华盛顿公约》）而建立的世界上第一个专门解决国际投资争议的仲裁机构。ICSID 仲裁管辖权要求争端主体范围必须是《华盛顿公约》缔约国的投资者和具有另一缔约国身份的东道国。中国于 1990 年 2 月 9 日签署了《华盛顿公约》，1993 年正式成为公约的缔约国，但中国作出了保留，即仅考虑把由征收和国有化而产生的有关补偿的争议提交该中心管辖。截至 2018 年 1 月 11 日，《华盛顿公约》的缔约国有包括中国在内 162 个国家，其中，包括上海合作组织机制下的 5 个国家。在上海合作组织机制下的国家中，非缔约国只有印度、巴勒斯坦、塔吉克斯坦。中亚国家中的哈萨克斯坦、吉尔吉斯斯坦、乌兹别克斯坦和中国都是在彼此签订了双边投资协议后加入《华盛顿公约》的，后土库曼斯坦也加入了公约，但到目前为止，塔吉克斯坦仍未加入该公约。因此，与塔吉克斯坦有关的投资者与东道国之间的投资争端，都不在 ICSID 的管辖范围内，其与中国签订的双边投资协定也不会涉及 ICSID 仲裁条款问题。

第三节　中国投资塔吉克斯坦可能面临的法律风险

一、塔吉克斯坦外商投资法律制度不健全

塔吉克斯坦的法律制度正处于转轨阶段，相关的法律法规与司法体制仍然处在完善充实的过程中。塔吉克斯坦的《外国投资法》经过几次修改，此外，在外商投资领域还有部分辅助性调整的法律法规如《塔吉克斯坦共和国税法》《外汇调解和外汇管理法》等，都还在不断优化中。塔吉克斯坦目前的法律制度依然存在很多不足之处，具体体现在以下几个方面。

（一）法律条文内容不够细化，部分条款概念模糊不清

塔吉克斯坦的《外国投资法》全文有 25 章，分为总则、投资和投资者权益保障、国家对投资者及其投资的支持政策、对投资者的要求、结论五个部分。或许是由于法律条文的篇幅有限，塔吉克斯坦的《外国投资法》对外资相关的许多细节问题都没有规定。

（1）在投资准入方面，该法对外资定义和资本构成都进行了规定，但并未明确投资范围，即在塔吉克斯坦的《外国投资法》中没有对该国允许外国投资的行业部门进行明确具体的规定，仅对投资形式进行了三项列举后用“塔吉克斯坦共和国法律不禁止在其他方面投资的项目”进行兜底，但是对具体有哪些禁止或者不禁止的项目并未明确。

此外，《外国投资法》对塔外合资企业中外国投资占比与再投资比例也没有进行规定。一般而言，各国投资法都会对外资比例进行规定用以明确外国投资的参与程度，从微观层面来看，外国投资者的投资与东道国本国投资者的投资占比仅与合营企业的利益分配和管理权大小有关，这种比例可以由合营企业投资各方在合营合同中加以规定，但都不能超过东道国外资立法中所规定的投资比例；而从宏观角度出发，东道国在其外资立法中对外资占比加以规定通常是为了控制其境内外国投资的投资方向。这一方法不仅为多数发展中国家用来在外商投资企业中增加本地资本的参加，还被部分发达国家用来将某些重要行业中的外国资本限制在一定比例内。对于投资比例的具体规定，各国立法不一，大体有两类：一是在国内投资法中规定一个适用于国内一般行业的比例。这种固定比例限制的做法大多是发展中国家采用的，所适用的对象就是一般的

行业和部门。二是对于不同的行业采用不同的比例。一般来说,对于东道国越重要的行业,外资占比就控制得越低;对于东道国次重要的行业,外资占比就可以适当放宽;对于东道国鼓励支持的产业,外资占比也可为100%。塔吉克斯坦在1992年的《外国投资法》中有过对塔外合资企业中外资占比的规定,规定有外国投资的企业的法定基金中外国资金占30%或30%以上,但在2007年的投资法中取消了这一规定。不对外资比例在法律条文中进行规定,就无法排除掉在实际执行中,塔吉克斯坦政府可以通过投资协议的形式强行增加塔吉克斯坦的占资比例。这对于外国投资者来说,无疑是一大风险。

(2)在投资优惠方面,《外国投资法》的第19章明确塔吉克斯坦将对投资者给出税收、关税优惠和国家资助。其中税收和关税优惠是依据塔吉克斯坦共和国税法和海关法典提供,而国家资助的程序和种类则是由塔吉克斯坦共和国政府界定。但到目前为止,该国政府也未出台相关规定,导致《投资法》中此条款不能得到细化落实。

(3)在征用和国有化补偿方面,《外国投资法》第11章第3款规定被国有化和被征用的投资财产,其赔偿额度应依据市场价格而定。其中市场价格中的"市场"究竟是哪一方的市场并未明确。

(4)其他方面。综观塔吉克斯坦共和国的《外国投资法》,其中有很多条款都有"适用该国其他法律"的表述,但是条文并未明确适用该国的哪部法律法规或者其他法律的哪一条款,导致外国投资者不能全面、准确地了解应该遵守的法律法规。

(二)立法变动频繁

塔吉克斯坦共和国也遵循"新法优于旧法"的原则,即同一部法律,后成立生效的规定将会取代之前旧的规定。如塔吉克斯坦共和国与投资相关的法是1992年3月10日颁布的,此后1996年、1997年、1999年都进行了部分修改和补充,直到最新的一部投资法2007年成立生效。比较新旧投资法,已经不仅仅是立法条文的变动,而是整个法律投资制度的模式发生了变化。在与投资领域相关的法律中,《塔吉克斯坦共和国税法》的修订补充也是较为频繁的,其于1994年成立生效后,经历了1998年、2004年与2013年3次补充修改,其中对税率和税种都进行了不同程度的调整。

塔吉克斯坦的投资政策也会频繁变动。过去,塔吉克斯坦的进口汽车很多都是20世纪90年代或者2000年之前生产的德国汽车,但是自从2018年2月15日塔吉克斯坦政府的法令规定不得进口2005年之前生产的汽车,且为了鼓励民众购买新车,塔吉克斯坦政府 2017 年就降低了 50% 的新车进口税,如今,在塔吉克斯坦的首都杜尚别的街头都是奔驰、宝马和保时捷,而停在院子里的报废老汽车也比比皆是。

(三)法律规定与国际化脱轨

塔吉克斯坦是一个落后的发展中国家,其立法技术不够成熟,立法过程中任意性、不规范的现象相对突出,现行法律规定中有很多与国际法相冲突的地方。如《塔吉克斯坦共和国投资法》中关于投资者转让权问题的规定就比国际上其他国家要严苛很多,该法规定投资者只有满足下列条件时才拥有转让权:(1)投资者在塔吉克斯坦共和国境内投资;(2)投资者有保险合约的保证;(3)由国外国家授权机构或者保险公司支付保款或上述投资权益转让给国外授权机构或者保险公司时,且投资者在塔吉克斯坦境内投资和(或)完全履行合同义务。反之,如果缺少上述条件,投资者的转让权将得不到承认。塔吉克斯坦没有将外资转让权给予投资者,而是需要依照本国的法律规定,将转让条件限制在东道国单方承认的法律和保障中,也就是说,只有符合《塔吉克斯坦共和国投资法》的条件,投资者才拥有转让权。这与国际上的通行规则是矛盾的。

二、司法环境不良,执法程序不规范

塔吉克斯坦共和国的司法官员贪污腐败现象严重,塔吉克斯坦在 2016 年的全球 176 个国家(地区)清廉指数排名中居第 151 位。司法人员素质普遍有待提高,经常出现本地的商人与官员相互勾结的现象。塔吉克斯坦的执法人员执法不规范,任意性较大,在执法过程中经常任意摆布企业,加大企业运营成本,再加上塔吉克斯坦至今都没有一部关于中小企业的法律出台,中小企业的运营风险加大。塔吉克斯坦司法和执法环境的不规范严重影响着外国投资者来塔吉克斯坦投资的信心,因此,在塔吉克斯坦的外国投资者普遍对塔吉克斯坦的司法和执法环境不看好,很少通过此手段来维护自己的权益。塔吉克斯坦的司法部门独立,也不受行政部门的左右,但行政部门的错误决定造成的损失却经常由公司“买单”。[①] 此外,由于塔吉克斯坦政府工作部门的办事效率低,企业在经营过程中会损耗额外的时间和金钱,这也是执法环节给外国投资者带来的风险之一。

---

① 参见商务部对外投资和经济合作司等:《对外投资合作国别(地区)指南 · 塔吉克斯坦》(2022 年版),第 72 页。

三、塔吉克斯坦严格的劳工制度

(一)在塔外国劳工的签证风险

塔吉克斯坦是一个劳动力过剩的国家,但由于中国企业在塔吉克斯坦承包工程带来了很多中方的劳动人员。因此,出于吸引外资的需要,塔吉克斯坦政府一直致力于营造一个宽松的投资环境。直至2016年,塔吉克斯坦在俄罗斯打工的民工回流,造成塔吉克斯坦国内就业态势十分紧张,塔吉克斯坦政府只能用进一步严格签证和劳务配额制来应对这一紧迫局势,在此之后,塔吉克斯坦对外来务工人员的态度就有了一个大转变,除高科技技术和管理人员外,严格外国劳工入境。甚至为了治理外来劳工非法滞留问题,塔吉克斯坦每年都要在首都杜尚别开展"护照检查"的专项行动,主要检查外国劳工是否有合法的入境和居留手续。

(二)塔吉克斯坦的对外劳工许可制度

塔吉克斯坦自2008年10月31日起,就对外国劳动力实行许可证制度,并且劳务许可证的发放条件是比较严格的。根据塔吉克斯坦的相关法律规定,外国人到塔吉克斯坦工作是需要许可证的。许可证的发放流程大致如下:(1)企业法人向该国劳动和社会保障部门提出办理许可证的申请;(2)劳动和社会保障部门同意申请后向企业发放劳务许可总单;(3)外国劳务人员到达塔吉克斯坦后,由企业统一到移民局为职工办理劳务许可证。在此过程中,企业获得批准后应该到该国外交部备案。之后,塔吉克斯坦的驻外使馆需凭借外交部的认可和个人邀请函办理签证。

(三)塔吉克斯坦的对外劳工配额制和押金担保制

塔吉克斯坦对雇主雇佣外国员工实施配额制以及押金担保制度,即雇主不能直接聘请外国劳工。如果雇主需要聘请外国劳工应当提前从劳动部门获得配额和许可,劳动部应当依据保障国内劳动力市场和国家利益的原则来核实发放劳动许可。外国劳工还需要支付一定数额的担保押金,这是为了确保外国劳工在合同期满后能够顺利地被遣返回国,外国劳工在入境之后还要持相关部门出具的文件到居住地内务部办理临时居住登记。[①] 据相关数据统计,截至2016年塔吉克斯坦仅有20%的中国劳工办理了工作许可证,塔吉克斯坦对外国劳工

---

① 参见高洁琼:《TRIMs协议视野下塔吉克斯坦外商投资法研究》,新疆大学2014年博士学位论文,第12页。

的许可证发放标准的严格程度可见一斑。

(四)塔吉克斯坦外资企业严格的用工比例

塔吉克斯坦严格的劳工政策不仅体现在外国劳工进入塔吉克斯坦市场的准入条件上,还体现在用工比例上。塔吉克斯坦在1992年颁布的《外国投资法》中规定塔方的员工数量不得少于企业员工总数的70%,之后为吸引外资,塔吉克斯坦政府在2007年的新《塔吉克斯坦共和国投资法》中取消了这一限制。但实际上,塔吉克斯坦政府仍通过投资协议来强行增加塔方的用工比例,使得塔方员工增多。塔吉克斯坦政府发布的529号政府令,不仅规定对外国劳工实行许可证制度,还规定外资企业中外国工作者不能超过30%。2016年以来,塔吉克斯坦对外国劳工比例进行限制,甚至达到了1∶9的比例。诸如此类的法律政策规定导致在塔吉克斯坦中方企业的塔方员工比例较高,如华新水泥员工本地化的比例高达68%,塔中矿业的员工本土化比例为60%。

四、塔吉克斯坦法律对环境保护的高标准

(一)复杂而全面的塔吉克斯坦环境保护体系

也许是由于塔吉克斯坦是一个能源和矿产丰富的国家,因此塔吉克斯坦十分重视对自然环境的保护。与我国的环境保护体系相比,塔吉克斯坦的环境保护体系更加全面。塔吉克斯坦环境保护的基本法为《塔吉克斯坦共和国环境保护法》,该法是1996年2月颁布的,随后分别于2002年5月、12月,2004年7月和2011年8月2日进行了修订。此外,塔吉克斯坦政府还制定了许多与环境保护和管理相关的法律,有着一个庞大而完整的环境保护法律群,对环境的保护和管理几乎是面面俱到的。

(二)严格的外商投资环境保护监管制度

中国企业在塔吉克斯坦进行投资合作要面对的是一个十分严格的环境监管制度。根据塔吉克斯坦与环境保护有关的法律法规的规定:对环境有影响的项目的投资都要事先得到国家的批准并获得许可证,如管道运输、电信设备、能源运输设备的安装都是要符合国家环境保护要求;在塔吉克斯坦国家自然保护区内,生产活动和其他的商业活动都是被禁止的,塔吉克斯坦法人和自然人违反环境保护法规对塔吉克斯坦环境造成损害的应当依法赔偿,该国环境赔偿由违法者自愿进行或者根据法院判据来赔偿,赔偿数额根据恢复被破坏的环境要用到的实际费用以及可能遭受的损失来确定。塔吉克斯坦的环境保护法有严

格的规定,社会舆论也对环境污染问题关注密切,塔吉克斯坦的中资企业应该重视环境保护问题。

(三)塔吉克斯坦法律中关于土地的规定

塔吉克斯坦的土地问题大多由《土地法》规制,塔吉克斯坦所有土地都列在土地基金中,并且根据用途不同分为几类,如农业、工业、住宅用地等。

根据塔吉克斯坦《土地法》的规定,国家对所有土地都有专有所有权。法人和个人只有使用权,并且根据其适用类型不同被分为一级使用人和二级使用人。其中,一级使用人需要符合以下条件之一:(1)没有特定期限的永久性使用;(2)3年(短期)到最高20年(长期)的临时使用;(3)终身使用且可继承。获得这三类土地使用权的法人和个人就是一级土地使用权人。其中,永久性的土地使用权只能塔吉克斯坦本国的个人和法人才能拥有,终身且可继承的土地的使用对象也有限制,只有从事农业和其他传统行业的特定生产型主体可以享有。土地使用权可以买卖、租赁,一级土地使用权人还可以将土地使用权抵押。但依据租赁协议从一级土地使用权人处获得土地使用权的,只能成为二级土地使用权人,且不可变更土地用途,租赁期限也不得超过20年。

外资企业获得的土地使用权期限最长不可超过50年,并且是作为一级土地使用权人。和塔吉克斯坦本国企业相比,外资企业对土地使用权没有处分的权利,这意味着外国投资者对塔吉克斯坦的土地只有企业本身使用的权利,不可以进行买卖。同时,外资企业在获得农业土地和特定的受保护土地的使用权上也受到限制。一旦土地的使用受限,会给外国投资者的投资带来许多不必要的麻烦。

五、塔吉克斯坦税收法律制度风险

(一)塔吉克斯坦税收法律制度缺乏透明度和明确性

塔吉克斯坦的税法虽然已经向社会公布,但在某些方面仍然存在透明度不高的问题。如塔吉克斯坦税收法律制度中没有规定有关部门对税务征收情况进行公开,没有明确税收主体的具体责任,因此塔吉克斯坦税收管辖十分混乱。造成塔吉克斯坦税收法律制度丧失透明性的原因有很多,现取以下两点作为重点分析。

1. 塔吉克斯坦缺少税务公开制度

塔吉克斯坦税法的颁布和修改都是在定稿时人们才得知的,在立法过程中缺少公民的参与和监督,塔吉克斯坦政府侵犯了公民的知情权。政府有关部门也没有就税收制度的变化建立一个通知平台,导致外国投资者不能准确、及时把握塔吉克斯坦的税收法律制度的动态,这对外商投资者的投资造成了很大影响。也正是由于这个原因,塔吉克斯坦税收部门的政府官员在执法过程中会出现态度任意、强拿勒要的不良现象,使企业处于一个十分被动的地位,容易受税收官员的摆布。这加大了企业的运营成本,也增加了企业所要面临的税收风险。此外,塔吉克斯坦税收部门官员的工作态度散漫、办事效率低,也会使得企业的运营耗时耗力,纳税成本增加。

2. 税收主体未具体明确区分责任

根据塔吉克斯坦税法的规定,外国公民和法人以及塔吉克斯坦本国公民和法人都要向国家交税,全国实行统一的税收制度。塔吉克斯坦有专门的税收主管机关,即国家税收委员会。塔吉克斯坦税法典规定税务机关有审核应纳税额、调整纳税所得、采取税务保全和税务强制执行等权限,税务机关的职责则是必须依法征税,不能多征、少征、停征或违法开征税款。可见,塔吉克斯坦税法对于税务机关的权限和职责只是做了简要的概括说明,并没有明确哪一级的税务机关享有以上权限和履行以上职责,也没有规定如果税务机关违反了塔吉克斯坦相关的法律规定将会受到什么样的惩罚,承担什么样的责任。不具体区分税收主体的责任可能会加大税收官员执法过程中的任意性,缺少对违法官员的惩罚会使这种现象加剧,以上种种现象都是因为塔吉克斯坦税收法律制度缺乏明确性和透明性,长期下去可能会对税收部门和官员的权威和公信力造成影响。

(二)塔吉克斯坦赋税重

2013年的塔吉克斯坦新税法采取的是“部分—条—项”的编纂体例,整部法律的体系十分庞大。其中有的条文显得过于烦琐,如分则部分中规定的每一个小的税种下都会有课税对象、纳税人等,这样的内容编排是十分不合理的,有些一般性的规定应该进行总结和提炼,放在税法的序言中做简单介绍或者专门编纂一部税法导读手册来进行说明,不应在每一个章节中都做大同小异的重复介绍。通过序言或导读手册的形式来介绍一些基本常识和基础理论可以使得整部法条的内容一目了然,在实践过程中,也便于当事人更加快捷、方便地查找法条。下面,将通过塔吉克斯坦纳税种类和税收程序两个方面来说明塔吉克斯坦税法条文冗长复杂的问题。

1. 纳税人纳税种类繁多

塔吉克斯坦的税收种类分为国税和地税,其中国税 16 大类,地税 4 大类,在国税和地税以下还分不同的小类。塔吉克斯坦纳税种类繁多容易导致阅读税法典十分困难,也难以将税法理解透彻,但税种繁多只是塔吉克斯坦税法的不足之一。除此之外,税收成本的增加、税后漏洞的出现等都是税收征管难的原因,也正是因为这些因素,使塔吉克斯坦国内资本外流,外资企业也常常逃税、漏税,对塔吉克斯坦的税收制度造成了很大损害。

2. 税收程序繁杂

从法条内容上看,塔吉克斯坦税法的纳税程序包括登记、审计、会计准则和申报以及纠纷解决等。报税资料有财务报表、合同、发票和收据等,并且这些资料还要根据税种填写表格。以上内容都在税法里有所体现,这无疑使法典内容增多。而从实践角度看,塔吉克斯坦税法规定个人和企业都要到注册地税务部门报税,且法人必须通过银行缴纳,个人才可以缴纳现金。但塔吉克斯坦现在还没有相应的网络缴费平台,这都在很大程度上降低了纳税效率,延长了纳税时间。无论在实务中还是法条内容上,都暴露出塔吉克斯坦纳税程序存在很大问题,这给外国投资者造成了不小的税收风险。

第四节 中国投资塔吉克斯坦的法律风险防范对策

一、建立法律风险防范意识,规避对塔吉克斯坦投资法律风险

法律风险之所以存在,原因无非有二:一是东道国自身的法律法规制度建设不健全;二是投资国政府和企业对东道国的法律了解不全面不及时或者理解有误。第一种情况下引起的法律风险要从根本上规避或许需要东道国在法律建设方面的不断努力,而第二种情形下引发的法律风险确是投资国自身可以通过一些手段进行规避的。本书要探析的规避风险的路径正是从投资国角度出发,针对对塔投资制定的系列法律风险防范对策。中国在塔吉克斯坦共和国开展直接投资活动,首先应当建立起法律风险防范的意识,有了忧患意识,才能将风险防患于未然。同时应该特别注意做好事前调查、信息分析、风险评估及风险规避的工作,切实保障好自身的利益。

(一)建立健全对塔投资法律信息收集并提供咨询平台

为了加强上合组织的建设,保证中国与成员国家的正常交往和互通有无,首先要强化中国自身收集信息与提供咨询的能力,将投资政策和风险预警

及时提供给本国在塔的投资者,可专门针对对塔投资前期的信息调查和信息收集成立一个综合性、全方位的平台,由政府、专门的咨询服务机构以及银行、保险等金融机构多方发力,最终将信息汇总到该平台,供投资者查阅。

中国商务部、外交部、驻塔使领馆等应该及时查找、搜寻、公布塔吉克斯坦的投资政策和商务信息,如《国别贸易投资环境报告》《对外投资合作国别(地区)指南》以及《对外投资合作国别(地区)产业导向目录》等都应该由政府发挥其信息服务的职能来进行及时的更新。政府部门可以通过在其官方网站上发布塔吉克斯坦的投资与商务信息,尤其是塔吉克斯坦对外资的优惠政策和投资政策导向,以便中方投资者尽早做好准备工作,规避风险。实际上,国际上许多国家都会通过官方渠道发布投资东道国的一些商务咨询或新闻,我国也不例外,但是不足之处在于发布的快捷性和及时性,商机具有转瞬即逝的特点,那么对于跨国投资者来说,信息掌握的时间和程度就显得十分重要。

鉴于上文所提到的塔吉克斯坦对部分法律法规和政策的修改和完善活动十分活跃,投资者面临着立法频繁变动的法律风险,因此,我国有必要建立对塔吉克斯坦等中亚国家的法律信息进行收集和咨询服务的专门机构,为我国“走出去”的企业提供专业法律顾问团队。专业的法律顾问团队可以从法律或者其他非政府渠道来收集相关信息,然后深入分析塔吉克斯坦的投资法律环境,站在法律的角度上帮助企业适时了解对塔投资可能遭遇的机遇和挑战。在准确把握塔吉克斯坦法律法规的同时,还要紧密关注塔吉克斯坦投资政策的变动,提示企业适时调整经营策略,最大限度地规避因法律频繁变动而带来的法律风险。同时,该机构还可以为投资者提供对塔的咨询服务,包括政治、经济、文化等各个方面,能够从不同侧面帮助企业做好投资前的调查和风险评估工作。强化企业投资前的准备能力,是降低投资风险,有效保护投资者权利的方式之一。

银行、保险和证券等金融机构可以利用其分支机构众多且分布广泛的优势,深入开展对塔吉克斯坦信息收集、整理和发布的工作,完善塔吉克斯坦投资法律环境的信息服务,建立健全完整的投资信息数据库,及时将相关的金融数据和信息传递给中国投资者,以便降低其投资风险。

其中,中国针对对塔投资建立的专门法律信息收集和咨询服务机构可以建立一个网络平台,将所收集的信息与中国政府发布、金融机构整理的信息汇总在一起,然后通过这个网络平台统一集中地为投资者提供服务。

(二)在投资合同中明确约定法律适用

合理约定法律适用也是一国事前风险防范的主要形式。塔吉克斯坦投资法以及投资相关法体系纷繁复杂,且版本更迭快,一旦中方在塔吉克斯坦的投资出现问题,适用塔吉克斯坦的法律不利于中国投资者。因此,投资者在订立投资合同时可以遵循国际私法中的"当事人意思自治原则",对投资合同适用的法律事先进行明确约定,在条件允许的情况下选择对我国投资者有利的法律。

(三)深入分析塔吉克斯坦投资环境,准确进行风险评估预警

在深入细致地分析塔吉克斯坦的投资环境和相关信息的基础上,投资国的政府和企业应分别着手进行风险评估,为降低投资者在塔投资可能遭遇的法律风险加固一层保险。

中国政府应主动采取措施建立起风险评估预警体系。中国政府的相关职能部门应该充分重视事前风险评估的重要性,并且将建立评估预警体系的相关工作尽快落实,加强对塔投资活动的综合测评,尤其是因塔吉克斯坦法律法规或政策频繁变动而引起的法律风险。风险评估预警体系可将中国对塔投资所可能遭遇的法律风险和其他风险生成完整的风险分析报告,为中方政府的财政、物力或信贷支持提供依据。同时,中国政府还需要对风险评估的方法加以研究和创新,梳理好风险评估的流程以及随时关注相关企业的经济情况、履行能力和一些突发状况,以此作为评估的重要依据,从而逐渐完善风险评估体系。

除中国政府对风险评估做出努力之外,作为中国对塔投资的直接参与者的中国企业更应该对塔吉克斯坦的概况进行了解,提前做好准备。首先,中国企业要对塔吉克斯坦的投资环境、投资商情、市场环境进行完全详尽的调研和考察;其次,企业要在深入理解以上信息的基础上,结合塔吉克斯坦国情得出投资活动可能会对该国政治、经济、文化产生的影响;最后,中国企业在详细了解对塔吉克斯坦的投资产生的相关因素后,采用科学的计算方法提前计算出中方在塔投资产生的预期收益,生成一份详细的投资计划。在此期间,中方企业需要特别重视投资影响因素中的法律因素,综合评估该国法律的完备程度、司法人员自身的素质以及依法行政程度,降低法律风险对中方投资者的投资带来的冲击。与此同时,中方企业应该对塔吉克斯坦政治有所了解,关注政治风险,及时采取措施,可向中国出口信用公司申请海外保险。

(四)培训专业人员,增强对塔吉克斯坦法律的了解

要想全面了解塔吉克斯坦的法律法规和政策,还需要中方培养专业人员。

因为塔吉克斯坦多采用塔吉克斯坦语和俄语,中文与英语都不是塔吉克斯坦的主要语言,所以要想透彻地研究塔吉克斯坦的法律首先要熟练掌握和运用当地语言,这就需要中方培养既熟悉塔吉克斯坦语言又有法律专业素养的复合型人才,来为中国投资者对塔投资提供人力资源。在有语言能力的基础上,中方投资者可对塔吉克斯坦法律进行充分的了解,尤其是投资相关的法律法规和政府给出的优惠政策。法律风险是一国企业“走出去”最常见的风险,为防范此风险,中国政府应组织相关部门大力收集投资法律法规,如外国投资法、投资优惠政策、投资限制和禁止规定、与投资相关的税收、外汇、土地、劳工、环境等规定,充分了解该国的投资导向,从而避免不必要的风险。

二、应对环境保护风险的对策

(一)加强企业对外投资的环境保护意识

要想从根本上缓解我国企业对塔投资可能遭遇的环境保护的风险,首先就要要求“走出去”的企业从自身做起,加强对外投资的环境保护意识。遵守塔吉克斯坦的一系列环境保护与管理的法律法规并履行自己的责任,使用先进的技术与符合环境保护要求的材料和程序来进行生产活动,节能减排,提高能源利用率,减少消耗,尽量将日常生产生活中对塔吉克斯坦的环境产生的影响降到最低。中国企业在具备减少污染的能力之余,还应尽自身努力加强对环境的保护,在塔吉克斯坦本国国民面前树立一个良好企业的形象,消除塔吉克斯坦人民对外资企业的戒备和排斥之心,增进两国人民间的理解和信任,有助于中资企业尽快在塔吉克斯坦立足。

(二)督促企业进行环境保护评估程序

提高企业的环境保护意识只是从思想层面改变中国企业在对外投资过程中对环境保护的重视程度,而督促中资企业进行环境保护评估程序则是将环境保护意识具体落实的行动体现。中国企业在进入塔吉克斯坦境内投资之前就应该对哪些项目会对当地环境产生影响做好调查,若投资项目属于对环境有影响的应预先评估获得许可证,并且就可能产生的影响制定好解决方案。塔吉克斯坦的环境保护法规定,在法人或自然人要投资经营或开发的项目会对周围环境造成直接或间接的影响,包括可能影响居民健康的情况下必须要进行环境评估。环境评估是企业生产经营的必经程序。该程序必须在企业投资或建厂之前进行,塔吉克斯坦的环境评估部门是塔吉克斯坦环境保护委员会,但塔吉克斯坦规定要求吸收社会团体参加,保证环境评估的公正和透明程度。塔吉克斯坦政府每年都会有部分资金用于环境保护,企业也应当在投资前做好规划,将环境保护纳入企业投资预算的一部分。

(三)健全我国对外投资环境保护相关法律

中国企业“走出去”既要受当地法律法规的监督,也要受本国法规政策的约束。2014年,我国出台的《境外投资管理办法》中就没有环境保护的有关规定。为了避免我国企业在外投资频频遭遇环境保护的法律风险,我国政府有关部门有必要对“走出去”的企业进行规范和引导,我国应该建立健全对外投资环境保护法律体系,并且建立对对外投资企业的环境评估和监管机制,为投资者提供东道国环境法律法规的指导,做好企业“走出去”的“先导部队”,同时在投资过程中也要做好企业的监督工作。由原国家环境保护总局、中国人民银行和原中国银行业监督管理委员会联合发布的《关于落实环保政策法规防范信贷风险的意见》中对我国企业投资所涉及的环境问题进行了规定,要求增加信贷环境保护要求,即在为企业对外投资提供信贷的过程中考量环境因素。[①] 此外,我国中央和地方政府都可以在其发布的上海合作组织的相关政策中加入企业对外投资环境保护方面的规定。

(四)为我国企业对外投资提供政策指导

中国政府可为投资者提供塔吉克斯坦环境保护与管理方面的政策指导,帮助企业全面深入了解塔吉克斯坦的环境保护政策以及在塔企业与公民的权利义务。以《塔吉克斯坦共和国环境保护法》等与环境保护有关的法律和我国相关的法律法规以及中塔两国间就环境保护签署的条约协定为依据,防止出现纠纷时塔方任意解释法律条文,滥用环境保护法,恶意使我国企业的项目陷入困境的问题。

三、应对塔吉克斯坦严格的劳工制度的措施

塔吉克斯坦之所以实施严格的劳工制度,部分是因为2016年塔吉克斯坦民工从俄罗斯大量回流,再加上塔吉克斯坦本国国内的劳动力过剩,久而久之,为降低国内失业率,自然就形成了这样的局面。目前,针对这项风险并无十分成熟的应对策略,以下几点在长期实施的情况下或有成效。

---

① 参见殷敏:《“一带一路”倡议下中国对俄投资的法律风险及应对》,载《国际商务研究》2018年第1期。

(一)尊重并履行塔吉克斯坦对外来劳工的法律规定

中国劳工赴塔就业首先应该尊重塔吉克斯坦的法律法规,全面了解《塔吉克斯坦共和国劳动法》,在塔树立一个良好公民的形象,建立起与当地居民的紧密联系和信任,搞好和塔吉克斯坦政府的关系,使塔吉克斯坦人民从内心不再排斥外来务工人员。中国政府与中国驻塔吉克斯坦大使馆的工作人员也应该提醒中国到塔务工人员,注意核对自己的入境和居留手续,若有遗漏,尽早补全相关手续,合法居留。

(二)培训赴塔务工人员的工作技能

由于塔吉克斯坦本国并不缺少劳动力,但在一些产业中,塔吉克斯坦缺乏技术和管理经验。中方可集中对赴塔务工人员进行职业素养、实践技能、管理经验以及工作效率方面的培训,甚至可针对塔吉克斯坦某一产业某一职位缺乏的人才进行专门培养。一旦在工作中拉大了中方劳工与塔方员工的差距,久而久之,塔方政府以及企业都会看到中国员工的优势,从而降低对外国劳工的要求。

(三)借助赴塔企业的力量,打破劳工入塔壁垒

中国存在一些带员工进入塔吉克斯坦的企业,例如塔吉克斯坦的对外承包工程,由于技术和管理的需要,中资企业都会自带部分员工赴塔。我国政府可多鼓励和支持此类企业入塔投资,从而借助企业的力量打破塔吉克斯坦法律对外国劳工的种种限制和约束,这在一定程度上也可以缓解我国国内的就业压力。

四、应对塔吉克斯坦税收风险的措施

(一)培养精通税收法律的专业人才

我国与中亚国家同作为上海合作组织的成员国,应该加强联系与交流。但目前,我国研究中亚国家政治、经济、文化、法律的人才都比较稀缺,对于塔吉克斯坦、乌兹别克斯坦等不发达国家的研究更是寥寥无几。再加上企业现都可以获取塔吉克斯坦税法,却苦于企业无人了解如何实际操作,虽然有国内律师或法务进行帮助,但一般的法律顾问实际上并不熟悉塔吉克斯坦纳税程序,给出的建议也仅出于推测或者长期处理国内税收案件的经验,并不能解决实际问题。我国政府应该针对这些国家税收法律研究培养专门人才,研究方式可以是学者间的交流,挑选优秀的学生公费赴塔留学,国家出资鼓励越来越多的专家

对塔吉克斯坦的税收法律制度进行了解和研究等。在专业培养进行一段时间后,可以将精通塔吉克斯坦税收法律的专家学者的研究成果用来帮助中国赴塔的投资者规避税收风险。可见,大力培养精通塔吉克斯坦税收法律的专业人才是中方投资者规避风险的重要方式之一。

(二)企业积极把握塔吉克斯坦税收变化动态

在中国政府出资完成了对专业人才的培养之后,可以将这些专家学者的研究成果和收集的信息资料集中发布在一个平台上,企业应该积极主动地去了解和研读这些税收法律和政策的变化会给自己带来何种影响,再发挥自身的主观能动性想想如何应对变化。此外,中方政府可以在平台上为企业提供一些应对税收法律法规变化的指导性建议,但这只是一般性建议,企业不能盲目使用,应该在结合自身的具体情况进行分析后再制定应对方案,保证方案的科学合理性。最后,企业除了了解塔吉克斯坦税收法律制度的变化给自身带来的影响之外,还要随时关注塔吉克斯坦政府出台的优惠政策,在可能的情况下最大限度地保障自身利益。塔吉克斯坦政府在加入 WTO 后为达到 WTO 的要求,要在 3 年内对 100 多部法律进行修改。面对这样的大改动,中国政府培养人才、建立平台与投资者对信息的掌握就显得尤为重要。

所有赴塔投资的企业可以创建一个组织机构,就类似我国全国各地的商会。各企业可以将自己掌握的投资咨询在组织内即时分享,这样我国"走出去"的企业就不会孤军奋战,而是凝聚成一个团体,在面临各类法律风险时,这样一个引导大家共同关注风险的组织将会起到巨大的作用。

(三)积极应对塔吉克斯坦赋税繁重的风险

对于塔吉克斯坦赋税较重的风险,企业可以尽自身所能或者借助上文所说组织的力量与当地政府搞好关系,提前进行协商和沟通,可通过更多的优惠来减少纳税种类和数额。企业也可尽量多投资一些塔吉克斯坦的税收政策优惠多的项目,例如医疗领域、教育领域、高新技术领域,这在某种意义上也相当于享受了减税的优惠。

面对塔吉克斯坦烦琐的税收程序,首先,企业要适应塔吉克斯坦的税收环境,一国的税法是无法轻易变动的,所以作为外国投资者应该努力适应东道国的税收环境。但这并不意味着一成不变,纳税人可以采用合理手段来避免一些不必要的程序。其次,纳税人要做好充分的事前准备,有时纳税程序耗时长可能是由于纳税人对东道国的纳税程序不了解,材料准备不齐全而造成的不断重复和拖延。最后,可以由企业联合的组织与塔吉克斯坦进行协商,让特殊企业在紧急情况下走特殊通道,有的企业要求较高的工作效率,不便在缴纳税款的程序上耗费太多时间,这时就可以走塔吉克斯坦政府开放的特殊渠道,有利于纳税人高效纳税。

第六章　中国投资乌兹别克斯坦的法律风险与防范

导　言

苏联解体后,乌兹别克斯坦于1991年8月31日宣布独立,改国名为乌兹别克斯坦共和国,“乌兹别克斯坦”在乌兹别克斯坦语中即为“独立”之意。乌兹别克斯坦是中亚腹地的“双内陆国”(一般指本国是内陆国而周围邻国也是内陆国的国家),与哈萨克斯坦、吉尔吉斯斯坦、塔吉克斯坦、土库曼斯坦和阿富汗5个内陆国家接壤,直接关系整个中亚地区局势。中国与乌兹别克斯坦自1992年建交以来,两国友好关系发展顺利,各个领域不断加强合作,尤其进入21世纪以来,乌兹别克斯坦作为上海合作组织成员国、“一带一路”共建国家,与中国经济贸易往来更加频繁,中国与乌兹别克斯坦双边投资额逐年增长。目前,中乌关系处于最好时期,政治互信、互利合作、战略协调全面推进,平等互利的中乌经贸合作已经成为丝绸之路上的新亮点,中国是乌兹别克斯坦的第一大贸易伙伴国、第一大投资来源国、第一大棉花出口目的地国、第一大电信设备和土壤改良设备供应国。在投资方面,中国已连续多年蝉联乌兹别克斯坦第一大投资来源国,累计对乌兹别克斯坦各类投资总额超过89亿美元。中乌鹏盛工业园所产陶瓷产品、卫浴洁具已出口哈萨克斯坦、塔吉克斯坦、吉尔吉斯斯坦等中亚邻国,所产阀门、水龙头进入俄罗斯及其他欧洲国家市场。中乌首个油气上游合作项目,卡拉库利区块气田开发地面工程于 2017 年建设开工并实现了一期工程按期通气,并于 2018 年顺利实现了二期工程以及三期工程的按期通气。截至 2022 年 6 月,在乌兹别克斯坦注册的中资企业达 2003 家。据中国海关统计,截至 2021 年,中国与乌兹别克斯坦双边货物贸易额约 80.55 亿美元,同比增长 21.5%。其中,中方出口约 58.99 亿美元,增长 15.6%;中方进口约 21.56 亿美元,增长 45.3%,中方贸易顺差约 37.43 亿美元。①

诚然,中乌两国经贸交流的联系越来越密切,双边投资在贸易发展中所发挥的作用日趋明显。但是,中乌两国的投资状况相比于中亚其他国家仍处于较低发展水平,中乌两国的经贸往来也暴露出了一些问题。2017 年中国对外直接投资统计公报公布的相关数据显示,2017 年中国对乌兹别克斯坦直接投资流量出现了负增长,截至 2017 年年末,中国对乌兹别克斯坦直接投资存量为 94,607 万美元,比上一年度下降了 10,193 万美元。

第一节　中国在乌兹别克斯坦投资的概况

一、中乌投资呈现出"单边性"特征

乌兹别克斯坦政府近年来不断改善营商环境,极力吸引中国投资者赴乌投资,中国对乌兹别克斯坦的投资额呈逐年上涨态势,根据乌兹别克斯坦国家统计委员会公布的数据,2018 年,中乌双边贸易额约 64.28 亿美元,同比增长 35.2%,占乌兹别克斯坦外贸总额的 19%,中国继续保持乌兹别克斯坦第一大贸易伙伴国地位。截至 2018 年年底,在乌中企 1121 家,排名第二,其中,中方进口 28.69 亿美元,占乌兹别克斯坦出口总额的 20.1%;中方出口约 35.59 亿美元,占乌兹别克斯坦进口总额的 18.2%,为乌兹别克斯坦第一大出口目的地国和第一大进口来源国。② 而据乌方统计,截至 2017 年 6 月,乌兹别克斯坦在华投资项目 94 个,累计投资金额 1175 万美元。截至 2022 年,中乌双边贸易额为 97.8 亿美元,同比增长 21.8%。其中中方出口 75.04 亿美元,同比增长 27.7%;

① 参见商务部对外投资和经济合作司等:《对外投资合作国别(地区)指南·乌兹别克斯坦》(2023 年版),http://www.mofcom.gov.cn/dl/gbdqzn/upload/wuzibieke.pdf。

② 参见中国驻乌兹别克经商参处:《2018 年乌中贸易额 64.28 亿美元》,载中华人民共和国商务部官网,http://uz.mofcom.gov.cn/article/jmxw/201901/20190102829465.shtml。

中方进口22.76亿美元,同比增长5.6%。由此可见,中国与乌兹别克斯坦的双边投资中,呈现出明显的"单边性"特征,双边投资中绝大部分为中国对乌兹别克斯坦的单向投资,乌兹别克斯坦对中国投资较少。长此以往,这种单边性的投资会给中乌两国经贸往来造成不利影响,两国之间的经贸往来想要长久有序地进行,不仅需要中国对乌兹别克斯坦的投资,也需要乌兹别克斯坦加强对中国的投资,中乌间良性互赢的发展格局需要中国和乌兹别克斯坦双方的共同努力。

二、投资规模较小、合作程度有待加强

据中国商务部统计,中国自2016年起已成为乌兹别克斯坦第一大投资来源国,2016年当年中国对乌兹别克斯坦直接投资流量1.79亿美元,截至2016年年末,中国对乌兹别克斯坦直接投资存量10.58亿美元。截至2021年,中国对乌兹别克斯坦直接投资流量3.69亿美元;中国对乌兹别克斯坦直接投资存量28.08亿美元。中国对乌兹别克斯坦的投资在稳步上涨,然而,与中国对中亚地区的投资总额相比,中国对乌投资额在其中所占比例仍然偏低,《世界银行"一带一路"大数据报告》统计数据显示,中国与乌兹别克斯坦的合作程度在中亚五国中居于第四位,属于逐步扩展阶段。① 2017年中国对中亚地区直接投资总额达到1,176,571万美元,其中,中国对塔吉克斯坦、哈萨克斯坦、吉尔吉斯斯坦、土库曼斯坦的直接投资占中国对这一地区直接投资总额的比例分别为13.7%、64.3%、11%、3%(见表6-1)。而中国对乌兹别克斯坦直接投资总额为94,607万美元,仅占中国对中亚地区投资总额的8%,在中亚五国中排第四位。

表6-1　2017年中国对中亚五国直接投资存量情况

国别(地区)	中国对该国直接投资总额/万美元	中国对该国直接投资占对中亚五国直接投资总额的比例
乌兹别克斯坦	94,607	8%
塔吉克斯坦	161,609	13.7%
哈萨克斯坦	756,145	64.3%
吉尔吉斯斯坦	129,938	11%
土库曼斯坦	34,272	3%

资料来源:2017年度中国对外直接投资统计公报。

① 参见刘坤、张金玉:《"一带一路"背景下中国对中亚五国直接投资结构差异性分析》,载《河北经贸大学学报(综合版)》2018年第4期。

三、中乌间投资缺乏持续性、投资效益低

乌兹别克斯坦的经济政策以短期为主,缺乏长远规划,政府的政策经常发生变动,特别是私营企业在乌兹别克斯坦常常受乌兹别克斯坦国内法律政策变动的影响,产生巨大的经济亏损,甚至不得已而倒闭。例如,中乌合资企业ASIA TRANS GAZ在获得乌兹别克斯坦内阁和总统签发的投资优惠命令后,依然被地方政府强制征收了高达30%的消费税,使该企业在乌兹别克斯坦的经营状况急剧恶化,营业不到5年即告倒闭。

此外,由于社会诚信体系的缺失,近年来我国投资者在乌兹别克斯坦受到当地合作者的欺诈和违约的案例屡见不鲜,乌兹别克斯坦政府权力又过于强势,官员渎职、腐败现象较为严重,现有法律难以执行,具体政策落实不到位,阻碍了投资项目的有序进行,投资合同履约困难,致使我国企业人为风险事故发生率较高。中国商务部官网就曾公布中国企业赴乌兹别克斯坦经商和投资失败的教训,以此提示赴乌投资的我国企业,在赴乌经商前应做好对乌政治、经济、法律、社会状况、市场供求、安全环境的客观评估,充分了解乌吸引外资、税收、外汇管理等方面的法律法规,切勿草率决定、盲目投资,否则将陷入被动。

乌政府大力发展工业领域,鼓励外资投向工业发展,但乌兹别克斯坦又是传统的农业国,这种外资吸引政策违背了国情,并且乌兹别克斯坦的经济政策朝令夕改,引入外资前不注重实地调研制定科学发展规划,项目引进后不注重长期扶持,随意变更经济政策,企业投资回报率低,影响经济发展。乌兹别克斯坦计划经济色彩浓重,与国际接轨程度低,政策法规多变,审批程序复杂,政府部门时常易人,给中国企业向乌兹别克斯坦"走出去"造成了一定难度。

四、投资流量波动大、投资趋势不稳定

自2004年中乌两国建立友好合作关系以来,中国政府高度重视、积极发展中国与乌兹别克斯坦的经贸合作,两国经贸领域有所发展,2008年金融危机之前,中国对乌兹别克斯坦直接投资较少,投资增长稳定,很少出现撤资现象。自2009年之后,受国际经济环境、能源价格和投资政策等因素的影响,[①]中国对乌兹别克斯坦的投资呈现不稳定的发展趋势,投资出现大起大落的波动,投资流

---

① 参见王林彬、袁保生:《晚近中亚国家投资环境:问题及对策》,载《新疆财经大学学报》2018年第4期。

量出现负增长，这与同一时期中国在中亚其他国家的投资情况相比，起伏较大，《2021 年度中国对外直接投资统计公报》公布的数据显示，中国对乌兹别克斯坦的直接投资在 2017 年、2019 年和 2020 年出现了负增长，即中国对乌兹别克斯坦在 2017 年撤资 7575 万美元、2019 年撤资 44，538 万美元、2020 年撤资 3677 万美元，2014—2021 年中国对乌兹别克斯坦投资存量总体呈上升趋势，同时也呈现出明显波动。其中，2017 年、2019 年、2020 年中国对乌兹别克斯坦投资流量分别-7575 万美元、-44，538 万美元、-3677 万美元。

此外，从 2017 年的数据来看，中国对乌兹别克斯坦、塔吉克斯坦、吉尔吉斯斯坦、哈萨克斯坦、土库曼斯坦的投资存量分别为 94，607 万美元、161，609 万美元、129，938 万美元、756，145 万美元、34，272 万美元。与乌兹别克斯坦位居中亚第二的经济体形成鲜明对比，中国对乌兹别克斯坦投资存量为中亚五国中第四位。从 2014—2021 年中国对中亚五国投资存量的变化情况来看，中国对乌兹别克斯坦的投资比重自 2018 年以来整体呈现下降趋势。

五、以直接投资为主且间接投资形式单一

国际投资可以根据以产业资本或者金融资本的投入划分为直接投资与间接投资。直接投资是指投资者将货币资金直接投入投资项目，形成实物资产或者购买现有企业的投资，通过直接投资，投资者便可以拥有全部或一定数量的企业资产及经营的所有权，直接进行或参与投资的经验管理。直接投资包括对现金、厂房、机械设备、交通工具、通信、土地或土地使用权等各种有形资产的投资和对专利、商标、咨询服务等无形资产的投资。间接投资是指投资者以其资本购买公司债券、金融债券或公司股票等各种有价证券，以预期获取一定收益的投资，由于其投资形式主要是购买各种各样的有价证券，因此也被称为证券投资。

乌兹别克斯坦政府不重视外国对本国的间接投资，而是极力鼓励外国对乌的直接投资，鼓励兴办企业解决其外汇短缺、外流和就业困难等问题。① 中国对乌兹别克斯坦的投资基本集中在直接投资领域，即中国多采取设立独资企业、合资企业或合作开发的形式，在乌兹别克斯坦的直接投资流向主要集中在油气领域和电信领域，很少以购买公司债券、金融债券或公司股票等各种有价证券的间接投资形式在乌兹别克斯坦开展投资活动。现有的资料显示，中国向乌兹

① 参见孙放：《乌兹别克斯坦共和国投资法律制度问题及启示》，载《对外经贸实务》2018 年第 10 期。

别克斯坦的间接投资方式主要是由中国向乌兹别克斯坦提供优惠的出口买方信贷和低息贷款，形式过于单一。乌兹别克斯坦的金融市场较为稳定，总资产超过270亿美元，但相对封闭独立，乌兹别克斯坦《有价证券市场法》没有对外国企业能否参与当地的证券投资交易作出明确规定，根据《外国投资法》的有关规定，外国企业可以获得股票或其他有价证券，但没有对外国企业能否在二级市场上直接进行证券投资交易作出解释，乌兹别克斯坦允许外资对本国金融业进行投资，但不允许外资建立独资银行和保险公司。在实践中，受合同审批严格、外汇管制严格、透明度缺乏等因素的影响，外来资本不易进入本地市场，乌兹别克斯坦仅有唯一一家证券交易所，即"塔什干"证券交易所，外国投资者只能通过该交易平台购买股票，程序是先与投资中介（代理商）签订合同，交易日前一个工作日缴纳不少于30%的预付款，完成交割后5日内缴清余款。①

六、投资结构偏资源型且风险较大

中国企业对乌兹别克斯坦的投资主要分布于首都、经济中心和矿产资源储量丰富的地区，在乌兹别克斯坦投资的中资企业多数集中在采矿业、建筑业、制造业、批发和零售等行业，主要从事油气勘探开发，天然气管道建设和运营，煤矿、电站、泵站、铁路和电信网改造，化工厂建设，土壤改良和制革制鞋及陶瓷等业务。目前，中国在乌兹别克斯坦从事投资和经济技术合作的主要企业有中石油及其所属企业、中信建设公司、中技、保利科技、中国电建、华为公司、中兴公司、中煤科工、中铁隧道、中元国际、中工国际、中国路桥、南方航空公司、新疆特变电工、亿阳集团、华立仪表、鹏盛公司、金昇公司等。

中国对乌兹别克斯坦的投资集中分布在资源密集型行业，如此一来，风险较大，一旦大宗商品价格发生波动，对其产生的影响也比较大，同时，中国企业在乌兹别克斯坦收购资源型的资产，很容易被贸易保护主义、经济保护主义的思想仇视而上升到政治层面予以解读，此外，这种不协调的产业结构不利于中国对乌兹别克斯坦投资的长期发展。近年来，受国际金融危机、世界经济增速放缓等不利因素的影响，作为转型经济体的乌兹别克斯坦，投资环境的宽松度和自由度有所下降，开始重视对能源的国家控制和整合，提高了对外资企业的管控力度，诸如能源及重点矿产品（如铀）开发等领域有股权限制，外资所占股

---

① 参见商务部对外投资和经济合作司等：《对外投资合作国别（地区）指南·乌兹别克斯坦》（2023年版），第27页。

份一般不超多50%。

第二节　乌兹别克斯坦外资法基本内容

自独立时起,乌兹别克斯坦就实行有计划的贸易自由化政策。早在乌兹别克斯坦独立之前,即1991年6月4日乌最高苏维埃就通过了《乌兹别克斯坦共和国外国投资法》。乌兹别克斯坦独立后,1992年7月2日乌通过了对《乌兹别克斯坦共和国外国投资法修改和补充的规定》。1994年5月5日,乌兹别克斯坦又通过了《外国投资及保障外国投资法》。上述法律基本确立了乌兹别克斯坦关于外国投资者的权利、义务,成为乌兹别克斯坦吸引、利用外资的法律依据和基础。这些法律在乌兹别克斯坦国家政治、经济生活中,在乌兹别克斯坦与其他国家的政治交往方面具有重要意义。

进入21世纪,乌兹别克斯坦投资立法思想有所改变,即通过调整投资立法实现经济结构和产业结构的优化升级、发展进口替代型产业,以引进他国先进生产技术和生产经验,这一阶段的乌兹别克斯坦投资立法不再以单纯地吸引外资为目标,而是有针对性地鼓励、吸引本国发展需要的投资,在立法上为了配合吸引外国资本也做了很大的调整。一方面,乌兹别克斯坦对本国的外资法进行了修改,以改善国内投资法律环境,吸引更强的外国资本进入本国工业领域投资,并颁布一系列总统令和内阁规定具体指导;另一方面,乌兹别克斯坦通过立法设立《合伙企业法》《民营企业法》等更加细化的法律,具体调整外国企业在乌兹别克斯坦的经营。

乌兹别克斯坦的投资法采取统一的立法形式,有专门的外国投资法,也有一些调整外国投资关系的其他法律法规,在实际操作中,乌兹别克斯坦政府还经常以总统令、内阁规定等文件调整外国投资和外商经营活动,总统令和内阁规定虽然在法律位阶上低于基本法律,但在实践中比基本法律更加行之有效。乌兹别克斯坦的主要贸易法律有:《对外经济活动法》《出口监督法》《保护措施、反倾销及补偿关税法》《海关关税法》《关税税率法》等,乌兹别克斯坦吸引外资的主要法律有:《外国投资法》《投资活动法》《关于保护外国投资者权益条款及措施法》《保护私有财产和保证所有者权益法》《保证企业经营自由法》(新版)《关于促进吸引外国直接投资补充措施》的总统令等。现行的乌兹别克斯坦投资法律通过向该国境内的投资者提供公平、公正的法律制度和权益,保障调节国家和外资企业在法律法规、经济立法和鼓励投资之间的关系，为乌兹别克斯坦吸引外资投入提供更加便利的条件，乌兹别克斯坦投资法律制度的内容主要体现在如下几个方面。

一、市场准入制度

（一）投资主管部门

乌兹别克斯坦主管投资及外国投资的机构主要为国家投资委员会、经济部和财政部，大型引资项目经上述三个主管部门审核后，均需要报乌兹别克斯坦内阁批准，而私人一般性外国投资项目则全权由乌兹别克斯坦国家投资委员会办理。国家投资委员会整合了乌外经贸部、国家鉴定评估公司的部分职权，主要职能为研究乌兹别克斯坦国内各行业投资潜力，分领域细化投资政策，制订年度投资计划，改善投资经营环境，扩展与国际金融组织、外国政府金融财政部门、国际各大行业龙头企业及第三方投融资平台的合作，提升吸引外资效率及鉴定评估单笔金额超过 10 万美元的投资项目合同等，同时，乌驻外使领馆经济商务参赞部门及驻国际金融机构代表处等机构职能也划归该委员会旗下。此外，上述委员会还负责监督和考核乌驻外外交机构招商引资工作，每季度各驻外使领馆均需提交吸引驻在国直接投资工作报告及相关投资分析材料。[①]

（二）投资准入法律

乌兹别克斯坦没有出台禁止、限制外国投资的法律法规；相反，乌兹别克斯坦一直致力于改善国内投资法律环境，吸引外国资本进入乌兹别克斯坦发展经济。乌兹别克斯坦对外商投资的一般监管和基本法律主要由 3 部法律构成，即 1998 年 4 月 30 日颁布的关于外商投资的《外商投资法》、关于保护外国投资者权利的保障和措施的《外国投资者权利保障及保护措施法》、1998 年 12 月 24 日颁布的关于投资行为的《投资行为法》。

（三）投资行业

乌兹别克斯坦对能源及重点矿产品（如铀）开发等领域有股权限制，外资所占股份一般不超过 50%；航空、铁路等领域则完全由国家垄断。乌兹别克斯坦对无线电电子、电脑配件、轻工业、丝绸制品、建材、禽肉及蛋类生产、食品工业、肉乳业、渔产品加工、化学工业、石化、医疗、兽医检疫、制药、包装材料、可再生

---

① 资料来源：商务部驻乌兹别克经商参处。

能源利用、煤炭工业、五金制品、机械制造、金属加工、机床制造、玻璃陶瓷业、微生物产业、玩具制造等行业持鼓励支持态度，并给予免除法人财产税、利润税、社会基础设施营建税、共和国道路基金强制扣款及小微企业统一税等优惠政策。

（四）投资方式

按照乌兹别克斯坦国有资产交易国家委员会的相关法规，外国投资者主要通过以下 3 种方式并购乌兹别克斯坦企业或国有资产：第一，通过竞标方式获得企业的全部或部分股份；第二，通过塔什干交易所购买企业股票；第三，通过建立合资企业持有企业股份。一般来说，外国投资者在出资购得乌兹别克斯坦企业资产（股份）的同时，还必须做出投资承诺，即在一定的期限内保证投入承诺的资金或先进的工艺设备。有时乌方会将破产或停产的企业以零价格出售给外国投资者，但投资者必须做出相应的投资承诺。①

（五）投资注册企业

根据 1996 年 11 月 30 日《关于为外资企业提供补充鼓励和优惠措施》的总统令，符合如下标准的重新建立外资企业应在乌兹别克斯坦司法部登记注册：（1）企业注册资金不少于 15 万美元；（2）企业合伙人中必须有一名外国法人；（3）外资比重不应少于企业注册资金的 30%。若重新建立外资企业不符合上述标准，则应在企业所在市和区政府进行登记注册。企业注册登记费用应为最低工资额的 5 倍，外资企业注册登记费为 500 美元。企业若在注册部门注册登记，注册登记费用由乌兹别克斯坦内阁确定。

企业作为法人到国家注册机构进行注册应依法主动提交由 2006 年 5 月 24 日第 357 号总统令确定的申请表格，并附以下文件：（1）两份企业成立文件的原件（乌兹别克斯坦语），外企成立文件还需进行公证。（2）银行完税支付账单（农村企业和在国有企业基础上建立的股份企业除外）。（3）在企业名称中央储备库中可以检索到该企业名称的唯一用户名和密码。（4）两份企业公章样本。（5）经过乌兹别克斯坦领事部门公证过的关于企业成立方经营活动的文件。若没有该文件，则需到外企来源国外交部或该国驻乌外交机构作公证，并到乌外交部领事司办理公证事宜。（6）企业成立方文件应包括法人名称、所在地、法人信息。文件限期自提交之日起为期 1 年。企业自然人应提交个人护照

---

① 参见商务部对外投资和经济合作司等：《对外投资合作国别（地区）指南・乌兹别克斯坦》（2023 年版），第 38 页。

复印件。以上文件均应译为乌兹别克斯坦语,并需经过公证。若企业成立方的投资为个人知识产权,则企业成立方需提交估价机构的评估文件。(7)向贷款机构提交关于证明每个企业股东缴纳各自30%股份的文件(包括关于临时集资建立苏姆和美元账户的银行证明,关于财产运抵乌境内的海关证明,财产交接证书,对运抵财产的所有权证明)。

外资企业登记注册后,还需向银行提出开立企业经营所需账户的申请,无法人代表的个体户和农村企业视情况在银行开设账户。企业在银行开立账户需向银行提供如下文件:(1)关于开立何种账户的申请。(2)企业注册登记证明复印件。(3)企业负责人和会计的签字样本以及两份圆形公章印鉴。(4)企业成立文件复印件,外企还需提交成立文件公证件。(5)根据2006年5月24日《关于企业注册登记》的总统令,企业注册登记证明应在企业提交注册登记申请及相关文件后两个工作日内予以发放。

上述介绍与分析表明,总体而言,乌兹别克斯坦对外商投资准入的限制非常少,市场准入难度较小,乌兹别克斯坦极力吸引外来资本进入本国市场,促进当地经济发展。

二、投资管制制度

外国投资者在东道国进行投资经营活动,通常涉及投资经营管理、劳动雇佣管理、税收及外汇管理等各个方面,因为各国的经济制度和发展水平不同,对外国投资企业的经营管理制度也不尽相同。乌兹别克斯坦《外国投资法》对于投资者的经营管理也做了较为明确的规定,同时援引《劳动法》等规定劳动雇佣与管理内容,援引《税法》对税收管理进行规定,援引《外汇管理法》对外汇管理进行规定,这些都体现了该国的投资管制制度。

(一)投资经营管理

1. 对投资者的要求

根据乌兹别克斯坦《外国投资法》的规定,在乌外国投资者应当遵守乌兹别克斯坦共和国境内的现行法律;交付税金及乌兹别克斯坦共和国依法规定的其他税款;得到国家对投资方案的鉴定,其中包括遵守卫生防疫、生态及乌兹别克斯坦共和国其他法律规定的要求。

2. 投资经营活动规定

乌兹别克斯坦关于投资经营活动的规定主要体现在国家机关对投资者经营的公开原则以及不干涉投资经营者经营活动方面。乌兹别克斯坦法律规定,在乌兹别克斯坦境内作为对外经济活动参加人登记注册并实施经营的乌兹别克斯坦法人、自然人以及外国法人和自然人、国际组织均为对外经济活动的主体,不问其所有制形式和经营形式,都具有平等实施对外经济活动的权利,都可以在现行法律规定范围内独立地决定经营业务。如果乌兹别克斯坦的国家机关制定的文件破坏了对外经济活动参加人的合法权利,给他们造成了损失,那么,制定这些文件的国家机关须根据乌兹别克斯坦立法和通用的国际法则按司法程序给予赔偿。①

(二)劳动雇佣与管理

1. 相关劳动法律法规

《乌兹别克斯坦共和国劳动法》规定了乌兹别克斯坦公民和外国公民的劳动就业程序,是管辖乌兹别克斯坦劳动关系的主要法律。《劳动保护法》规定了国家机构在劳动保护和劳动安全服务方面的职责、劳动保护条款审查、健康福利要求等。

2. 劳动关系的主要内容

劳动关系由集体协议和个人劳动合约确定,合同必须以书面形式签订,期限不定;可以签订定期合同,但不超过5年。劳动合同可签订试用期,试用期不能超过3个月,在试用期结束前任何一方有权无条件终止合同。解除合同应在合同到期前一周发出解除定期劳动合同通知,否则,合同视为无限期延续。雇员受劳动合同的保护,除非出现以酗酒、偷盗及“不道德”的状态上班。因其他原因,可以在雇员首先违反劳动纪律并对其行使了至少3次纪律处罚的情况下再行解雇。乌兹别克斯坦政府主管部门对外籍劳务实行许可审批制度,虽然审批程序复杂,但与独联体国家中的哈萨克斯坦、俄罗斯等国相比获得许可的难度较低。

根据以上分析可知,赴乌兹别克斯坦工作的外国人应遵守该国的劳动法以及该国承认的相关国际法则,同时,也需要注意防范治安风险和签证过期风险。

(三)税收及外汇管理

1. 税收管理

(1)主要税赋和税率

根据乌兹别克斯坦2008年1月1日生效的《税法》的规定,乌兹别克斯坦

---

① 参见郭学兰:《中亚五国企业法律概论》,知识产权出版社2013年版,第145页。

税制实行属地原则，2015 年 12 月 31 日，乌兹别克斯坦政府对税法进行了修改，修改后的税法自 2016 年 1 月 17 日起执行。乌兹别克斯坦主要税赋种类包括法人利润税/公司所得税（7.5%）、自然人所得税（7.5%）、法人财产税（5%）、个人财产税（1.7%—2.9%）、增值税（20%）、消费税（23%—39%）、公共事业和社会基础设施发展税（8%）、共和国道路基金扣款和税收（1.4%）、退休基金扣款（1.6%）、中小学教育基金扣款（0.5%）等。

（2）税收优惠政策

乌兹别克斯坦出台多部法律法规，如《向外资企业提供激励和优惠的补充决议》、《鼓励吸引外国私人直接投资的补充措施的决议》、《保护私有财产和保证所有者权益法》、《保证企业经营自由法》（新版）及《关于促进吸引外国直接投资补充措施》的总统令等，向外资提供了减、免税的优惠政策框架，给予在偏远地区投资设厂的外资企业 3 年、5 年和 7 年不等的税收优惠待遇。

（3）税收优惠行业

乌兹别克斯坦政府给予在塔什干市和塔什干州以外地区的外国直接投资企业各种税收优惠政策，如免缴法人利润税、法人财产税、公共设施及社会基础设施发展税、统一税费、共和国道路基金强制费。前提是外资注册比重超过 30%，投入的是可自由兑换货币或新型技术工艺设备、优惠收入 50%以上用于再投资等，且没有政府担保。享受优惠的行业包括：无线电电子、电脑配件、轻工业、丝绸制品、建材、食品工业、肉乳业、渔产品加工、化学工业、石化、医疗、兽医检疫、制药、包装材料、玻璃陶瓷业、微生物产业、玩具制造等。同时，乌兹别克斯坦对外投资比例不低于 33%的外资企业入境财产、签订劳务合同的外国公民的入境财产、投资额超过 5000 万美元的法人入境产品及乌兹别克斯坦法律批准入境的工艺设备和配件等免除关税。对于从事出口导向型和进口替代型产品生产的外资企业，可同时享有乌兹别克斯坦本国法人享有的所有优惠政策。可享受的优惠期限为：投资额 3 万—300 万美元——3 年优惠期；投资额 300 万—1000 万美元——5 年优惠期；投资额 1000 万美元以上——7 年优惠期。2012 年出台的吸引外资新举措规定，新建外资企业，如外商现金投资额不低于 500 万美元，在税收法律发生变化的情况下，有权在 10 年内沿用其完成国家注册时实行的法人利润税、增值税（商品、工程、服务流通环节）、财产税、社会基础设施税、统一社会缴费、统一税、共和国道路基金和教育及医疗机构改造、大修和装备基金强制缴费缴纳标准和规定；如投资项目总金额超过 5000 万美元，且外商投资比例不低于 50%，则生产场地外部必需的工程和通信网络由乌兹别克斯坦财政预算资金和其他内部融资渠道出资建设。

2. 外汇管理

长期以来，乌兹别克斯坦的外汇政策严格多变的特点在国际上受到诟病，乌兹别克斯坦外汇政策规定外国人出境时携带外汇数额不能超过其入境时申报的数额，否则，一经查出，全部没收。外国人入境时，若携带美金数超过5000 美元，则除填报关单外，还需单独填报海关工作人员提供的单据。此外，乌兹别克斯坦央行要求企业外汇收入的50%强制结汇，这一政策一方面推动了进口替代，另一方面促进了以"冲抵"方式进行的商品出口。而且，"黑市"满足了市场对进口消费品的需求，而除了关税措施外，外汇的高汇率使进口商品价格更高，发挥了对本国企业额外的保护功能。但客观上也造成外国企业被迫将外汇收入在乌兹别克斯坦再投资，难以将收入汇回国内采购进口原材料和生产设备。

2017 年乌兹别克斯坦总统米尔济约耶夫签署《乌兹别克斯坦货币政策自由化首要实施细则》总统令，自 9 月 5 日起，在乌境内取消外汇兑换管制政策，所有法人和自然人均可自由兑换外币。根据上述总统令，乌兹别克斯坦境内所有法人均可在被授权商业银行不受数额限制自由兑换外币，用于支付国际商业行为（包括商品和服务进口费用、跨国劳务、利润返还、贷款偿还、差旅费支出及其他非贸易性质的兑换）。乌兹别克斯坦境内所有自然人均可在官方认可的外币兑换网点，或被授权商业银行换汇办公室按照有关规定自由兑换外币，即需将上述兑换的外币存入具有国际支付功能的银行卡，然后才可在国外不受任何限制地使用。未注册法人的个体经营者，在支付国际商品贸易货款时，将适用于针对自然人的有关规定，需通过银行账户操作换汇行为，同时获得的外币收入，也可从银行账户中提取现金。在乌兹别克斯坦境内严禁使用外币支付商品、服务、劳务等，但按照国际惯例使用国际银行卡完成的支付行为除外。外汇管制的取消刺激了进出口贸易，有助于吸引更多外国投资者。

三、投资待遇制度

"国际外资待遇"是指东道国对外国投资者和外国投资给予的法律上的待遇标准。[①] 在国际投资法律关系中，一般有对外国投资者及其投资给予国民待遇的条款。国民待遇要求一国以对待本国国民之同样方式对待外国人，也即外

① 参见王贵国：《国际投资法》，北京大学出版社 2001 年版，第 28 页。

国人与本国人享有同等的待遇。由于它有确切的标准可循,因此成为世界上关于外国人待遇最重要的制度之一。①

(一)投资法律保障

乌兹别克斯坦《外国投资法》规定了外国投资和外国投资者在乌兹别克斯坦享受国民待遇。乌兹别克斯坦《外国投资法》规定,外国投资者享有完全和永久性的公平及平等待遇,此种待遇不得低于乌兹别克斯坦参加的国际条约的规定,并保证为外国投资者提供的法律制度不低于为乌兹别克斯坦法人和自然人规定的法律制度等,此外,乌兹别克斯坦其他法律文件对外资的规定当中,同样也贯彻了对外资的“国民待遇原则”。比如,《对外经济活动法》规定,在经济贸易关系中禁止不平等待遇原则。再如,根据《自由经济区法》《内阁关于改变某些商品进口关税税率的决定》《关于刺激外国投资并向其提供优惠补充规定的总统令》等文件的规定,乌兹别克斯坦还给予外资以超过国民待遇的税收优惠,审批流程简化等特殊优惠和便利。

(二)投资权益保障

乌兹别克斯坦签署了一些保护投资者权益的法律文件,乌兹别克斯坦保障并保护在乌兹别克斯坦境内从事经营活动的外国投资者的权益,外国投资者在乌兹别克斯坦投资享有以下权利:(1)不得歧视外国投资者的国籍、住所、信仰、从事经营活动的地区,不得在履行乌兹别克斯坦国际协议时因投资者及投资的来源国不同而区别对待。(2)在乌兹别克斯坦投资的企业享有因非法的行为(或不作为)导致的损失以及由国家管理机构、权力机构、地方政府机关及其办公室的决定造成的损失得到赔偿的权利。(3)国有化和征收,在乌兹别克斯坦的外国投资不得被国有化,在投资和其他资产被征用的情况下应得到充分补偿。(4)国家管理机构和地方国家权力部门无权干涉外国投资者根据乌兹别克斯坦法律开展的经营活动。

(三)投资优惠措施

乌兹别克斯坦吸引外资政策的重点是欢迎外国投资者利用当地资源和原材料,建立大型生产企业和对中小企业投资,尤其是被列入国家投资计划的企业,进行深加工、生产国内短缺产品,补充国内市场,出口创汇。企业的法定资金、投资所占比例越大,乌方提供的优惠政策就越多。

---

① 参见余劲松:《国际投资法》(第5版),法律出版社2018年版,第200页。

1. 基本优惠措施

乌兹别克斯坦近年来致力于吸引外资，为投资者实行了各种优惠政策，如对符合条件的企业减轻税务负担、免缴海关关税；简化中小企业的注册登记手续，减少行政干预，大幅度减少财物报表的数量；积极申请外国和国际金融机构融资支持，投资法十年不变，减少政策变动风险以免影响企业长期投资；外资在投资活动结束后返还给投资者；保证投资没有政治风险或其他风险。

2. 具体优惠措施

符合总统令规定的生产领域企业免除法人利润税、财产税、社会基础设施营建税、小微企业统一税以及共和国道路基金缴费；外资比重超过 50% 的日用品外资生产企业，且企业产品 60% 以上为居民日用品的，自企业注册之日起 5 年内免除强行结汇；从事石油和天然气勘探的外国公司及其承包商在勘探期间免除所有税种和预算外基金扣款、进口设备及材料所需海关缴费（海关手续费除外）；对部分财产及商品入境乌兹别克斯坦时免除海关税，对从事出口导向型、进口替代型产品的外资企业同时享有乌法人享有的全部优惠政策等。①

3. "投资计划"项目

乌兹别克斯坦政府每年都会在"投资计划"中列出重点扶持项目，这些项目通常仅限于涉及外商投资企业的数百万美元的投资项目。投资计划所包含的项目是否享受优惠政策以及优惠政策的幅度完全由政府决定，政府通常会出台一项特别决议，对外商投资涉及的项目的企业提供以下政策：暂时免税、更有利的税收制度、关税优惠等。②

4. 工业特区优惠政策

乌兹别克斯坦共有 14 个工业园，包括 7 个自由经济区和 7 个针对特殊行业的工业区。在这 14 个工业园中，有 11 个都是 2017 年新建的。园区内企业提供关税优惠及税收减免等优惠政策，优惠期根据投资额不同会有所差异。投资 30 万—300 万美元给予 3 年优惠期，300 万—1000 万美元给予 5 年优惠期，1000 万美元以上的给予 7 年优惠期。③

---

① 参见中国驻乌兹别克经商参处：《乌兹别克斯坦吸引外资主要优惠政策》，载中华人民共和国商务部官网，http://uz.mofcom.gov.cn/article/ztdy/201306/20130600179700.shtml。

② 参见中华全国律师协会编：《"一带一路"沿线国家法律环境国别报告》（第 2 卷），北京大学出版社 2017 年版。

③ 参见郑青亭：《乌兹别克斯坦将新建 11 个工业特区吸引投资》，载中国一带一路网 2017 年 12 月 21 日，https://www.yidaiyilu.gov.cn/xwzx/hwxw/40603.htm。

四、投资争端解决制度

(一)投资争端解决方式

1. 诉讼、仲裁

根据《乌兹别克斯坦共和国民事诉讼法典》第5部分的规定,外国人和外国法人具有与乌兹别克斯坦公民相同的民事诉讼地位,在对外国人的民事诉讼限制方面施行对等原则。根据乌兹别克斯坦《外国投资法》《外国投资者权益保障及保护措施法》的规定,在乌兹别克斯坦投资和经营引起的纠纷,可先由合作方协商解决,如解决未果,可提交乌兹别克斯坦经济法院裁决,法院可依据乌兹别克斯坦参加的国际协定或协议规定的程序和原则仲裁解决。协议双方也可根据约定,选择和确定商务或投资合作纠纷的仲裁诉讼国家。企业在申请仲裁与在乌兹别克斯坦投资项目无关的纠纷时,也可根据乌兹别克斯坦法律法规,但双方已约定采用其他程序或依据国际规范解决的除外。我国和乌兹别克斯坦同为《承认及执行外国仲裁裁决公约》的成员国,两国也签署了《中华人民共和国和乌兹别克斯坦共和国关于民事司法协助的条约》,我国与乌兹别克斯坦的投资争端可以通过仲裁方式解决。

2. 世界贸易组织(WTO)

乌兹别克斯坦不是WTO成员国,而是作为观察员的身份,目前乌兹别克斯坦已经表达了加入该组织的意愿并且积极推进加入WTO的进程。

3. 国际投资争端解决中心(ICSID)

中国与乌兹别克斯坦同属ICSID的缔约国,两国之间发生的投资争议可以提交到ICSID裁决,ICSID提供的投资争端解决方式包括调解和仲裁两种,其中仲裁是在ICSID框架下广泛使用的争议解决方式,仲裁具有终局性,不得上诉。ICSID管辖权具有排他性,一旦选择仲裁不得再寻求外交保护、当地救济或者国际法院仲裁庭等解决方式。ICSID的调解程序,是独立于仲裁程序之外的一种争议解决方式,当事人可只要求调解,而不要求仲裁;也可以先要求调解,调解不成再进行仲裁,但需另组仲裁庭。在调解程序中,调解员仅向当事人提出解决争端的建议,供当事人参考。

4. 其他争端解决方式

乌兹别克斯坦加入的区域性贸易组织主要有:独联体、中西亚经济合作组织、上海合作组织、中亚合作组织、欧亚经济共同体。因此,我国与乌兹别克斯坦之间发生的投资和贸易争端,也可以通过共同的国际组织协商解决,谋求共同利益。

尽管乌兹别克斯坦政府为国际投资争议提供了多种法律解决方式,但是在乌兹别克斯坦有法不依的现象比较普遍,很多情况下企业需要求助商务部驻乌兹别克斯坦经商参赞处出面协商解决投资争议,例如,2011 年 3 月 29 日中国驻乌兹别克斯坦经济商务参赞处就曾发布通知,中国企业请求经济商务参赞处协助解决债务纠纷程序。

(二)投资争端案例

在境外进行商业活动,贿赂和腐败是一个企业必须面临的重要问题,尤其是在经济落后的中亚国家,通过贿赂手段获取投资机会成为一些地区和行业不可缺少的手段。在以前,政府默许以贿赂换取投资机会的行为,政府一般不会把贿赂作为撤销协议或已经授权的理由,而如今,乌兹别克斯坦政府极力反腐,并在 2017 年 1 月 4 日施行了《乌兹别克斯坦国家反腐败法》,参与行贿的投资者可能面临更大的风险,一旦认定某项协议或权利是通过行贿手段获取的,此协议或权利可能依据当地法律被撤销且不予补偿,国际法上也拒绝协助曾实施贿赂的投资商。

在 2013 年的 Metal-Tech Pty Ltd. 诉乌兹别克斯坦共和国(ICSID 案号 ARB/10/3)一案中,以色列公司 Metal-Tech 与乌兹别克斯坦国有企业在当地成立合资公司。在乌兹别克斯坦政府采取相应措施导致该合资公司被迫进入破产程序的情况下,Metal-Tech 根据以色列与乌兹别克斯坦的双边投资协议提起了仲裁。仲裁庭认为 Metal-Tech 的投资交易过程涉及贿赂行为,违反了乌兹别克斯坦法律,就此裁定 Metal-Tech 公司不享有双边协议下的任何权利保护。该双边条约规定只有符合当地法律的投资才能获得保护。

2016 年 12 月 27 日,荷兰企业 Spentex Netherlands B. V. 诉乌兹别克斯坦共和国(ICSID 案件号 ARB / 13/26)一案中,①两名仲裁员认为该案仲裁请求不符合受理条件,另一名仲裁员则认为仲裁庭无管辖权,最终裁决以多数意见作出。以申请人的投资系以通过行贿手段取得为由,根据荷兰与乌兹别克斯坦的投资协定裁定驳回申请人的仲裁请求。该案中的行贿、受贿情节主要是荷兰企业的母公司 Spentex Industries Limited (SIL)2006 年为了收购该投资项目,在招投标中通过向两家咨询公司支付天价咨询费的方法中标,天价咨询费即为掩盖

① Spentex Netherlands, B. V. v. Republic of Uzbekistan, ICSID Case No. ARB/13/26, https://www.italaw.com/cases/2252.

招投标中的行贿行为。因乌兹别克斯坦官员涉嫌受贿,虽然乌兹别克斯坦拒绝披露相关人员信息,也没有启动刑事追责程序,但仲裁庭认为同一贿赂活动的存在既阻止了仲裁庭对请求行使管辖权也阻止了对反请求进行审理,故乌兹别克斯坦的反请求也被驳回。

第三节　中国投资乌兹别克斯坦可能面临的法律风险

乌兹别克斯坦为了吸引外资,制定了许多有关引进外资、改善投资环境的法律、法规和政策,取得了一定的成果。外国投资者在乌兹别克斯坦投资时也不可避免地遇到了法律风险,乌兹别克斯坦外资法对外资的进入、经营以及退出也存在不同程度的法律限制,这些限制主要体现在严格的市场准入、经营障碍、退出壁垒和劳工保护标准、税收及外汇方面存在的风险等。

一、投资准入壁垒

投资准入壁垒是指不合理的限制外国投资进入的措施,如对股权、投资行业的限制及对注册资本等的限制。

(一)对股权、投资行业的限制

乌兹别克斯坦对能源及重点矿产品(如铀)开发等领域有股权限制,外资所占股份一般不超过50%;航空、铁路等领域则完全由国家垄断,不允许私人及外资进入。

(二)对注册资本的限制

《乌兹别克斯坦共和国外国投资法》规定了外资企业中外方的投资比例和最低限额,即外资企业中有外商投资的公司必须具备3个条件:(1)注册资本不少于15万美元(在卡拉卡尔帕克斯坦自治共和国和花剌子模州登记设立的公司,只要求7.5万美元);(2)至少有一个外国法人是其股东;(3)外商投资不少于注册资本的30%。[①] 由此看出,普通的有限责任公司只需要2000美元的注册资本,拥有外商投资的公司法人注册成本更高。2011年,乌兹别克斯坦法律规定劳动力过剩的卡拉卡尔帕克斯坦自治共和国,吉扎克州、卡什卡达里亚州、锡

① 参见中华全国律师协会编:《"一带一路"共建国家法律环境国别报告》(第2卷),北京大学出版社2017年版,第138页。

尔河州、苏尔汉河州、花剌子模州以及纳沃伊州、安集延州、纳曼干州、费尔干纳州农村居民点生产无线电电子产品、计算机部件、轻工产品、建材,生产禽肉、禽蛋以及除酒类、软饮料、奶制品、肉类、化学药品之外食品的外资企业中的外国投资不应由乌兹别克斯坦政府提供担保,且外方股份在企业注册资本中的比例不低于50%。

二、投资经营壁垒

(一)当地员工就业要求

乌方为了增加就业,培养自己的技术人员,规定执行项目的外籍人员不得超过30%、乌籍人比例必须占到70%。当地人员技术水平较低,如不能保证足够数量的专业技术和管理人员,将直接影响项目的执行,中国企业往往要付出更多的时间和成本培养当地技术工人。

(二)投资受贿现象严重

乌兹别克斯坦政府部门不健全,政府官员办事效率低下,外资注册时间长,审批手续繁多,此外,警察、税务、海关人员敲诈勒索现象比较普遍,实施大项目给当地官员回扣已成"游戏规则",中国商人有"花钱免灾"的心理,遇到敲诈勒索的就想用"小费"摆平,客观上也纵容了乌执法部门的腐败。

三、投资退出壁垒

外资企业在乌兹别克斯坦遇到的投资退出壁垒主要有:乌兹别克斯坦要求企业因免税所获得的收益用于扩大再生产。外资企业的收益从乌兹别克斯坦汇出时还需要缴纳10%的所得税。乌兹别克斯坦实行调汇权制度,对外汇管制严格,调汇时间长,在当地银行存款容易、取款难,投资者想要返还利润较为困难,在名义上乌方宣称实行外汇自由兑换的政策,但在实际操作中的管制还是十分严格的,当地企业银行每年因"调汇"问题拖欠中国企业债务5000万美元以上。中方难以将外汇收入收回国内,只能在乌兹别克斯坦继续投资,所以严重削弱了中方的投资积极性,有时也会引起双方的法律纠纷。

四、法制环境不完善

中乌2011年新修订的BIT中明确规定,"缔约另一方可以要求该投资者在提交国际仲裁前,用尽缔约另一方国内所规定的国内行政复议程序"。这样一来,投资者维权在很大程度上依赖于缔约国国内的法制环境是否完善,如果东道国的法律环境和行政或司法程序不够完善，不足以提供客观公正的解决途径，那么投资者的维权之路会更加艰难。[①] 然而，乌兹别克斯坦由于法制环境落后，在法律政策方面存在诸多问题，具体体现在以下几个方面：第一，法律多变，随意性强。乌兹别克斯坦的法律不完善，且执行不到位，乌政府频繁的总统令和内阁文件，使法律很容易被修改。这些文件往往前后矛盾、随意性强，政策多变和投资环境不稳定所产生的影响，不利于投资者决策。第二，政府实行地方保护主义。乌兹别克斯坦规定承包工程无论招标与否，必须将30%的工程量分包给当地公司，此外，为了增加就业和培养本国技术人员，乌兹别克斯坦规定执行项目的外籍人员不得超过30%，但当地人员技术水平较低，往往需要额外派驻技术人员培训。第三，政策变动影响投资。政府反腐运动也会导致政府暂时停止运作，从而导致项目审批以及许可证颁发停滞，甚至投资协议不能通过审批或者相关部门拒绝对其进行备案，或者相关部门拒绝审阅或签署投资附带要求等。

五、劳动法律风险

劳动法律风险，即企业在使用雇员时所涉及的劳动法律方面的风险。

（一）外籍劳务准入制度严格

外国人在乌兹别克斯坦办理劳动许可和工作签证面临一些法律政策风险。第一，程序烦琐，乌兹别克斯坦劳动部门对贸易类等非生产型企业的员工一般只办理半年期劳动许可，且全国只有首都塔什干可以办理。第二，限制严格，乌兹别克斯坦出于对当地劳工的保护，对外资企业中投资方员工与当地员工的比例规定为3∶7，企业实际招聘员工时甚至要求投资方员工所占比例保持在10%—20%，给予工作许可签证时，也倾向于考虑高级工程师、高级技师，普通工人获得工作许可的概率较低。第三，签证困难，近年来，乌兹别克斯坦政府对外国公民出入境有严管趋势，一般申请3个月商务签证，签证有效期只给1个月，且签证办理时间从之前的一周延长至目前的短则10天，长则2周。第四，费用较高，涉及劳务人员的E工作签证，一次性入境费用140美元/人；S-3技术服务签证，外国公司根据与乌兹别克斯坦业主所签合同办理劳务许可，之后办理签证，期限（包括每次延期）最多1年，费用为590美元/人。

---

① 参见刘沁佳：《中国与"一带一路"共建国家BITs争端解决条款研究——以投资者与东道国争端为视角》，载《法治现代化研究》2018年第3期。

(二)雇佣乌兹别克斯坦员工的法律风险

1. 工伤风险

第一,当地雇员对于工伤事故的发生往往有一定的过错,很多是由于违反安全生产操作流程,违章作业导致工伤事故的发生。第二,根据乌兹别克斯坦相关法律的规定,企业应当制定当地雇员工伤管理规定,若企业管理不规范,乌兹别克斯坦政府处理事故的工作人员找不到协调人,工伤事故调查处理可能直接排除企业调查人员而直接作出决定,此外,若企业没有设置专门负责劳工赔偿的部门,企业可能承担忽视受伤当地员工身体健康的法律诉讼风险。第三,处理工伤事故时企业承担举证责任,若企业提供的文件存在瑕疵、不能证明自己的文件主张,则将在工伤事故处理结论中面临对自己非常不利的法律风险。

2. 其他风险

第一,劳动报酬的扣罚,乌兹别克斯坦法律规定员工个人对企业造成损失时,需要对企业赔偿,但是对于其违纪行为,与国内通常做法不同,没有规定企业可以罚款。第二,劳动手册,对于初次入职者,企业必须先为其办理劳动手册,对于招聘的非初次入职者,企业有义务先收取劳动手册,并进行集中管理和填写,在员工离职时交给本人,企业延迟交付员工劳动手册,需要承担赔偿责任。第三,劳动报酬的支付,乌兹别克斯坦在支付期限上要求每半月支付一次,遇到节假日要按照法律规定提前支付。

六、税收及汇率风险

(一)税收风险

虽然乌兹别克斯坦政府在利用外资方面给予外资企业税收及各种费用征收的优惠政策和金融支持政策,但是在实际执行过程中却发生了乌兹别克斯坦执法部门逼税、罚款、毁约等事件。乌兹别克斯坦承诺的减免税费政策在具体执行过程中经常不能兑现,乌兹别克斯坦政府执法人员随意解读法律,肆无忌惮地逼税和罚款,给中资企业造成不必要的损失。被乌方强行征税的中国企业如中乌合资企业 ASIA TRANS GAZ,在以前的总统令、企业成立文件中均没有规定的情况下,强行征收消费税 30%,以及 2010 年 7 月乌方声称对中亚天然气管道合资公司的管输费收入收取 30%的消费税、对南航驻塔什干办事处罚款 970 万美元。

(二)汇率风险

乌兹别克斯坦2017年9月2日发布5177号总统令——《关于货币政策自由化的优先措施》规定,自9月5日起实施货币自由化的政策,取消外汇兑换管制,实行市场调节汇率,这一政策实行后,乌兹别克斯坦的货币苏姆持续大幅贬值,该国货币9月5日的官方汇率为1美元兑换8100苏姆,而前一周的美元汇率为1美元兑换4210苏姆,贬值近半。在美元不断贬值,人民币不断升值,苏姆不断贬值的条件下,美元、人民币及苏姆汇率的变化,对于中乌双方企业而言面临着货币兑换所增加的交易成本风险,此外,当中国企业在乌兹别克斯坦投资将其利润汇回国内时,则会因为苏姆贬值而少换回人民币。受苏姆贬值的影响,乌兹别克斯坦物价大幅度上涨,项目建设成本提高。根据央行的一份价格报告显示,2018年1月,乌兹别克斯坦物价上涨最快的商品是建材产品,价格涨幅超过10%。乌兹别克斯坦中央银行预测,2018年通货膨胀率将达11.5%—13.5%,国际货币基金组织也认为乌兹别克斯坦通货膨胀为严重型通货膨胀。

在美元汇率波动条件下,乌兹别克斯坦企业在和中方企业的交易中看好人民币结算,并愿意使用人民币结算来规避汇率波动带来的风险,但是因为企业资质及其他条件不成熟而被迫放弃。虽然我国先后于2009年7月、2010年6月在部分省份开展了跨境人民币结算业务试点,但是由于试点范围小及乌方客商为规避税费,多携带现钞采购中方货物,导致中方出口企业美元现钞结算占其收汇的50%,美元汇率风险使中乌企业的交易成本增加。乌兹别克斯坦虽名义上实行经常项目外汇自由兑换,但实际操作中对外汇管制仍十分严格,乌兹别克斯坦央行要求企业外汇收入的50%强制结汇,而在企业用汇时又很难兑换,客观上造成中国企业被迫将外汇收入在乌兹别克斯坦进行再投资,难以将收入汇回国内。由于乌兹别克斯坦缺乏处理拖欠外资企业款项的有效措施,致使乌兹别克斯坦企业和商人长期拖欠中方企业贸易往来设备款项2000多万美元,至今无法收回。①

七、其他风险

(一)"核价"风险

乌方一直有中国商品应该最便宜的观念,乌兹别克斯坦外经贸部根据从互

---

① 参见《中国居民赴乌兹别克斯坦投资税收指南》,载国家税务总局官网,http://www.chinatax.gov.cn/n810219/n810744/n1671176/n1671206/c2581646/content.html。

联网以及向其他供货商索要的价格信息，对每一个已经签署的合同进行“核价”，将我国产品与国外同类产品作简单价格比较，只看重低价，不考虑性价比、也不考虑中国产品使用的进口部件和新工艺，即使中国企业与乌方企业签订了进口合同，乌兹别克斯坦外经贸部也可以“价格高”为由宣布中标结果和签署的合同无效。我国企业在乌投资的各类贷款项目时间长、投入大、利润微薄，同时，由于缺乏专业人才以及对高新产品技术含量了解不深等原因，在对我国贷款出口买方贷款项目立项时，层层削减预算，给我国竞标企业以错误信息。我国个别企业为了中标，明知项目做不下来，仍不惜报出低价，为减少损失，我国中标企业不得不在实施项目过程中对产品质量和技术标准以及售后服务打折扣，从而造成不良影响。这个问题在乌兹别克斯坦越来越突出。

（二）腐败现象严重

全球清廉指数，即贪污感知指数（Corruption Perceptions Index），是由世界著名非政府组织“透明国际”建立的清廉指数排行榜，反映的是全球各国商人、学者及风险分析人员对世界各国腐败状况的观察和感受。根据2022年全球清廉指数排名，乌兹别克斯坦在全球排第126位（共180个国家），①政府部门办事不透明，实施大项目给当地执法人员回扣已经成为“潜规则”，警察、税务、海关人员敲诈勒索现象比较普遍。体现在：(1)总统掌握国家大权，官僚体制，政企不分，计划经济色彩浓厚。(2)行政司法部门办事效率低下，尤其对外资企业，受贿索贿现象严重。

（三）环境保护限制

乌方对我国援款的环境保护指标愈加重视，对不符合环境保护要求的商品拒不接收。乌方对我国援款项下的商品和设备清单要经过内阁审批，目前，乌兹别克斯坦有关环境保护的法律多达28部，此外，其出台了多项涉及环境保护的总统令和内阁令，乌兹别克斯坦《环境专家评价法》规定，出于注册新建企业目的而实施的环境保护专家评价，应支付一笔固定费用。根据生产企业的不同类别，对最危险类型生产企业的项目前期和项目文件的国家环境专家评价的费用金额可以达到最低工资的25倍。

（四）土地使用额外费用多

按照649号总统令的规定，无论乌兹别克斯坦国内法人、外国投资者使用

---

① 资料来源：透明国际，国际清廉指数2022，Corruption Perceptions Index 2022-Transparency International https://images.transparencycdn.org/images/Report_CPI2022_English.pdf。

乌兹别克斯坦土地,都需要申请办理土地使用许可。按照282号内阁令,土地使用许可由乌兹别克斯坦地质部门组成委员会进行审查,由乌内阁批准。取得土地使用许可后,用地单位与土地所有者签署合同,并向当地政府申请批准,当地政府以决议方式批准。签署合同后,用地单位到土地主管部门办理土地使用注册(征地分为临时征地和永久征地,前者最长3年,实际过程中为1年,到期后可办理延期;后者3—10年,10年后办理延期,办理方法同临时征地),在办理征地过程中,经常发生土地补偿费用之外的费用,土地所有人和农场主有时候会索要更多的费用。①

(五)贸易保护

中国在对外经贸交往中,一直存在众多贸易国家提出的反倾销调查威胁,《乌兹别克斯坦保障措施、反倾销和补贴关税法》规定,实施保障措施、反倾销和补贴关税调查是为确定产品进口增长、以倾销价格进口或补贴进口到乌兹别克斯坦共和国关税区并已证实对经济产业造成严重损害和严重损害威胁的事实。实施调查的全权机关由乌兹别克斯坦共和国内阁确定。全权机关向乌兹别克斯坦内阁提交实施保障措施、反倾销和补贴关税调查报告。2015年乌兹别克斯坦就对来自中国并且进口至乌海关的载重5吨以下的货车发起了反倾销调查。

第四节　中国投资乌兹别克斯坦的法律风险防范对策

中乌之间经贸往来友好合作近年来一直处于不断发展上升的阶段,乌兹别克斯坦既是上海合作组织成员国又是一带一路共建国家,自2012年建立战略伙伴关系以来,中乌两国关系实现跨越式发展,政治互信、经济互利、人文互鉴的合作新格局全面形成。2013年以来,两国领导人实现互访并多次会晤,中国连续4年成为乌第二大贸易伙伴和第一大投资来源国。中国2016—2020年连续5年成为乌兹别克斯坦第一大贸易伙伴。共建丝绸之路经济带是双方合作的共同愿望,乌兹别克斯坦政府十分重视与中国的经济合作,出台多项政策吸引我国企业赴乌兹别克斯坦投资,我国华为、中石油、鹏盛、中兴等企业积极投

① 参见中国贸促会:《乌兹别克斯坦投资贸易调研报告》,载http://www.ccpit.org/Contents/Channel_3603/2015/0410/455479/content_455479.htm。

资乌兹别克斯坦，随着乌兹别克斯坦国内经济改革，将会吸引更多的中国企业赴乌投资。

尽管乌兹别克斯坦对外国投资在法律上规定的投资障碍较小，其投资法律环境也在不断改善，但是通过上文分析，我们也看到，乌兹别克斯坦投资法律环境还存在一些问题，在法律政策、市场准入、劳动、税收、外汇等方面都有隐患，为保护与发展中国企业在乌兹别克斯坦投资的合法利益，我们必须从国家和企业两个层面来改善中国企业在乌兹别克斯坦的投资状况，为中国投资者在乌投资提供自身和外在的双重保障。

一、企业法律风险防范

中国对乌兹别克斯坦投资中最重要的风险防范措施首先应当从企业做起，因为企业不仅是投资的主要参与者，而且投资项目的成败直接决定企业的盈利。企业在投资中应当充分发挥自身能动性，提高危机意识，以期应对投资过程中可能出现的各种风险。

（一）充分了解法律政策、律师先行介入投资

乌兹别克斯坦投资法律多样化，既有法律法规，也有总统令和内阁命令，法律更新频繁，新旧法律前后文本差异大、矛盾多，实践中，总统令和内阁命令发挥的作用更大，甚至可以起到替代法律的作用，乌兹别克斯坦近年来为了吸引外国直接投资，出台了不少优惠政策，需要企业充分分析，享受对自己最为有利的优惠待遇，同时，中国企业必须按照在乌兹别克斯坦司法部注册的合同办事，不要尝试与个人谈“好处”而取代法律协议，私下签署的协议无任何法律效力。在商务部驻乌兹别克斯坦经商参赞处，中国企业赴乌兹别克斯坦经商和投资失败的教训中，就有部分企业随意签署没有法律保障的私下协议而导致企业倒闭、破产。因此，中国企业想要在乌兹别克斯坦投资获益，必须关注乌兹别克斯坦政府的法律动向，在投资前可以先寻求中国驻乌兹别克斯坦大使馆或者海外投资咨询律师的帮助。

中国企业习惯于先“走出去”寻找项目，直接谈判，签订合同时才寻找律师，律师介入的时间太迟，在交易结构、金融安排与条件设置上已经无计可施，在企业赶时间争夺投资项目时就无法建立起牢固的法律风险保障堡垒。因此，在中国企业进行海外投资时，应当聘请律师早期介入项目，充分利用律师的专业优势和各种境内境外资源，调查投资国的法律、政策、经济文化环境情况，分析当地投资环境的优势与风险，观察该国海外投资成败的案例，获得真实

的投资与贸易决策依据，为中国企业“走出去”保驾护航，为企业更好地在境外进行投资、基础设施建设和开展国际贸易等打好坚实的基础，减少企业的法律风险。

（二）投资前先行评估、遵守所在国法律法规

企业在投资前要着重分析乌兹别克斯坦政治、法律法规、经济发展情况、市场需求、有关吸引外资的政策，并对投资的重点领域深入分析，在收集乌兹别克斯坦引入外资的优惠政策的同时，也要注意深入分析乌兹别克斯坦行业发展情况及相关贸易、投资、税收等方面的贸易壁垒，扎实做好投资风险评估，深入当地消费市场调查，了解产品在乌兹别克斯坦国内消费的潜力以及出口到周边国家的可能性。中国企业在乌兹别克斯坦经营一定要重视遵守当地的法律法规，办理一切合法的手续，不要违法经营，避免因过分承诺企业义务导致乌方追责时无法达成原定目标而产生的法律责任。同时，也要尊重当地的风俗习惯，注重维系好与当地政府的友好关系，在企业日常经营活动中，与当地管理机构保持联系畅通，及时汇报企业经营上遇到的问题，取得政府部门的支持。

（三）购买海外投资保险、争取总统令和内阁令

乌兹别克斯坦的政治环境并不十分稳定，乌兹别克斯坦也受到宗教极端组织的影响，几乎每年都有数起恐怖袭击事件的发生，面对不确定的政治风险，中国企业在投资前就要发挥海外投资保险的作用，我国和乌兹别克斯坦都是MIGA的成员国，我国的自然人或法人打算在乌兹别克斯坦进行的投资，只要具备经济合理性，与该国宣布的发展目标和重点保持一致，在该国可以得到公正平等待遇和法律保护，就可以向MIGA申请投资保险。但是MIGA非常重视投资项目在环境和社会中的可持续发展，并且有一套评价标准。我国企业必须提高生态资源和环境保护意识，积极履行社会责任，注重保护当地环境和劳工权利，才有可能获得担保，免除对政治风险的担忧。同时，中国出口信用保险公司也针对中国企业的海外投资提供海外投资保险业务，对战争及政治暴乱、征收、汇兑限制、政府违约造成的经济损失给予赔偿，该保险对投保人要求不高且申请条件要远低于MIGA。

与乌兹别克斯坦企业签订合同，如果没有通过乌兹别克斯坦外经贸部审批（注册）、不出台相应的总统令予以“加固”，任何贸易、投资合同都有作废的可能。如果公司已经中标了某个项目并与乌买主或业主签订了商务合同，也不能掉以轻心，乌外经贸部可随时以“价格高”为由宣布中标结果和签署的合同无

效。例如乌美合资的 ZARAFSHAN-NJUMONT 金矿项目始于 1992 年，合资期为 17 年，项目从 1995 年正式投产，但进行到 2006 年 6 月，乌兹别克斯坦政府突然取消了专门针对该合资企业的所有优惠，使合资企业陷入困境，美国投资方在该合资企业的负债达到近 9400 万美元，并被迫宣告破产。针对政策变化的风险，我国企业应争取将投资合作中可能出现的利润汇出、优惠政策等问题写入投资协议，并且通过出台“总统令”予以确认。

（四）完善投资合同、充分利用各项优惠措施

在合同条款中保护自己的合法权益，签订对自己有利的条款，从合同技术条款和付款条件等方面保护自身利益，避免损失，在合同中列明技术要求，一旦乌方企业诬告我国企业的产品不符合标准，我国企业可以以此为依据，避免陷入被动局面。为防止上当受骗，可以优先考虑与乌兹别克斯坦大型国有企业进行交易，并详查其背景和资信情况。我国企业在对乌投资时，要积极把握政策的利好形势，充分利用乌兹别克斯坦政府的各项优惠政策，诸如根据投资额选择相应投资优惠期，免除利润税、法人财产税、社会基础设施建设税、小企业统一税、共和国道路基金强制缴费、土地税、共和国学校基金缴费、生产出口产品所需的设备、配件、原材料的海关关税等。

（五）树立诚信经营理念、运用法律解决争议

中国企业“走出去”应当诚信经营，维护企业良好形象，一旦违反商业道德，有可能面临法律的惩罚，还留给当地政府和合作伙伴非常恶劣的印象，丧失了再次投资的机遇。当中国企业遇到乌方合作伙伴欺诈、违约的行为时，应在受到不公正待遇的第一时间进行“交涉”，不可忍气吞声，更不要有“花钱消灾”的心理，不要用“小费”来解决问题。除了应聘请律师走司法程序诉诸法院外，乌兹别克斯坦法律允许外国企业利用国际商事仲裁的方式来解决争端，乌兹别克斯坦政府承认国际商事仲裁的效力，并且可以由司法部来执行裁决。

（六）树立良好的企业形象、积极回报当地社会

中国企业在适当时机或遇有重大活动时，应当适时承担起一定的社会责任，与东道国政府和民众保持良性互动，主动吸收当地人员就业，尽可能实现人力资源本地化，一方面解决当地政府的就业危机，另一方面，节省企业管理成本。中国企业还应当积极投身公益事业，主动帮助当地社会改善基础设施状况，主动向当地政府、居民捐赠物资，特别是遇有重大险情时积极践行投资国社会责任，有效加深民众对企业的了解，树立起负责任的良好企业形象，借助有效

公关和企业社会责任战略树立正面形象,避免引起对方产生中方掠夺其资源和市场,剥削其廉价劳动力的误解。

二、政府法律环境建设

我国政府积极鼓励企业进行海外投资,为企业海外投资保驾护航,提供各种优惠政策,放宽对外投资的标准。中国的投资不但可以牵引一些陷入困局的外国企业脱困,而且从某种角度看,这是中国承担大国责任的一种表现。我国企业对外国的投资妥善解决了当地的就业,促进了东道国的经济发展,提升了我国的经济实力和国家形象。

2001 年乌兹别克斯坦成为上海合作组织成员国,两国十分重视发展双边关系,共同维护两国之间的经济交往和商务合作,2016 年,乌兹别克斯坦第三次成为了上合组织成员国,并将两国关系上升到全面战略合作伙伴关系。2013 年中国提出了"一带一路"的倡议,近年来,中国与乌兹别克斯坦就双边领域合作中的一系列重大项目达成共识。中国政府应该借力于上合组织与"一带一路"的影响,充分利用合作机制优势,从国家层面推动中国对乌兹别克斯坦投资的发展。

(一)对投资准入问题的法律对策

第一,在上合组织框架下积极参与多边协议的谈判,扩展投资准入范围。乌兹别克斯坦不是 WTO 成员国,WTO 的市场准入原则无法在乌兹别克斯坦适用,中乌两国更需要重视上海合作组织的发展,进一步发挥上合组织的区域经济合作功能,努力推进"区域经济一体化"的进程,同时建立起上海合作组织机制下的争端解决机制。第二,在双边协定中增加对履行要求的限定条款。面对乌兹别克斯坦在能源及重点矿产品领域的股权限制,在航空、铁路等领域中重视当地的股权比例及其他准入条件的情况,中国与乌兹别克斯坦 BIT 可以借鉴中外 BIT 中关于对履行要求做出适当限制的方式来防止乌兹别克斯坦可能出现的对投资者提出的过分要求。第三,在双边协定中增加透明度条款。在此方面中乌两国立法、执法机关应当加强对口交流与沟通力度,就需要变更的法律政策互相磋商,寻求对两国企业发展都有利的投资协定,并及时公开变更的对外贸易政策。第四,在双边投资条约中加入投资准入例外条款。投资准入例外条款也就是负面清单,负面清单之外的领域,原则上不得对外资准入实行限制性措施,推进准入前国民待遇加负面清单的管理模式,是实施新一轮对外开放的重要举措,中国与乌兹别克斯坦目前的法律中没有规定投资准入例外条款,在未来修订双边投资条约时可以考虑加入这一制度。①

(二)经营风险的应对策略

乌兹别克斯坦独立以前,深受苏联政治经济的控制,对其他国家存有较强的戒备心理,这种心态一直影响着乌兹别克斯坦与中国的经济交往,乌兹别克斯坦自我保护意识较强,当地保护主义色彩浓厚,采取大量变更优惠政策、限制外籍劳工就业、加强外汇管制等措施,增加外国企业经营投资困难,致其被迫退出本国市场,却又难以将投资获利汇回国内,针对上述运营风险,建议国家和企业吸取经验教训,共同应对,保护我国外资企业正常运行。

1. 法律政策变更对策

乌兹别克斯坦的法律政策时常变动,中国企业应当实时关注乌兹别克斯坦高层的政治动向,同时,尽量选择中央政府长期投资支持的领域投资,不能轻信地方政府和乌方投资合伙人的承诺,对合作伙伴的信誉等情况一定要深入了解,认真审核和签订劳务合同,不要急于求成。中国政府在这方面也可以争取与乌方高层领导人协商,将中国投资的重点企业、领域以投资协议或总统令的形式固定下来,为企业在乌方投资提供坚定的法律支持。

2. 劳动法律风险防范

乌兹别克斯坦严格限制外籍劳工准入,影响了我国企业的发展,但从乌兹别克斯坦立场上来看,乌兹别克斯坦这一举动是为了扩大本国市场就业率,我国企业应当理解乌兹别克斯坦政府这一心理特点,同时,这一举动也可以减少我国企业的投资成本,因为乌兹别克斯坦劳工市场充足,劳动力价格相对我国国内低廉,我国企业可以培养当地技术人员,和我国企业签订长期合作协议,保证我国企业的项目进程。从政府角度,我国政府相关部门可以和乌兹别克斯坦劳动和社会保障部门协商,放宽对我国高科技技术工人赴乌工作的准入门槛,延长签证有效期限。

3. 税收法律风险防范

我国与乌兹别克斯坦应当推进国际税收合作,加强双方的税收交流,建立税收争议解决机制,目前,我国已经与乌兹别克斯坦签订了税收协定,我国应当及时根据现实存在的问题修补税收协定,进一步增加税收饶让和权益保护条款,企业在面对乌方不正当征税时可以寻求中国驻乌兹别克斯坦大使馆的帮

---

① 参见黄梦、肖湘:《中国对中亚能源投资的法律问题及对策》,载《长沙理工大学学报(社会科学版)》2016年第2期。

助,大使馆工作人员与乌执法人员沟通,并对企业的遭遇提出解决建议。

(三)退出风险的应对策略

造成我国企业对乌投资退出困难的主要原因在于乌兹别克斯坦政府的阻挠,解决这个问题,需要我国政府积极采取措施应对企业的困境。首先,我国政府应当同乌兹别克斯坦政府建立起双方合作、政治互信的友好关系,积极为企业"走出去"铺路,营造良好的政治环境,减少因政治问题带来的法律风险的可能性。其次,加强高层互访,解决企业难题。利用中乌政府间经贸合作委员会、上海合作组织、"一带一路"高峰论坛等合作机制以及高层互访之机,在更高层面就企业"还汇难、调汇时间长"等问题进行磋商,敦促乌方切实改善投资环境。据统计,每年乌方领导人与中方领导人会晤时,都是解决我国企业棘手问题的最佳时机,乌方总统会过问我国企业在乌经营中遇到的问题,拖欠我国企业的债务也会在一定程度上得到缓解。最后,设置灵活的退出机制,完善争端解决机制。对外投资项目获利的同时也增加了投资风险,因此在企业投资前国家间就应当在双边投资协议中考虑到企业的退出障碍,为企业投资退出提供便利的法律环境,同时引入对中资企业较为有利的国际仲裁规范和准据法以防止我国企业陷入被动的局面。

(四)政策、法律、资金等支持,助力我国企业赴乌投资

随着我国和乌兹别克斯坦的友好关系不断加强,我国企业赴乌兹别克斯坦投资的需求也越来越大,我国政府促进企业投资的举措可归纳为以下几个方面:第一,加强国家对外投资的各项优惠政策。简化企业跨国投资收益、业务和经营准备环境,组织企业参加国内特别是国际上的博览会、洽谈会、交易会等,为企业提供投资合作平台并提供指导服务,定期发布乌兹别克斯坦投资环境情况,及时公布投资风险,与东道国建立多边磋商机制,解决乌兹别克斯坦中资企业遇到的困难、保护境外合法资产权益。第二,完善对外投资的法律,为中国企业赴乌兹别克斯坦投资提供便利的投资条件,放宽国内企业海外投资政策,鼓励企业赴乌兹别克斯坦投资,对符合条件的企业实行税收优惠和其他法律项下的减免优惠收费政策。第三,我国企业在乌兹别克斯坦的发展也离不开国家的财政扶持。国内投资者除自筹部分资金外,可向国家银行申请优惠贷款,经国家银行审批取得贷款,此外,国内的对外投资主管部门可以牵头与中国企业所在的地方政府一起,建立起"投资基金"专门支持中国企业对中亚国家的投资合作业务。待这种政府主导的投资基金运作日趋成熟后,还可以将投资基

金的运用扩大至上海合作组织成员国范围内，为成员国之间的私人投资提供支持。第四，政府为企业投资提供必需的公共服务。政府出资培育并招聘一批熟悉外国市场运作规则、了解外国客户需求、拥有全球运营经验又熟悉本土母公司文化的高端国际经营管理人才和管理团队，为企业对乌投资进行必要的咨询、辅导和跟踪扶持。

总体看来，乌兹别克斯坦的经济呈向上发展势头，目前的中乌关系也处于最好时机，乌兹别克斯坦政府不断改善营商环境，政府官员多次表态吸引中国投资者赴乌投资。乌兹别克斯坦经济的顺利发展，中国变成一个全球性经济中心，将为我们两国之间的互利合作、吸引中国投资共同实施丝绸之路经济带项目，提供良好的发展前景。同时，中国企业也要看到乌兹别克斯坦无限市场潜力的背后所隐藏的风险，投资环境还存在很多不足，我国投资者应当充分分析，谨慎决策，注重风险防范，争取获得较大的投资回报。

第七章　中国投资印度的法律风险与防范

导　言

近年来,随着自身实力的日益壮大和国内竞争的日趋激烈,许多国内企业将目光瞄向了我们的邻居印度——这个跟中国一样有着庞大体量和无限市场潜力的国家。虽然目前国内媒体和民间缺乏对投资印度的关注,但许多目光长远的企业早就已经把工厂开到了印度,悄悄地打入了印度市场,力争在对印度市场的国际竞争中抢得先机。

从 2008 年到 2019 年,中国对印度直接投资流量除了在 2009 年、2013 年、2016 年以及 2018 年有所回落以外,整体呈现上升趋势。从 2019 年后,中国对印度直接投资流量整体呈现回落趋势,中国对印度直接投资流量减少可能跟当年的政局变动或其他偶然事件相关,但是从目前中国在印度的投资情况来看,虽然近些年中国对印度的投资有所放缓,但中国对印度直接投资数额增加一定会是未来发展的大趋势。

第一节　中国投资印度的概况

一、印度的投资环境

(一)地理环境

1. 地理位置

印度位于亚洲南部,是南亚次大陆①最大的国家,国土面积约298万平方公里(不包括中印边境印占区和克什米尔印度实际控制区等),居世界第7位。印度东北部同中国、尼泊尔、不丹接壤,孟加拉国夹在东北国土之间,东部与缅甸为邻,东南部与斯里兰卡隔海相望,西北部与巴基斯坦交界。东临孟加拉湾,西濒阿拉伯海,海岸线长5560公里。印度横跨两个时区:东五区和东六区。首都新德里时间比北京时间晚2.5小时。

2. 行政区划

印度的一级行政区域包括28个邦和7个中央直辖区。印度行政区划主体上为四个层次和五个层次并存的格局,大致为一级行政区、县、乡(市)、村(镇)四级制,与邦(一级行政区)、专区、县、乡(市)、村(镇)五级制。印度城市,不论大小,绝大多数隶属于县,镇与村则隶属于乡。

3. 人口分布

联合国2023年4月发布的报告显示,印度人口将在2023年年中超越中国,达到14.29亿。世界银行数据显示,印度城市和农村人口分别占34%和66%,增长率分别为2.31%和0.39%;国民年龄中位数为28岁;14岁以下人口占比为25.3%,15岁至64岁人口占比为67.8%,65岁以上人口占比为6.9%;15岁以上人口识字率约为76.3%,15岁至24岁人口识字率约为91.7%。

(二)政治环境

1. 政治制度

(1)宪法

印度共和国《宪法》于1950年1月26日生效,规定印度为联邦制民主共

① 南亚因喜马拉雅山脉、苏莱曼山脉等高大山体而与亚洲其他地区隔开,形成了一个相对独立的地理单元。因为它的面积小于大陆,所以被称为南亚次大陆。又因为印度和巴基斯坦是南亚的主要大国,也有人称南亚为印巴次大陆或印度次大陆。

和国,采取英国式议会民主制。公民不分种族、性别、出身和宗教信仰,在法律面前一律平等。总统为国家元首和武装部队的统帅,由联邦议会及邦议会组成选举团选出,每届任期 5 年。总统依照以总理为首的部长会议的建议行使职权。

(2)议会

联邦议会为两院制,包括联邦院和人民院。联邦院为上院,共 250 席,由总统指定 12 名具有专门学识或实际经验的议员,其余 238 名议员为各邦及中央直辖区代表,任期 6 年,每 2 年改选 1/3。宪法规定副总统为联邦院主席,现任联邦院主席为贾格迪普·丹卡尔。人民院为下院,共 543 席,由选民直接选举产生,每 5 年举行一次大选。人民院是主要的立法机构,主要职能为:制定法律和修改宪法;控制和调整联邦政府的收入和支出;对联邦政府提出不信任案,并有权弹劾总统。

(3)政府

政府以总统名义行使广泛的行政权力,总统职责多为礼仪性质。总统名义上是国家元首和武装部队统帅,但没有实权,现任总统德劳帕迪·穆尔穆于 2022 年 7 月 25 日就任。以总理为首的部长会议是最高行政机关,总理由总统任命的人民院多数党议会党团领袖担任。

(4)司法

最高法院是最高司法权力机关,有权解释宪法、审理中央政府与各邦之间的争议问题等。各邦设有高等法院,县设有县法院。最高法院法官由总统委任。总检察长由政府任命,主要职责是就执法事项向政府提供咨询和建议,完成宪法和法律规定的检察权,对宪法和法律的执行情况进行监督等。

2. 政府机构

(1)首脑办事机构

具体是:总理办公室,内阁秘书处,计划委员会,中央信息委员会,印度选举委员会,工会公共服务委员会,大学捐赠委员会,印度律师职业委员会,科学与工业研究理事会,印度医学协会,国家人权委员会,第十三财政委员会,印度数据目录特立识别委员会,全球创新圆桌会议、国家创新委员会,联邦院议长电视台,国家落后阶级委员会,印度首席科学顾问办公室,全国少数民族委员会,全国委员会,全国在册种姓委员会,全国在册部落委员会,全国妇女委员会,全国人口委员会,保险监管发展局,电信管理局。

(2)内阁部门

具体是:农业部,化学和化学肥料部,民航总局,煤炭部,商业和工业部,通信和信息技术部,消费者事务、食品和公共分配部,公司事务部,文化部,国防部,东北地区发展部,饮水供应和环境卫生部,地球科学部,环境和森林部,外交部,财政部,食品加工产业部,卫生和家庭福利部,重工业和公共企业部,民政部,住房和城市扶贫部,人力资源开发部,信息产业和广播部,劳工和就业部,法律和司法部,微型、小型和中型企业部,矿业部,少数民族事务部,新能源和可再生能源部,印度海外事务部,潘查亚特评议委员会,议会事务部,人事、民众投诉和退休金部,石油和天然气部,规划部,电力部,铁路部,铁路运输和公路部,农村发展部,科学技术部,海运部,社会公正和赋权部,统计和项目实施部,钢铁部,组织部,旅游部,部落事务部,城市发展部,水利部,青年事务和体育部,妇女和儿童发展部。

3. 与中国关系

中印经济合作领域不断拓展。2021年,中印双边贸易额1256.6亿美元,同比增长43.3%,其中中国对印度出口975.2亿美元,同比增长46.2%,中国自印度进口281.4亿美元,同比增长34.2%。2022年,中印双边贸易额1359.8亿美元,同比增长8.4%。

(三)社会文化环境

1. 民族

印度是多民族、多宗教的国家,共有100多个民族,有10个大民族和几十个小民族。由于历史原因,印裔华人数量极少,在政治和经济生活中的影响微小。华人居住较为集中的地方主要在加尔各答等地,主要从事皮革加工、餐饮等行业。

2. 语言

印度官方语言包括印地语和英语两种。

印地语为印度全国使用人数最多的语言,约33%人口使用;其次是英语,系全国性通用语言,也是在政治和商业交往中主要使用的语言。当地有多家大型英文日报,政府文件绝大多数使用英文。此外,官方承认的地方性语言还多达20余种。

3. 宗教

印度居民中约有79.8%信奉印度教,14.2%信奉伊斯兰教,2.3%信仰基督教,1.7%信仰锡克教,0.7%信奉佛教,0.4%信耆那教,还有少数居民信仰其他宗教。

4. 医疗

自 1947 年印度独立后,印度政府便建立了覆盖面较广的公共医疗卫生体系,大部分国民健康花费由政府支出。1949 年印度通过的第一部宪法中明确规定"所有国民都享受免费医疗",只要不是大病,无论是谁都可以接受免费医疗。但如果病情比较严重,患者自己也需要负担一部分费用。印度政府用于医疗的公共支出处于较低水平,目前中央及各邦的医疗公共支出占 GDP 的比例只有 1.15%。资源投入的不足和医疗专业人才的缺乏成为医疗服务体系的严重制约因素。此外,部分地区洁净饮用水问题和环境卫生问题也不容乐观。近年来,部分企业财团投资兴办了一批私立医院,虽然医疗费用相对较高,但因其医疗设施、环境和医务人员配备较好,部分满足了患者对较高层次医疗服务的需要。

印度的主要传染病有黑热病、登革热、疟疾、丝虫病、基孔肯雅热等。目前,我国尚未对印派出援外医疗队。

5. 教育

印度教育实行 12 年一贯制中小学义务教育。高等教育共 10 年,包括 3 年本科、2 年硕士、2 年副博士和 3 年博士课程。此外还有各类职业技术教育、成人教育等非正规教育。全国现有 20 所国立大学、215 所邦属大学、100 所自治大学及其他多所学院,著名学府有尼赫鲁大学、德里大学、印度理工学院、印度管理学院等。近年来,部分企业财团投资兴办了一批私立学校,虽然学费相对较高,但因其校舍、师资配备较好,部分满足了较高层次教育的需要。

6. 科技

总体来看,印度科技研发投入水平低,据最新统计,2021 年科研投入占全球份额不足 2.5%,占本国 GDP 比重低于 1%。

目前印度科技重点发展的领域是可再生能源、国防军事。印度计划在"十二五"期间对可再生能源领域投入 3.18 万亿卢比,到 2017 年,倍增其可再生能源的产能,达到 55,000 兆瓦,以减少对化石燃料的依赖。具体措施有完善太阳能利用政策,加强太阳能开发;优化审批程序加速发展风电项目;积极与美国开展可再生能源合作。印度格外注重军事国防力量的提升。2023—2024 财年财政预算中国防支出为 5.94 万亿卢布(约为 726 亿美元),较上财年增长 13%。

二、印度吸引外资的优势

(一)市场庞大

从上述印度国情中可以看出,与中国相似,印度人口基数庞大,消费市场巨大。数据显示,印度人口结构年轻化、中产阶级日益壮大,消费能力也将持续提升。事实也证明,印度消费市场潜力无穷:在2017全球零售业发展指数中,印度在30个发展中国家里排名第一,超过中国。印度2018年零售业市场规模为9500亿美元,到2026年,印度的零售市场规模预计将达到1.7万亿美元。印度零售业增长也受益于电子商务的快速发展,在线零售额增速约为每年31%。

(二)商务成本低廉

1. 劳动力价格

根据印度劳工部的规定,印度熟练产业工人最低工资不得低于506卢比/日,发达地区不得低于629—831卢比/日。大学毕业生的起薪一般在15,000卢比以上(电信等热门行业则更高),每年涨幅一般不低于10%;对于有管理经验,尤其是有跨国公司管理经验,具备市场开拓、协调能力的中高层管理人员,年薪达3万美元至10万美元不等。

超过20名员工的企业需缴纳社保,金额为基本工资的24%,其中企业及个人各负担12%。计算基数包括基本工资、物价补贴等,但不包括房租补贴、加班费、奖金。

自2011年4月1日起,印度最低工资标准提高至每日115卢比。但各邦有权在此基础上,制定本邦的最低工资标准。以新德里为例,自2015年10月1日起,非技术类普通工人的最低工资标准为每日368卢比,技术工人的最低工资标准为每日447卢比,大学毕业生的最低工资标准为每日487卢比。

2017年7月,印度内阁审批通过涉及劳动法的4项法案中的第1项,即工资法案。此举明确了最低工资标准,为联邦劳动法的出台铺平了道路。联邦劳动法的出台有利于提高营商便利化水平,并确保最低工资标准的实施。内阁通过的上述法案将提交议会季风会议讨论批准。一旦获得议会批准,全国各行业工人的每月最低工资标准将提高到18,000卢比。各邦的最低工资标准也可高于联邦政府的标准。

2. 水、电、气、油价格

(1)水价

印度各地水价差异较大,同样以新德里为例,居民用水每月少于20千升的部分 5.27 卢比/千升，每月收取固定费用 146.41 卢比；20—30 千升之间 26.36 卢比/千升，每月收取固定费用 219.62 卢比；30 千升以上 43.93 卢比/千升，每月收取固定费用 292.82 卢比。此外每千升加收 60%的污水处理费。

(2)电价

不同地区用电价格有所不同。以德里首都区为例，家庭用电在 200 度以内的部分每度 3 卢比，201—400 度之间每度 4.5 卢比，401—800 度之间每度 6.5 卢比，801—1200 度之间每度 7 卢比，1200 度以上的每度 8 卢比。西北部电力较为匮乏的地区，电价可能高于上述水平。

(3)天然气价格

以德里首都区为例，压缩天然气(CNG)每公斤 42 卢比，管道天然气(PNG)每立方米 28.55 卢比。

(4)油价

2020 年 5 月，德里首都区汽油每升 71.26 卢比，柴油每升 69.39 卢比。

3. 土地及房屋价格

(1)土地价格

浦那、金奈等新兴工业城市周边，较成熟的工业开发区土地年租金一般为 13 万—20 万元人民币/亩，租期 40—99 年不等。2013 年下半年，印度哈里亚纳邦工业园区内已开发好的土地售价在每平方米 80 美元左右，其中古尔冈地区约为每平方米 120 美元；印度北方邦诺伊达开发区内土地售价约为每平方米 150 美元，使用期限 99 年。

(2)房屋租金

2012 年，新德里康诺特广场的办公楼的租金为 100—250 卢比/(英尺^2·月)，可汗市场的商铺租金为 800—1200 卢比/(英尺^2·月)。

住宅价格以德里市中心为例，2020 年 5 月，在德里市中心租住两室一厅公寓的租金约为 26,800 卢比/月，在市郊租住同样面积公寓的租金约为 10,900 卢比/月。如租住三室一厅公寓，市中心和市郊租金分别为 60,000 卢比/月及 15,000 卢比/月。

(三)基础设施全面

1. 公路

印度公路主要分国家级、邦级和边境公路 3 种，以新德里、孟买、加尔各答、金奈四大城市为中心，把全国各地大中小型城市连为一体，形成了一个的巨大的公路网。根据印度政府统计，其全国公路里程数居世界前列。根据印度交通运输部统计，印度公路总长约 490 万公里，公路承运量占全国客运总量的 85% 和货运总量的近 60%。其中，国道和高速公路总长 13 万公里；邦道总长 15 万公里；其他道路和村道总长 445 万公里。

印度在 2016 年征收 10,000 公顷土地以加快国家公路建设，有 100 个左右的高速公路项目通过 PPP（公私合营）模式投入建设。同时，印度内阁经济事务委员会（CCEA）允许私人资本通过建设—运营—移交（BOT）的方式，100%入股公路建设项目，并享有两年的收益期。

印度与邻国巴基斯坦，尼泊尔、不丹、孟加拉国、缅甸之间均有公路互通。

2. 铁路

目前，印度铁路总长 12.3 万公里，居世界前列。全国约有 13.5 万列客运列车，9100 列货运列车。

在客运方面，铁路仍是印度人民长途旅行的首选出行方式。2018 年，全年累计输送旅客 91.2 亿人次。印度政府计划近年将列车现行 130 公里/时的平均时速提升至 160—200 公里/时，以减少主要车站间的通行时间。

在货运方面，2017 年，印度铁路货运总量达到 11 亿吨。印度铁路运输的主要产品包括：矿石、钢材、化肥、石化产品以及农产品，其中煤矿是印度铁路运输的最主要产品，占货运总量的比重接近五成。

印度铁路相对老化而落后，铁道标志和车辆老旧。政府计划以公私合营的方式对全国 22 个主要火车站进行现代化改造。

印度与邻国巴基斯坦、尼泊尔、孟加拉国之间均有铁路互通。印度与不丹、印度与缅甸的跨国铁路线也在规划当中。

近年来，印度城市轨道交通发展迅速。目前，德里、孟买、加尔各答、班加罗尔、金奈、海德拉巴、科钦等一线城市均有运营或在建的地铁/城铁，其中德里—阿格拉线的时速 160 公里的“半高速”列车已于 2016 年 4 月正式通车。艾哈迈达巴德、普纳、昌迪加尔、巴特那、勒克瑙等二线城市的城市轨道交通也已进入规划设计阶段。

3. 水运

印度拥有 5560 公里海岸线，海运能力居世界第 16 位，拥有 12 个主要港口和 187 个非主要港口，其中主要港口 2015 年最大吞吐量为 8.7 亿吨。12 个主要港口中的 6 个位于印度东海岸，分别是：加尔各答、帕拉迪普、维沙卡帕特南、恩诺儿、金奈以及杜蒂戈林；6 个位于西海岸，分别是：根德拉、孟买、加瓦拉尔·尼赫鲁港、莫尔穆加奥、新芒格洛尔港以及柯枝。这 12 个主要港口由印度政府直接管理。187 个非主要港口中仅有 1/3 处于运营状态,且由各邦政府的海事董事会(Governments Maritime Boards)管理。

水运是印度外贸运输的主要方式,全印度 95%的外贸通过水运完成,贸易价值占比超过七成。近年来,印度港口吞吐量稳步增长,年增长率为 10%—12%。2019 年,主要港口全年货运量为 7.05 亿吨。

印度计划建设 10 个沿海经济特区,覆盖海岸线达 300—500 公里,以提振航运发展。印度拥有 6 条主要国家内河航道,通航里程 1.45 万公里。除恒河中、下游等局部地区外,印度内河运输水平相对较低,全国内河货物运输量仅占全部国内货物运输量的 0.1%,印度政府计划将 101 个河道纳入全国河运网络,以促进内河运输发展。

4. 空运

印度国际及国内航班班次频繁,是当今世界上发展速度最快的民航市场之一。根据印度民航局公布的数据,2019 年印度航空旅客吞吐量达 3.44 亿人次。

目前,印度拥有 126 个运营机场,其中德里、孟买、加尔各答、金奈等 20 多个主要城市建有国际机场,现代化的新德里英德拉·甘地国际机场 T3 航站楼于 2010 年 7 月底投入运营。印度国有航空公司 Air India 开通有境内 120 个目的地及 39 个国家(地区)的航线。2019 年,印度靛蓝航空开通了从德里—成都和加尔各答—广州的航线。

中国国航、东航、南航、山东航空分别开通了北京—德里、成都—班加罗尔、上海—成都—孟买、北京—上海—德里、昆明—加尔各答和广州—德里、济南—德里的直航航班。

5. 通信

印度拥有全球第二大的电信网络,全国电话用户总数超过 12 亿。其中,移动用户数量占绝大多数。印度前三大运营商为:Vodafone&Idea、JIO、Bharti Airtel,他们向全国约 85%的用户提供电信服务。

印度互联网用户快速发展。目前,印度互联网用户总数为 5.66 亿,其中超过 80%的上网行为都是通过手机产生的。各国有、民营和外资运营商之间竞争激烈,资费相对低廉。手机银行和农业短信息等服务已经兴起。未来市场扩张空间仍然巨大,3G 服务和农村地区移动服务领域大有可为,4G 业务亦逐步普及。印度原计划 2019 年年底正式拍卖 5G 频谱,2021 年印度正式启动 5G 商用服务,但目前看整体进度将推迟。

国营的印度邮政公司在印度邮政体系中处于支配地位,在全国设有约 15

万个邮局，其中近 90%位于农村地区。另有 DHL 等外资企业提供快递服务。

6. 电力

印度是全球第三大电力生产国和第三大消费国。目前，印度全国总装机容量 370 兆千瓦，其中化石燃料发电占 79.8%，再生能源发电占 17.3%。按所有制结构划分，中央政府、邦政府、私营部门的装机容量比例分别为 27%、37%、36%。目前，印度已有大部分邦实现了 100%的农村电气化，但印度总体供电状况仍不太稳定，电厂燃料供应不足，上网电价低，电网输送损耗大。风能和太阳能前景光明，但成本较高。

尽管印度电力行业快速发展，但电力供应仍然面临较大缺口，除部分经济发达地区如古吉拉特邦、马哈拉施特拉邦可以保障 24 小时供电外，其他各邦用电高峰期间断电的情况时常发生，制约印度经济发展。

2005 年前后，印度政府提出南亚地区电网互联设想，并分别与斯里兰卡、尼泊尔和孟加拉国政府进行了谈判，具体项目由印度电网公司主导实施。截至目前，印度电网与不丹和孟加拉国电网已经实现同步互联，与尼泊尔实现输电互联，与斯里兰卡的直流输电互联项目仍然在协商。

三、中国企业在印度投资的行业、发展

(一)电信行业

如今，印度电信市场的年增长率已经达到了惊人的 10%，2017 年第三季度，印度的智能手机出货量超过 4000 万台，超越美国，成为世界上仅次于中国的第二大智能手机市场。虽然中国是目前全球第一大智能手机市场，但是增长速度却在放缓，而印度的增长速度已经是中国的 5 倍，这对于中国投资人来说无疑是非常具有吸引力的行业领域。

(二)电子商务行业

根据印度最大的电子商务零售商 Flipkart 出具的报告，印度电商市场的规模预计将实现 25%—30%的年增长率，到 2027 年达到 1500 亿—1700 亿美元的规模。到 2027 年，印度的电商渗透率将从 2021 年的 4.5%翻番至 9%—10%。

瑞士信贷集团发布的一份报告显示，如今印度的互联网和电子商务行业增长状况和 10 年前的中国非常相似。

不仅如此，鉴于印度是世界上第三大创业中心——绝大多数都是电子商务初创公司——很多电子商务领域里的中国投资人也希望能够在印度市场重新复制自己的成功。

印度电子商务领域之所以能够成为中国投资的一片沃土，另一个原因是很多美国企业尚未注意到印度的潜力——除了亚马逊和Uber。因此，中国希望获得先发优势，加上手上拥有足够的资金，所以抓住了印度电子商务领域发展的大机遇。

在印度本土，已经有很多中国投资人在电子商务领域里完成了颇具规模的投资交易，比如：滴滴快的以9亿美元投资了Ola；阿里巴巴/蚂蚁金服以8.9亿美元投资了Paytm；阿里巴巴/软银集团以5亿美元投资了Snapdeal；腾讯集团以1.2亿美元投资了Practo。

在接下来的时间里，印度电子商务市场依然会有很多惊喜出现。阿里巴巴可能会进一步拓展印度本土物流市场，他们目前已经组建了一支投资团队，在印度寻求收购、兼并机会，未来，也许像Delhivery和Xpressbees这样的物流初创公司很可能会获得这家中国互联网巨头的投资。而另一个互联网巨头百度也正在认真考虑印度市场，有消息称他们正在与多家印度电子商务公司接洽，协商潜在的收购交易，包括Zomato、Big Basket、Mydala以及BookMyShow。

在印度开展业务的主要中资企业还有很多，例如：深圳比亚迪集团、中国中钢集团公司、五矿集团、中兴通讯股份有限公司、三一重工、柳工集团、东方电气集团、上海电气集团、哈尔滨电站集团、山东电力建设公司等，在此不一一列举。

第二节　印度外资法的基本内容

狭义的外资法，仅指一国以"外商投资法"命名的法律，而广义的外资法，是指一国调整外资企业在设立、变更、终止及经营管理过程中发生的经济关系的法律规范的总称，包括投资准入、外资并购、外资企业登记注册、税收、外汇、劳工、环境等相关内容。这里所要介绍的印度"外资法"指的是广义的印度外资法。

各国外资法大致有三种立法体制和形式：(1)制定比较系统的统一的外商投资法典，涵盖外资准入、外资经营、外资退出等方方面面，并辅以其他有关的可适用于外商投资的法律，加拿大即采用此种立法模式；(2)没有统一的外资法，而是制定一个或几个关于外商投资的专门法律或特别法规，并辅以其他有关的可适用于外国投资的法律，如中国制定了《中外合资经营企业法》(已失效)、《中外合作经营企业法》(已失效)、《外资企业法》(已失效)等关于外商投资的专门法律群,作为外商投资的主要指导法律;(3)未制定关于外商投资的基本法典或专门法律法规,而是通过一般国内法律法规来调整外商投资关系及其活动。

印度外资法采用的是第三种立法体制和形式,即印度既未制定比较系统的统一的外商投资法典,也未制定关于外商投资的专门法律或特别法规,只是通过一般国内法律法规来调整外国投资关系及其活动。

一、印度外资法的立法沿革

(一)两条脉络

从横向看,印度外资制度大体上分为两条脉络:与外商投资有关的法律、针对外商投资的政策。

除了《1999年外汇管理法》,印度没有其他专门针对外资的立法,而是以国内一般立法统一调整内资企业和外资企业的商事活动,即在形式上,印度对外资企业采取与内资企业同等的待遇。发展中国家为了吸引外国投资,大多采用"内外分立"的立法方式,针对外资进行专门立法,或为方便外资了解投资规则,或为给予外资特别优惠。而发达国家为体现平等原则,多采用"内外统一"的立法方式。显然,印度更倾向于发达国家的"内外统一"的外资立法方式,这主要与英国对印度的殖民统治有关,印度的立法方式在很大程度上继承了英国的立法理念。

印度虽然在法律上没有形成专门针对外商投资的法律体系,却通过另一种方式实现了对外资的实质管控,即政策。自独立以来,印度政府出台了一系列政策,对国家经济发展方向进行指导和规划,其中就包含了许多关于外商投资的内容。这些政策基本反映了当时印度政府对于外商投资的最直接和最确切的态度,往往比法律更具有实用价值和参考价值。当然,这些政策是在法律的框架下制定的,利用政策的现实性与灵活性弥补法律的滞后或僵硬缺陷,是发展中国家发展经济过程中常用的手段,中国政府也为吸引外资出台过许多优惠政策。印度政府发布的外资政策体系大致包括三个层次:工业政策决议、工业政策陈述、新闻通报。"工业政策决议"和"工业政策陈述"是印度国家经济发展规划的总蓝图,外资政策只是其中一部分内容,"工业政策决议"确定大的方向和原则,"工业政策陈述"是根据政府"五年计划"制定的更为具体的政策。在"工业政策陈述"基础上,政府每年还会以"新闻通报"的形式发布专门针对外资的更为具体的政策。①

(二)四个阶段

从纵向看,自1947年独立以来,出于对外资的防备与谨慎,印度政府对待外资的态度十分复杂,一会儿限制管控、一会儿又招徕吸引,导致印度的外资制度变化不定、矛盾不一。总体而言,印度外资法立法的历史大致经历了初步限制、全面限制、初步开放以及全面开放四个阶段。②

1. 初步限制:独立后至20世纪60年代前半期

独立后,印度国内对外资和资本主义充满排斥和厌恶情绪,且为了摆脱外资对经济的控制、实现经济独立,印度开始对外资采取限制,这种限制集中体现在《1948年工业政策决议》《1956年工业政策决议》这两项工业政策中。上述两项决议对公营和私营的经营范围进行了划分,规定国家核心行业如铁路运输、军火等行业只能由政府专营,还大范围限制了私营企业的经营范围,表面上是对私营经济的限制,但由于两项决议并未对同属于私营企业的内资企业和外资企业进行区分,故实际上也是对外商投资的限制。

值得补充的是,印度政府因外汇短缺的压力,曾于1949年、1960年前后放宽对外资的限制,如1949年尼赫鲁在选民大会上发布的《外资政策陈述》,以及1961年印度政府发表的《外资在印度经济发展中的作用》的政策声明,都表达了对外资的开放和欢迎态度。

总的来说,独立后至20世纪60年代前半期这一时期,印度对于外资的限制集中体现在经营范围这一方面,因而只是部分的、初步的限制。

2. 全面限制:20世纪60年代后半期至20世纪70年代

20世纪60年代后半期,大量外资盈利以外汇形式汇出,迅速消耗印度的外汇储备,印度担忧外汇危机爆发,开始加强对外汇的管控。1973年,印度政府颁布《1973年外汇管理法》,该法的主要内容是对外汇进行管理,首要目标是控制外汇的流出,但该法也涉及少许关于外商投资的内容,内容虽少,对于外资的影响却很重大,因为该法对外资进行了严厉的限制,主要表现在:对行业准入的限制、对技术合作条件的限制以及对外资持股比例的限制。

1969年,印度制定了《垄断和限制贸易行为法》,将大工业集团的资产标准由3.5亿卢比以上降为2亿卢比以上,即资产达到2亿卢比以上的工业集团将

① 参见王宏军:《印度外资法律制度研究》,云南大学出版社2010年版,第12页。

② 参见王宏军:《印度外资制度的历史与展望》,载《南亚研究》2011年第2期。

被定性为垄断性企业,而印度的垄断性企业能够投资的领域相对狭窄。

总的来看,20 世纪 60 年代后半期到 20 世纪 70 年代这一时期,印度通过限制行业准入、限制审批制度、限制持股比例、出台反垄断措施等各种方式,对外商投资进行全面限制。

3. 初步开放:20 世纪 80 年代

到了 20 世纪 80 年代,印度国营企业在取得巨大成就的同时,也逐渐暴露出许多弊端,如人员过多、管理混乱、效率低下、缺乏创新等问题,于是印度政府出台了《1980 年工业政策陈述》等一系列政策,强调市场竞争。这些政策也释放了对外资开放的信号,主要体现在:允许外资进入核心领域,如电力、石油等行业;降低外资企业所得税;放宽工业许可证限制。

印度政府的这一系列政策措施,是对全面限制外资局面的破冰之举,意识到外资的重要性,印度开始初步打开开放局面。

4. 全面开放:20 世纪 90 年代至今

1991 年印度爆发了严重的外汇危机,为了获得世界银行等国际金融组织的贷款,印度不得不进一步增大对外资的开放程度。同时,苏联解体和东欧剧变动摇了印度对计划经济模式的信心,亚洲"四小龙"的兴起和中国改革开放的巨大成就也给了印度启迪,印度开始谋求改革。

1991 年印度的经济改革措施主要体现在《1991 年工业政策陈述》中。该政策的主要内容有:废除工业许可证、对外资和外国技术开放、对国营企业改革、修正《垄断和限制贸易行为法》等。政策涉及外资的内容主要有:拓宽投资领域、放宽持股比例、简化审批手续等。①

1991 年经济改革至今,印度外资制度基本上呈现逐步开放的趋势,尤其是莫迪政府上台以后,更是加强了开放程度,也在加速外资开放法律、政策的制定。

二、印度外资法的基本框架

印度属于英美法系国家,其外资法既包含制定法,也包含大量习惯法和判例法,由于习惯法和判例法内容较为庞大复杂,本文只从制定法角度对印度外资法的基本框架进行剖析。要厘清印度外资法的基本框架,就要理清印度外资法的体系。法的体系有形式体系和实质体系之分,所以外资法的体系可以从形

① 参见王宏军:《印度外资法律制度研究》,云南大学出版社 2010 年版,第 35 页。

式和实质两方面梳理。外资法的形式体系包括国内立法、国内政策、参加的国际公约和签订的国际条约等,对于外资法的形式体系,没有较大争议。

然而,学界对于外资法的实质体系的内在逻辑结构众说纷纭,主要有三种观点:第一种认为外资法的实质体系包括外资准入、外资经营、外资促进、外资保护和外资监管、投资争议解决等;第二种认为外资法的实质体系包括外资准入、外资经营、外资退出;第三种认为外资法的实质体系包括外资促进、外资保护和外资监管。本书对第一种观点持保留意见,形式逻辑学要求我们对概念的划分要有统一的逻辑标准,[①]而第一种观点对外资法实质体系的划分有多种逻辑标准,且子项有重复(外资经营和外资的促进、保护、监管在内容上有重复),使体系内部逻辑混乱。第二种观点是按照外资的投资过程或者说时间顺序划分,第三种观点是从政府管理外资的角度划分,两种观点对外资法实质体系划分的逻辑标准都是统一的,使得体系结构清晰明了。本书认为,外资法针对的主要对象是外国投资者,外资法的研究应从外国投资者的角度出发,从准入到经营到退出的逻辑思路更容易为外国投资者们所理解和接受。所以,下文本书将以第二种观点的逻辑思路对印度外资法的实质体系进行研究。

(一)印度外资法的形式体系

印度外资法的形式体系中国内法部分包括两部分内容:外资法律、外资政策。外资法律作为外资法体系的主干,自不待言。外资政策是印度外资法体系的重要组成部分。印度作为发展中国家,立法技术有限,外资法体系不完善、许多法律具有滞后性和僵硬性,无法适应当今经济社会发展,政策则灵活多变,因此印度政府制定了大量的外资政策指导外国投资,外资政策实质上同样扮演着外国投资规范的角色,所以外资政策属于广义上的外资法。

除了《1999年外汇管理法》(《1973年外汇管理法》已被废止),印度没有其他专门针对外资的立法,关于外国投资的规定散见于国内一般法律法规中。下文将对印度国内包含外国投资内容的几部重点法律进行研究。

(1)《1999年外汇管理法》

《1999年外汇管理法》的前身是《1973年外汇管理法》,为了适应新的发展需要,国会制定了《1999年外汇管理法》,于1999年12月颁布,同时废除了《1973年外汇管理法》。该法于2000年6月1日生效,适用于整个印度,也适用于被印度居民拥有或控制的所有印度境外分支机构、办事处和代理处。

---

① 参见王宏军:《印度外资法律制度研究》,云南大学出版社2010年版,第2页。

为了对《1999 年外汇管理法》做进一步的详细规定，印度政府还于 2000 年出台了《2000 年外汇管理（外国人的证券的转让和发放）规定》。

（2）《1956 年公司法》和《2013 年公司法》

印度独立之初，仿照英国公司法内容制定了本国的《1956 年公司法》，并一直沿用至《2013 年公司法》生效之前。该法包括正文和附录两部分，其中，正文共有 13 章，附录共有 16 个附件，正文和附录合计有 674 节。

2013 年，为了促进企业发展，印度制定并颁布了《2013 年公司法》，并废除了《1956 年公司法》。《2013 年公司法》包括正文和附录两部分，其中，正文共有 29 章，附录共有 7 个附件。

印度还分别于 2015 年、2017 年颁布了两个关于公司法的修正案，即《公司法（修正案）2015》和《公司法（修正案）2017》。

（3）《2005 年经济特区法》

21 世纪初，印度许多经济学家倡导向中国学习，建设经济特区，提供优惠政策以吸引外商投资，在此背景下，印度政府建设了几个经济特区试点，但由于缺乏明文规定，致使许多问题无法解决，《2005 年经济特区法》应运而生。《2005 年经济特区法》实际上是将经济特区政策法制化和细致化，用以专门规定经济特区内的事项。

《2005 年经济特区法》包括正文和附录两大部分，其中，正文共有 8 章，附录共有 1 个附件。

（4）印度劳动法规

受英美法律文化影响，印度相当关注对于劳工的立法保护，因而印度政府制定了大量的劳动法规，重点的法律包括《1923 年工人赔偿法》《1936 年工资支付法》《1942 年印度周休假法》《1946 年雇佣法》《1948 年最低工资法》《1952 年劳工退休基金及杂项规定法》等，涉及印度劳工入职、工资、休假、保险、离职等各个方面，相当完善和细致。除了上述中央政府制定的全国性法律文件外，各邦政府还会根据本邦的情况和需要制定自己的劳动法律法规，这使印度劳动法律法规变得相当复杂。

（5）印度知识产权法规

《1957 年版权法》《2005 年专利法》《1999 年商标法》构成印度知识产权法规的基本框架，当然，除了上述三大法律，印度还有如《设计法》等其他涉及知识产权的法律。中国投资者在印度投资的领域多为医药、电信、电力、建设工程等科学技术行业，这些行业涉及大量技术、专利和商标的权属问题，所以相比版权法而言，专利法和商标法更值得中国投资者关注。

(6)印度环境保护法规

《1986年环境保护法》是印度环境保护法规的基石，一共包括26条，除了适用的领土范围、生效方式和时间、执法人员的法定身份等技术事项外，其基本内容包括6类：①适用范围；②联邦政府的权力和义务；③附属行政立法；④个人和企业的义务及其法律责任；⑤执法体制安排；⑥司法执行。

除了《1986年环境保护法》外，印度环境保护法律法规还包括《水法》《大气法》《1980年森林保护法》等。

(7)印度反不正当竞争法规

印度用来规制不正当竞争行为的主要法规是《2002年竞争法》。在《2002年竞争法》之前，印度有一部法律叫《1969年反垄断和反限制竞争法案》，它的宗旨在于企业防止垄断状态的出现。随着经济的发展、垄断现象的普遍化，印度政府不再绝对禁止垄断状态的出现，而是只限制对竞争有不良影响的垄断行为，不禁止良性的垄断行为。《2002年竞争法》就是在此种背景下产生的，较《1969年反垄断和反限制竞争法案》而言，其不仅关注垄断行为，而且将目标扩大为排除恶性竞争行为、维护市场竞争自由。

除了《2002年竞争法》，《1986年消费者保护法》也承担规制不正当竞争行为的功能(《1986年消费者保护法》于2002年被修订过)。

(8)《1996年仲裁及调解法》

《1996年仲裁及调解法》是在印度的投资者们赖以解决投资争议的主要法律之一，其由前言、4个部分以及3个附件组成。4个部分包括：仲裁、外国仲裁裁决的执行、调解、补充规定。

第一，印度的外资政策不是单独制定的，而是作为工业政策的组成部分出现的。印度政府每隔几年，会根据国家的发展需要制定工业政策，作为国家经济发展的指导方针。工业政策包括两种形式：工业政策决议和工业政策陈述。"工业政策决议"确定工业政策大的方向和原则，而"工业政策陈述"确定工业政策具体的规则和细节，根据政府"五年计划"的制定，每5年制定一次。

第二，在"工业政策陈述"的基础上，印度政府每年还会以"新闻通报"的形式发布专门针对外资的具体政策，这些以"新闻通报"形式存在的具体政策才是真正具有可操作性的规则，是外国投资者应该熟读的重点。

总体而言，印度的外资政策大致有三个层次：工业政策决议、工业政策陈述、具体外资政策(新闻通报)。从内容上看,它们是从大到小,从基本原则到具体规则的关系。①

因为外资政策内容过于复杂分散,所以印度的工业政策与促进局每年会编制《外商直接投资政策统一汇编》,对外资政策内容进行总结汇编,形成表格形式的指南,以便外国投资者查询。

(二)印度外资法的实质体系

下文将站在外国投资者的角度,按照外资准入、外资经营、外资退出的逻辑结构,对印度外资法的实质体系进行研究,具体来说,就是对印度外资法里具体的制度内容进行剖析。

1. 外资准入法律制度

俗话说,良好的开端是成功的一半。印度的外资准入制度是整个外资法律制度的核心,也是外国投资者能否成功投资印度的关键一环。印度外资准入制度的内容大多规定在印度《2013 年公司法》和外资政策里。

印度的外资准入制度由准入审批、企业登记、常规审批三部分内容组成。其中,准入审批是指企业登记前,印度政府对外商投资行业和持资比例的审批;而常规审批是指企业完成登记后,就投资项目所涉及的土地使用、建设规划、环境保护等常规内容向当地政府提出申请,当地政府须对申请作出的审批。按顺序来讲,一个外资项目在准入阶段需要先经过准入审批,再进行企业登记,之后进行项目的常规审批。②

(1)准入审批的规定

①行业准入的规定

外商投资的准入审批审的是什么？说到底,审的就是外商投资的行业和持资比例是否符合印度的法律和政策规定。

为对外商投资的领域进行管控,根据开放程度的不同,印度将国内行业划分为四类:禁止外商投资的行业、限制外商投资的行业、不限外商投资的行业和鼓励外商投资的行业,其中禁止和限制外商投资的行业名单即所谓的“负面清单”。

禁止外商投资的行业,顾名思义,是指政府不允许有外资投资的行业。目前,印度禁止外商投资的行业大致有 4 类:核能产业、赌博博彩业、风险基金业、

---

① 参见王宏军:《印度外资准入制度研究——兼论外资法的建构》,法律出版社 2013 年版,第 29 页。

② 参见王宏军:《印度外资法律制度研究》,云南大学出版社 2010 年版,第 31-32 页。

雪茄及烟草业。

限制外商投资的行业,是指政府允许外商投资但对投资比例有所限制的行业,如:原子矿物、卫星制造、电信服务等行业的外商持股上限为74%,多品牌产品零售行业的外商持股上限是51%,国防、空运服务、资产调整、电视、基础设施建设等行业的外商持股上限是49%,新闻电视频道、新闻事实报纸两个行业的外商持股上限是26%。另外,为了扶持小新企业,印度政府自1997年起规定部分行业项目仅供小型企业经营,该类项目目前仍有100多项,但是非小型企业并非完全不能经营该类项目,在获政府批准并取得工业许可证的情况下,非小型企业亦可经营保留给小型企业的项目,但是须满足一个条件,即该项目的出口比例要在50%以上。

不限外商投资的行业,是指政府允许外商投资且不限制投资比例的行业。除了上述禁止投资和限制投资的行业外,其余的行业原则上都属于不限投资的行业。

鼓励外商投资的行业,是指政府非但不限外商投资且给予优惠措施鼓励投资的行业,包括电力(核电除外)、石油炼化产品销售业、采矿业、金融中介服务业、农产品养殖业、贸易业、批发业、食品加工业等。

②审批渠道的规定

印度对外资准入的审批渠道包括自动批准和政府审批两种。顾名思义,采取自动批准方式,外国企业可以直接进行投资,不需要经过印度政府的审批,而采取政府审批的方式,外国企业需要事先向印度政府申请审批。

值得注意的是,采取自动批准方式并不意味着外国投资者不需要履行任何程序,外国投资者仍然须要向印度储备银行提交申报材料,因为政府至少要知道投资项目是否属于"自动批准"范围。也就是说,对于采取自动批准的投资项目,印度政府不做裁量性的审核,只做形式性的审核。另外,自动批准的适用并非强制性的,外国投资者可以选择放弃自动批准方式,而采取政府审批方式,此种做法出现的原因主要在于,有些投资者担心若采用自动批准的方式,待项目开始施工后,却被印度政府审查宣布不符合准入标准,导致前期的投资付诸东流。

(2)企业登记的规定

①企业形式的规定

作为中国人或中国公司在印度开展投资活动,首先要选择一定的主体形式或资格,投资者应根据想要从事的经贸活动的内容和目的,并参考印度关于各种商事主体的规定,来选择最恰当的主体形式或资格,从而谋求利益最大化或规避风险。从现有实践来看,外国公司在印度投资选择的主体形式主要有联络处(代表处/办事处)、项目办公室、分公司、子公司、有限责任合伙五大类。

联络处是外国公司在印度设立的代表本公司进行联络活动的机构,代表处或办事处与联络处只是名称不同,承担的职责和功能是相同的。中国公司开拓印度市场前的市场调查、宣传从而提升产品知名度、与印度客户或供应商交流沟通等活动都需要一个机构或组织来操作,联络处就被赋予了这样的使命,联络处实际上作为一个桥梁,在中印两国的企业之间输送信息。但是,在印度,联络处不被允许进行任何商业活动,也不被允许获得任何收益,所有支出只能由中国母公司通过国际汇款来承担。中国企业在印度设立联络处须由印度储备银行审批,然而印度对中国企业在印度设立联络处管控较严,审批时间较长,获得批准概率较低。

项目办公室是外国企业在印度设立的为特定项目工程服务的机构。如果中国企业与印度企业签订的合同项目在印度建设开展,则中国企业可以通过组建项目办公室的方式对项目进行操控、监理等活动。与联络处一样,项目办公室的所有支出由中国母公司通过国际汇款承担。与联络处相比,项目办公室的成立较为容易,不需要印度储备银行的许可。

分公司是外国企业在印度设立的分支机构,在身份上属于外国主体,原则上不得在印度从事零售业务生产、加工业务,只可以进行有限的商业活动,例如市场营销、售后服务、技术合作、代理母公司等。同联络处一样,在印度设立分公司须向印度储备银行申请审批。

子公司即外国母公司依据印度国内法在印度成立的公司,子公司在身份上属于印度主体,地位与印度本地公司基本等同,可以从事大部分的商业活动,包括生产、加工、零售等,且被按照印度国内企业标准课税。按照印度公司法的划分,子公司的形式可以是私人有限责任公司和股份有限责任公司两类,二者的主要区别在于股东和董事的数量要求:私人有限责任公司要求股东至少 2 人、董事至少 2 人;股份有限责任公司要求股东至少 7 人、董事至少 3 人。外国公司在印度设立子公司,既可以选择独资,也可以选择与本地合作伙伴合资。设立公司须先就投资项目获得批准,待公司成立后还要在印度公司登记处(印度公司事务部的下属机构)登记。

在印度,有限责任合伙是一种新的公司形式,它不仅具备有限责任公司的优点,还具备灵活性的特点,允许成员依据双方合意进行内部管理和业务组织。目前,只有在自动许可情形下、允许 100%外商独资的行业,可以设立外商独资的有限责任合伙企业。

②登记流程的规定

上述五种企业形式有不同的登记流程。项目办公室不需要先经过印度储备银行的批准,可以直接登记。联络处(代表处/办事处)和分公司都需要先经过印度储备银行的批准,才能进行企业登记。子公司和有限责任合伙虽然不需要经过印度储备银行的批准,但要先获得投资项目的批准,才能进行企业登记。五种形式的企业登记,都是在获得批准后30天内,向当地的公司登记处(印度公司事务部的下属机构)申请登记。

(3)常规审批的规定

准入阶段,在完成企业登记后,企业面临的最大难关就是项目的常规审批了。一个项目的建设涉及土地、规划、环保、电力等各个方面,这些方面又都是本地政府极为重视和谨慎的地方,所以审批的手续非常烦琐、要求也相当严格。只有在完成所有的常规审批后,企业才可以真正开始投资项目的运作。

2. 外资经营法律制度

(1)印度公司法律制度

印度公司法律制度大多规定在《2013年公司法》里。《2013年公司法》规定了私人有限责任公司和股份有限责任公司的设立、运营、公司担保及股份限制等内容。私人有限责任公司的主要特点有:①股东人数在2人以上,50人以下;②最低实收资本不低于10万卢比;③股份不可以自由转让;④公司不能向社会公众公开募集资金;⑤公司名称中必须要有"私人有限"的字样。股份有限责任公司的主要特点有:①股东不少于7人,但没有最高人数的限制;②最低实收资本不少于50万卢比;③股份可以自由转让,没有任何限制;④公司可以向社会公众公开募集资金;⑤公司名称中必须要有"股份有限"或者"有限"字样。

私营有限责任公司股东人数在50人以上,股份有限责任公司控制的资本额超过公司资本总额25%,或者公司年经营额在1000万卢比以上的,为股份有限责任公司。但是,私人有限责任公司在下列情况下不被视为股份有限责任公司:①实收资本全部由一个或多个外国合作组织持有;②实收资本全部由一个私人(印度)有限责任公司或其他单一股东持有;③在此情况下合作组织或合作组织集团持有私人有限公司。

在经营过程中,公司必须保存经营财务信息,包括公司的全部收支,以及与公司收支、资产负债有关的凭证和会计记录。

(2)印度经济特区法律制度

目前,印度共有173个经济特区在运行。然而,印度目前的经济特区与中国的经济特区本质上是不同的。它们比中国的小,不需要全面发展和社会发展功能。一些单项投资项目也可用于经济特区。2013—2014年,印度经济特区出口增长了4%,达到823亿美元,创造了100多万个就业机会。

印度经济特区的法律制度主要由《2005年经济特区法》规定。

2013年4月,印度政府将综合工业特区的最小土地面积从1000公顷减至500公顷,将单一工业特区从100公顷减至50公顷,并取消了最低土地面积限制。8月,经济特区政策再次调整,以刺激投资和扩大出口。主要包括以下内容:一是电子五金和农产品加工特区的土地开发最小面积为10公顷;二是电子五金加工特区可获得10%的资本补贴,投资者可同时投资园区内的软硬件项目;三是免征进口关税和所得税。前5年适用于经公告正式投资的特区,综合服务业特区土地面积要求与单一特区相同,即50公顷。

(3)印度劳工法律制度

印度涉及劳工的法律法规较多也较复杂,下文将列举其中重点的几部法律法规及其主要内容:

①《1948年最低工资法》附表规定有部分产业劳工的最低工资标准,其修订由中央政府及邦政府负责。另外,中央政府负责制定无技术劳工的最低工资。

②《1942年印度周休假法》规定,中央及邦政府每周休2日,一般公司每周休1日,员工在工作满240日后,每20日可有1日带薪年休假。法定假日与休假均带薪。

③《1923年工人赔偿法》规定,劳工因工作造成伤害或死亡的补偿事宜,但不包括公司办公室职员。

④《1965年红利法》规定,最低红利为劳工薪资的8.33%(一个月所得),最高为20%,公司设立前5年发生亏损时可不发红利;未遵守规定者最高可处6个月有期徒刑并罚1000卢比。

⑤《1972年离职金法》规定,雇用劳工10人以上的企业,其各级劳工包括职员工作满5年以上因死亡、退休或离职时,每1年可获相当于最后期间半月的薪资,最高限额为35万卢比。该法亦明文规定雇主在符合特定条件时可拒付离职金。

(4)印度知识产权法律制度

①设计保护

印度《2000年设计法》规定,新创或证明原创工业设计可以获得注册保护,其他使用者在使用经注册的工业设计前必须获得原注册人的许可。如果一项设计已注册为受保护的工业设计,则该项设计不能同时享受《著作权法》的保护。

②专利权保护

印度《2005年专利法》规定,专利保护期为20年,自提交专利申请之日起算。

③商标权保护

印度《1999年商标法》规定可以使用非注册商标,但在依法注册前,不享有专有使用权。注册商标的保护期为10年,期满可以延长。

印度自1992年1月30日起废除了保护国际知名商标的禁令。在印度,商标权是以使用为基础的,即商标的在先使用者享有商标的专有权。可注册商标的类型包括商品商标、系列商标、联合商标、证明商标和防御性商标。目前,服务商标无法注册。印度是一个使用自己商品分类的国家,商品分类与国际分类相似。每一个商标注册申请只能包括一个类别,如纺织品(包括22类至27类)分为15组,共94项,这94份商品申请需要单独提交。

(5)印度竞争法律制度

印度竞争法律制度的核心在于反垄断制度,印度是一个对外国企业警惕心很强的国家,从政府到民间,对于外国企业的垄断行为都很敏感,尤其是对中国企业。《2002年竞争法》不仅禁止企业滥用市场支配地位的行为,还禁止企业集团滥用市场地位的行为,这个要求相对来说比较严格,对于中国的大型企业集团来说,很容易踩到红线。

(6)印度环境保护法律制度

同联邦政府的职权对应,任何从事可能污染环境、破坏生态的个人和企业都有义务遵守《1986年环境保护法》和联邦政府据其制定的各种实施细则,并遵守联邦政府及其授权机构的各种命令、指令。

①个人违法的处理

对于不遵守或违反该法规定或依据该法制定的细则或发布的命令、指示的任何人,均应被处以最长不超过5年的监禁或最高不超过10万卢比的罚金或两种并处。如果行为人继续上述行为,则从该被首次确定有罪后仍旧继续之日起，每 1 天处以不超过 5 卢比的额外罚金。

如果第 1 款提及的违法等行为从被确定有罪之日起仍旧继续并超过 1 年时限，则该违反者应被处以最长不超过 7 年的监禁。

②公司违法的处理

当公司违反该法规定时，任何在违法行为发生时直接掌控和负责公司业务运作的人员与该公司一并被视为违法，并相应地承担被起诉及被惩罚的法律责任。

但是如果该当事人能证明违法行为是在其不知情的情况下或其已经为避免违法行为的发生而恪尽了一切应尽的职责，那么该当事人不受该款要求其承担的该法规定的惩罚。

即使第 1 款另有规定，如果能证明公司违反该法规定的行为是在公司董事、经理、秘书或公司其他职员的同意或纵容下进行，或归因于以上人员某一方面的疏忽时，那么该董事、经理、秘书或其他公司职员均被视为违法，并相应地承担起被起诉及被惩罚的法律责任。

同时，《1986 年环境保护法》还规定了比以往环境立法更加严厉的法律责任。

(7) 印度争端解决法律制度

在印度，同其他国家一样，解决争议的主要途径包括司法和非司法两条道路。

①司法方法

司法方法，是指通过法院诉讼来解决争端的方法。印度的诉讼制度为三级制，即法院等级包括地方法院、邦级法院和最高法院三级。除去一些超出管辖权限的案件，大部分案件的一审法院都是地方法院，违反基本权利和可能判处较高额罚金的案件会交由邦级法院或最高法院审理。除了各级法院，印度还专门设置了一些处理特定类型争端的特别法庭，如税务法庭、机动车事故赔偿法庭、消费者赔偿法庭等，[①]类似于我国的海事法院、铁路运输法院和知识产权法院。

②非司法方法

非司法方法，是指通过法院诉讼以外的方式解决争端的方法，这些方法主

① 参见刘逸星等：《漫谈投资印度》(第 3 版)，四季出版社 2017 年版，第 151 页。

要包括协商、调解及仲裁等,其中以仲裁为主要方式。印度是《承认及执行外国仲裁裁决公约》(又称《纽约公约》)的成员国,《纽约公约》是在承认与执行外国仲裁裁决方面最重要的国际公约,但印度不是 ICSID 的成员。

近年来,为了提高国内司法系统的效率,加上美国等发达国家所施加的压力,印度政府也开始倾向于通过仲裁等非司法方法来解决纠纷。为此,印度于 1996 年制定了《1996 年仲裁及调解法》,取代了之前的《1940 年仲裁法》。与旧法相比,新法有了很大的进步。新法大量参照了联合国国际贸易法委员会的示范法,还通过具体的条文将印度加入的国际仲裁公约都纳入国内法之中。另外,旧法赋予国内法院很大的干预仲裁的权力,而新法在一定程度上限制了这些权力。

3. 外资退出法律制度

外资的退出包括主动退出和被动退出两种情况。主动退出,是指外国投资者根据自身的发展规划需要,基于改变投资方向、区域或回笼资金等各方面的因素,主动关闭在印度所投资的企业,退出印度市场的行为。被动退出,是指外国投资者基于破产、被吊销营业执照等原因,被动关闭在印度所投资的企业,不得不退出印度市场的行为。

印度的法律,并没有对“破产”进行立法上的界定。不过,《2013 年公司法》规定,公司“不能偿付其债务”,可以成为公司终止的一个理由。“不能偿付其债务”是指一个公司因重大损失而导致公司丧失其全部资本且公司连续 1 年没有进行任何营业,也没有任何会计账务记录,在这种情况下,公司登记处可以将其认定为“不能偿付其债务”。在印度,破产主要分两大类:一是自然人、自然人独资公司、合伙企业的破产;二是公司的破产。自然人、自然人独资公司、合伙企业的破产和清算由《1920 年临时破产法》和《1909 年总督直辖城镇破产法》调整,而公司的破产和清算由《2013 年公司法》和《1985 年不良工业公司(特别规定)法》调整。仅就公司的破产和清算而言,也存在两套法律程序:对于公司的重整,适用《1985 年不良工业公司(特别规定)法》,但如其名称所示,该法只适用于工业公司;对于公司的清算,则适用《2013 年公司法》。

同中国类似,外国投资者在印度被吊销营业执照,多是因为触犯了当地关于企业营业的强制性规定,或是造成了重大事故或是对当地利益造成了严重损害。

三、印度参加的国际公约以及签订的国际条约

（一）参加的国际公约（见表 7-1）

表 7-1 印度参加的与投资有关的重要国际公约列举

序号	公约名称
1	《多边投资担保机构公约》（《汉城公约》）
2	《承认及执行外国仲裁裁决公约》（《纽约公约》）
3	《与贸易有关的投资措施协定》（TRIMS）
4	《服务贸易总协定》（GATS）

目前国际上与投资直接相关的国际公约主要有《多边投资担保机构公约》和《解决国家与他国国民间投资争端公约》。另外，因为国际投资争端多以仲裁的方式解决，所以《承认及执行外国仲裁裁决公约》在很大程度上也与国际投资争端的解决有很大的关系。印度是《多边投资担保机构公约》和《承认及执行外国仲裁裁决公约》的成员国，但不是《解决国家与他国国民间投资争端公约》的成员国。

另外，WTO 的协定中也有两个协定涉及投资，即《与贸易有关的投资措施协定》和《服务贸易总协定》。印度是上述两个协定的成员国。

（二）签订的双边、多边条约（见表 7-2、表 7-3）

表 7-2 印度签订的与投资有关的重要多边条约列举

序号	多边条约名称	签订国家	条约平台	签订时间
1	《南亚自由贸易协议》	印度、巴基斯坦、孟加拉国、不丹、马尔代夫、尼泊尔、斯里兰卡	南亚自由贸易区	2004 年
2	《BIMST EC 自由贸易区框架协定》	印度、泰国、孟加拉国、斯里兰卡、缅甸、不丹、尼泊尔	孟加拉湾合作组织	2004 年

表 7-3 印度签订的与投资有关的重要双边条约列举

序号	多边条约名称	签订国家	签订时间
1	《全面经济合作协议》	印度、新加坡	2005 年

续表

序号	多边条约名称	签订国家	签订时间
2	《印度—东盟自由贸易协定》	印度、东盟	2009 年
3	《中华人民共和国政府和印度共和国政府关于促进和保护投资的协定》	印度、中国	2006 年
4	《中华人民共和国政府和印度共和国政府关于对所得避免双重征税和防止偷漏税的协定》	印度、中国	1994 年

第三节 中国投资印度可能面临的法律风险

一、外资准入的法律风险

(一)一般风险(制度风险)

这里的一般风险是指在印度投资的外国投资者都会面临的风险,而不是只有中国或包括中国在内的个别国家的投资者才会面临的风险。一般风险一般是因印度外资准入制度的固有缺陷所导致。

印度的外资准入制度存在审批程序不透明、常规审批程序复杂烦琐等问题。

首先,审批程序不透明。印度对外资进入的审批渠道包括自动批准和政府审批两种。对于自动批准,虽然印度政府为了加大开放程度,一直着力于增加自动批准渠道的适用率,但印度政府却不断以国家安全为由拒绝包括我国在内的一些国家的自动批准申请,给我国投资者进入印度市场增加了很大的不确定性。对于政府审批,印度政府对于政府审批的标准只作了一些原则性规定,缺少具体明确的参考细则,这使审批机关掌握了极大的自由裁量权,导致审批结果差异较大。同样的项目可能会被不同的理由拒绝,审批流程和依据也不会向申请人和公众公开,这种缺乏透明度的审批制度使投资人无规律可循,准入前的准备缺乏方向且风险较大。根据印度法律法规和政策的规定,在印度需要向政府申请批准才能进入的情况大致包括以下四种:(1)申请进入需要工业许可证的行业;(2)在印度已有投资项目的外国投资者申请其他项目;(3)通过兼并或收购方式进行投资;(4)外资持股比例超过自动批准适用限制。以上四种情况囊括的外国投资者范围较广、数量较大,因此外国投资者很难绕过政府审批这一关卡。

其次,常规审批程序太过复杂烦琐。完成准入审批和企业登记后,企业还需就土地使用、建设规划、电力使用、环境保护等方面向当地各级政府和部门申请审批和事项办理。项目的常规审批往往才是外国投资者最为困扰的环节,复杂繁琐的审批手续会耗费投资者大量人力、物力和时间成本。印度工业联合会的研究表明,一个典型的电力项目需要获得 43 个来自中央政府的审批以及 57 个来自邦政府的审批。另外,政府的腐败和低效也给项目审批增加了大量成本和阻碍。

(二)特别风险(政治风险)

这里的特别风险是指只有中国或包括中国在内的几个国家的投资者才会面临的风险,而不是所有外国投资者都要面临的风险。特别风险多是由政治因素所引起的。

印度是一个民族主义盛行且对外国投资相当敏感的国家,在面对来自中国、巴基斯坦、孟加拉国等国家的投资者的准入申请时,除了考虑一般因素,印度政府通常会从维护国家安全角度出发,对这几个国家的投资者的准入申请进行更为严格和谨慎的审查。尤其是对中国,中国是印度针对的五大政治风险国之一,印度无论是政府还是民间都对中国政府和中国投资者怀有不信任和防范意识,这种意识在制度制定和审批态度上都有显示。

印度的外资制度有许多对中国投资者的歧视和不公正待遇。例如,印度《2000 年外汇管理规则》第 7 条规定,中国公民不得在印度购买或者转让不动产,只能租赁不动产且租期不能超过 5 年。这就意味着每当 5 年租期到期,中国投资者必须重新签订租赁合同,但出租者是否同意续租却不能得到保证,这给中国投资带来了极大风险,因为很多制造行业前期需要投入大量资金和时间进行基础设施建设,5 年是一个很短的周期,很有可能 5 年租期已到,企业才刚投入生产,若不能签订续租合同,那前期的设施建设就会付诸东流,造成投资者的巨额损失。

在审批来自中国投资者的进入、兼并或收购申请时,印度政府十分敏感和防范,经常以维护国家安全为由给中国企业的准入设置障碍,使中国投资者在印的兼并和收购困难重重。且基于上文所讲的缺乏具体标准和透明度的原因,中国投资者对于印度政府的否决决定通常不知内情又无可奈何。

二、外资经营中的法律风险

（一）劳工保护标准过于严格

印度的劳动法几乎是世界上最复杂和最严格的。印度中央和州政府颁布了大量劳动法。例如，2006 年印度有 47 部联邦法律和 157 部涉及劳动力市场的州级法律，涵盖了劳动争议解决、工作条件、工伤赔偿、保险、童工、同工同酬等劳动问题的方方面面。此外，印度是国际劳工组织（ILO）的成员国，执行了国际劳工组织关于保护工人权利的 37 项公约。

以工资为例，有《1948 年最低工资法》《1936 年工资支付法》、雇员风险基金和其他保障法等法律，为工人提供了强有力的保护。这些法律允许中央和国家政府确定任何类型企业的工资水平，禁止企业未经政府批准削减或扣减工资，并规定企业必须保证长期保障职工退休工资和福利。

特别值得注意的是，1947 年的《劳资纠纷法》要求员工超过 100 人的公司在解雇员工之前必须获得政府批准。在实践中，考虑到工会的力量和政治选举的需要，中央政府通常不批准此类解雇。此外，一旦合同工的雇佣期限超过 3 个月，公司就需要提供永久性的雇佣福利。

印度严格的劳动法对外国投资者构成了巨大的压力，使许多外国投资者望而却步。2009 年，由于劳动力问题，日本本田考虑将工厂迁往印度。由于印度工人经常以闲置工作和罢工的形式要求提高工资，工厂骚乱经常发生，导致生产线几乎关闭，制造商甚至被迫放弃新订单。然而，这并不是本田第一次遇到劳工问题。事实上，除了本田之外，印度的其他外国公司也经常面临困难的劳动力问题。

（二）知识产权保护不足

1. 专利权保护不足

为了发展经济，印度会强制一些专利准许他人使用，这对中国投资者来说是一个很大的风险，因为中国投资者在印度的投资多为电信、生物制药等行业，这些行业对专利的依赖程度很高。

2. 商标权保护不足

尽管印度在商标立法方面不断努力，但发达国家普遍认为，印度在商标的实际保护方面仍存在许多问题。

根据国际商会关于知名企业管理的调查，根据印度假冒和盗版产品的数量，印度的知识产权保护排名倒数第三。

在制药行业，美国药物研究与制造商协会的报告指出，尽管印度有一套针对假冒行为的民事救济制度，但印度法院申请救济的过程严重受到过度诉讼案件和严重拖延的阻碍。虽然刑事救济似乎相对迅速和威慑，但司法资源不足，定罪率过低，也妨碍其功能。

也许是由于商标保护不足，印度每年出口大量假冒产品。

（三）环境保护责任巨大

印度《环境保护法》规定，如果子公司的投资行为造成环境污染，子公司应承担环境责任，母公司应承担直接责任，法院可能会要求子公司和母公司共同承担环境责任。母公司和子公司共同承担环境责任的，母公司承担连带环境责任。

跨国公司的母公司和子公司虽然具有独立的法人资格，子公司可以独立承担法律责任，但除母公司承担连带责任外，还可能面临征收或国有化的风险。中印双边协定中有征税和国有化条款。虽然对环境污染没有直接的规定，但提到了"公共利益"的概念。

同时，要求本国采取合理措施，确保本国投资者在印度的侵权行为能够通过本国司法机制得到处理，并减少可能导致被侵权人损失赔偿的法律和其他障碍。也就是说，如果投资者在其母国的决定或行动导致印度发生工业事故并造成侵权，被侵权人有权向其母国法院提起诉讼，母国法院不应适用"不方便管辖"等类似理由。

（四）纠纷解决效率低下

印度的司法问题很多，其中最为主要的是印度的法院系统严重落后，审判效率极为低下。

印度诉讼程序烦琐而漫长，并可能因各种原因而延误，法院案件积压严重。印度确定的国家法律任务是将积压案件平均审理时间从15年减少到3年。很难预测一个诉讼案件从起诉到上诉结束所需要的时间。考虑到在印度诉讼的过程、时间和成本，明智的诉讼策略是尽量避免发起或卷入诉讼。

仲裁等其他纠纷解决机制在印度被公认为避免诉讼的争议解决方式。但是，此前印度仲裁的效率也仅仅是相对于诉讼而言具有一定的优势，在印度，仲裁案件耗时2年到3年属于快速的一类，而一般需要耗时4年到5年，极端案件拖延时间相当长，甚至有把仲裁员拖到退休仍没审结的情形，远没有仲裁在中国和其他地区高效。

三、外资退出中的法律风险

面对印度投资的法律风险，不少中国投资者只将目光聚焦于外资准入和外资经营方面，而忽视了外资退出的法律风险。实际上，了解外资退出的法律风险非常重要。一个企业的发展，无论长久，终究是有寿命的，不可能永远存续下去，中国投资者可能会因为市场变化、总公司规划改变、政治风险等各种原因不得不退出印度市场。

外国投资者退出印度市场的情形包括两种：主动退出和被动退出。

主动退出，是指外国投资者主动关闭项目、注销企业、退出印度市场。即使是主动退出，也并非想象中拍拍屁股走人那样简单容易。注销企业涉及各方面责任义务的承担，比如税收清缴、劳工遣散、债务清偿、环境补偿等，印度政府机构的腐败和低效，以及对于中国投资者的敏感谨慎，会使中国投资者的退出之路相当漫长。根据世界银行的报告，在 183 个被调查的国家中，印度是在企业关闭方面最拖延的国家之一。在印度，关闭一个企业大约需要 7 年的时间，而在日本仅需要 0.6 年。

被动退出，是指外国企业因经营不善、不能偿付债务等原因被强制要求进入破产程序。在印度，不同法律主体的破产适用不同的法律。自然人、自然人独资公司以及合伙企业的破产，适用《1909 年总督直辖城镇破产法》和《1920 年临时破产法》这两部法律。自然人独资公司之外的公司破产适用《1985 年不良工业公司（特别规定）法》和《2013 年公司法》这两部法律，其中，公司的重整由《1985 年不良工业公司（特别规定）法》调整（当然，如该法名称所示，该法只能适用于工业公司），而公司的清算则由《2013 年公司法》调整。被判定重整的公司的重整工作是由印度的工业与金融重整局实施的，在实践中，工业与金融重整局的效率相当低下。首先，重整局会花费 1 年的时间来判定被申请破产公司是否属于不良公司；其次，重整局会花费 1 年时间来制订重整计划；最后，制订的重整计划还需要经过相关金融机构的审核，这些金融机构官僚主义较为盛行，又会拖延不少时间。统计数据表明，一项重整申请从提交申请到出台命令，平均需要 3 年到 5 年时间。真的到了三五年后，破产公司往往早已错过最佳挽救机会，再完美的重整计划也无力回天。

印度政府对于外资企业注销或破产的规定是很严格的，并且外资企业注销或者破产的程序也是非常烦琐及漫长的，很可能让企业在背负上沉重的人力物力、时间金钱、诉讼成本的同时，却收不到任何成效，这一点中国投资者们不得不加以考虑。

第四节　中国投资印度的法律风险防范

一、企业角度

（一）选择合适的投资保险：向国际或国内投资担保机构投保

在向国际投资担保机构或国内保险机构投保外商投资的过程中，投资者对商业风险的关注程度不高，而对非商业风险即政治风险的关注程度更高。

为防范政治风险，我国尚未建立完善的境外投资保险制度，但我国投资者仍有两种选择：向国际投资担保机构投保或向国内投资保险机构投保。

目前，国际投资担保机构是根据1985年10月11日《世界银行多边投资担保机构公约》设立的多边投资担保机构，其主要业务是保证跨国投资的非商业风险，包括再保险，中国和印度都是这个机构的成员。因此，中国企业在印度投资时，可以提前在该机构投保，以尽量减少政治风险造成的损失。但是，多边投资担保机构的保险条件非常严格。如果在印度投资项目的企业不能向多边投资担保机构投保，它们可以考虑向国内投资保险机构投保。目前，中国出口信用保险公司在华从事境外投资保险业务。当然，中国出口信用保险公司在这方面也存在一些不足。总之，在投资印度之前，中国企业应该具备保险意识，并在申请保险时认真了解相关的规章制度。

（二）选择合适的审批渠道：视情况选择自动审批或政府审批

在政府的审批渠道下，印度外商投资促进委员会的审批是逐案进行的。对于每一个案例都没有统一明确的规则，任何未经批准的项目的原因都不会被披露。在自动审批渠道下，投资无须政府审批，只需向印度储备银行申报并填写指定表格，项目即可自动审批。在选择准入渠道时，印度并不强制要求申请自动审批渠道，外国投资者可以自愿放弃自动渠道，选择政府审批渠道。但是，在具体的选择过程中，如果投资者过于谨慎小心，则会导致不良后果。

自动审批是印度的一项引以为豪的设计，受到印度政府、商界和学术界的高度赞扬。在任何情况下，准确把握投资项目的审批渠道，在充分了解印度产业政策的基础上做出合理的选择都是有益的。

（三）选择合适的投资地点：最好选择经济特区

与其他国家一样，印度也为外国投资提供了许多激励措施，其中许多都集中在经济特区，这使印度政府以更简单的方式将激励措施集中在特定地区。吸引企业投资经济特区有三种激励方式，所有这些激励措施同样适用于外国和国内投资者。在经济特区的三种激励方式中，第二种激励方式，即完善审批和管理制度，简化和废除了许多准入规定，对外国投资者具有重要意义。

首先，经济特区取消了部分行业的外资限制；其次，经济特区的所有投资均采用自动审批渠道，授权印度储备银行在两个月内自动审批投资项目；最后，经济特区的企业不需要进口许可证。

这些审批和管理系统的优化无疑对中国企业至关重要，这在很大程度上可以避免印度政府的繁文缛节和不必要的审查。此外，特别行政区内的企业还可享受劳动税和进口税的减免税优惠政策。简言之，中国企业在印度投资时，应选择经济特区作为首选投资地点。

（四）选择合适的企业形式：不同阶段选择不同的企业形式

印度政府允许外资在印度建立企业实体和非企业实体。企业实体包括合资企业和作为印度公司运营的全资公司；非企业实体有联络处（代表处）、分公司和项目办公室，在印度作为外国公司运营。在这些非企业实体中，特别值得一提的是分支机构。印度政府允许从事制造业和贸易的外国公司在印度设立分支机构。分支机构不能直接或间接从事生产加工活动，只能从事母公司的研发、进出口、技术金融合作、技术支持、咨询服务、信息技术和软件开发等活动。但是，在经济特区，外国公司可以在符合特定条件的前提下设立从事制造业的分支机构。

根据中国企业的投资意向，可以选择最有利于自身发展的分公司、独资公司、合资公司等最有利的企业形式。

实际上，企业形式的选择不应保持不变，而应根据不同的投资阶段采用不同的企业形式。在投资印度的初期，中国企业可以选择设立手续简单、操作风险相对较低的代表处和子公司开拓印度市场，而不是盲目设立合资企业或独资公司。了解印度市场后，我们可以采取合资的形式。除了利用对方的营销渠道、财力和社会关系的优势外，合资企业还可以稀释中国企业在印度的对外投资地位，这对印度的独家市场非常重要。

当一个企业在印度站稳脚跟后，应采取防范危险的措施，摆脱单一的合资模式，建立独资公司。中兴通讯目前在印度拥有与当地公司的合资企业和全资企业。

二、政府角度

（一）发布印度最新的外资法律文件

中国企业投资印度的首要障碍就是对印度外资法律制度了解不够，导致这一问题的原因在于：印度没有统一的外商投资法律文件，关于外商投资的法律规范散乱分布，又有网络限制、语言隔阂等因素的叠加，中国投资者全面了解印度法律的门槛较高。因此，政府通过网站实时发布印度最新外资法律文件的中文版本，可以帮助中国投资者快速了解印度外资法律。

（二）建立专门的印度投资咨询机构

俗话说，专业的人做专业的事，关于在印度投资的法律风险的内容，是专业化较强的内容，需要法律、财会、金融等各方面的专业知识的辅助。一个投资者很难兼有所有方面的专业知识，此时就需要专业人士的帮助。但是，目前国内通晓印度投资风险的人才还很稀缺，并且投资者与专业服务提供者之间信息不对称，所以投资者找到专业服务人员的渠道就很狭窄，基本靠熟人介绍，无法筛选到最优最合适的服务团队。因此，由政府牵头建立一个官方的印度投资咨询机构，吸引和汇集政府和民间的专业人员，既方便投资者寻求专业的建议，又有利于帮助提供咨询服务的从业人员和团队宣传业务，一举两得。

（三）开展印度投资研讨会

现代社会是一个信息共享的社会，在巨人的肩膀上看世界才能看得更远，重复前人的错误就是浪费资源，赴印投资的中国投资者们吸取经验、避免风险的最好办法就是：大家在一起互相交流、分享经验与信息。这种分享需要一个平台作为依托，政府可以充当一个中间人，成立一个印度投资研讨会，定期举行会议，邀请在印度投资的中国企业家来分享成功的经验或者失败的教训。这种研讨会还可以充分利用现今的媒体技术，线上线下两轨并行，以求节省时间与物质成本。

（四）多渠道沟通与交流

中印两国于2011年开启了中印战略经济对话双边合作机制，同时两国在上海合作组织、金砖国家领导人会晤机制以及二十国集团和中俄印三国外长会晤机制等多边合作机制中也拥有广阔的合作空间。但中印两国缺乏政治互信，这大大增加了两国合作的不确定性。因此两国政府应该妥善处理分歧，加强双方的沟通与交流。两国政府之间要增加对话频率，并对经济上的重大事项进行磋商。同时中印两国要积极地为两国存在的经贸合作提供更多的政策建议，并将其落实到行动中。民间组织也要加强沟通与合作，通过集会的形式对行业的新动态进行研究和探讨，分享商机。跨国企业可以借助沟通的机会对东道国的市场特征、消费者消费习惯以及法律法规等方面有更深入的了解，这对跨国经营是有帮助的。①

印度市场炙手可热，但是中国企业赴印投资时也应保持理智，提前做好功课，了解印度投资法律制度以及投资环境，预估投资风险，从而提前制定风险防范措施。虽然印度投资的风险不可小觑，但也不必因噎废食，只要制订系统的风险防范计划，从准入到经营到退出，都有详尽切实的风险防范措施，扎实走好每一步，不投机取巧、不抱侥幸心理，中国投资者在印度市场还是大有可为、前景光明的。

① 参见杜玉琼：《"一带一路"倡议下中国企业投资印度的法律风险及防范研究》，载《江海学刊》2018 年第 2 期。

第八章 中国投资巴基斯坦的法律风险与防范

导 言

巴基斯坦位于南亚次大陆西北部，南濒阿拉伯海，东、北、西三面与印度、中国、阿富汗和伊朗接壤，地理区位优势明显，是联系南亚、中亚、西亚（中东）的交通枢纽和贸易、能源走廊。

巴基斯坦总人口约2.4亿，是世界第6人口大国。其中20岁以下人口占总人口的55%，人口结构年轻，劳动力充足，劳动人口规模约6550万人。随着城镇化的不断推进，巴基斯坦1.29亿城市消费者构成了其国内消费主力，市场规模巨大。①

自1951年中巴建交以来，两国一直保持友好往来。巴基斯坦是与中国山水相连的好邻居、好伙伴、好朋友、好兄弟，是我国唯一的“全天候战略合作伙伴”，也是“一带一路”上重要的支点国家，建设中的中巴经济走廊更是“一带一路”倡议的先行先试和标杆项目。②

随着“一带一路”和中巴经济走廊建设的不断推进，中国对巴基斯坦的投资总体呈现逐年增长的趋势，中国已成为巴

---

① 参见商务部对外投资和经济合作司等：《对外投资合作国别（地区）指南·巴基斯坦》（2020年版），第14页。

② 参见商务部对外投资和经济合作司等：《对外投资合作国别（地区）指南·巴基斯坦》（2020年版），第1页。

基斯坦的最大海外投资来源国。巴基斯坦前执政党领导人伊姆兰·汗曾表示,支持“一带一路”合作理念,相信中巴经济走廊合作将为巴基斯坦发展带来新的重要机遇。

第一节　中国投资巴基斯坦的概况

一、巴基斯坦的投资环境

(一)经济环境

经济因素是诱发法律风险的重要因素之一。东道国经济下行、政府债务过重,可能导致东道国债务违约的法律风险。① 因此,了解东道国的经济环境是规避海外投资法律风险的必要环节。

1. 经济增速

据巴基斯坦财政部分析,过去十几年,由于长期结构性问题,巴基斯坦经济遇到了巨大的挑战,能源短缺、治安不靖、投资环境不佳以及持续的财政和经常账户赤字阻碍了经济增长。从 2009 财年到 2013 财年(巴基斯坦的财年为当年 7 月 1 日至翌年 6 月 30 日),巴基斯坦经济增长始终徘徊在 3%以内。2013 年谢里夫政府上台后,在中巴经济走廊及结构性改革的带动下,巴基斯坦经济逐渐趋稳,并呈现持续较快增长态势:2014 财年到 2015 财年 GDP 增速 4%;2015 财年到 2016 财年 GDP 增速 4.7%;2016 财年到 2017 财年 GDP 增速 5.28%;2017 财年到 2018 财年 GDP 增速达到 5.79%,创下 13 年来新高。2018 年 8 月伊姆兰·汗政府上台后,经济通货膨胀上升,三大产业发展不及预期,巴基斯坦经济在经历持续较快增长后急速回落,2018 财年到 2019 财年经济增长率降至 3.3%。② 2019 财年到 2020 财年受新冠疫情影响,巴基斯坦经济陷入衰退,经济增速降至-0.4%。2020 财年到 2021 财年,GDP 增速回升至 3.94%。

2. 基础设施建设

巴基斯坦的基础设施建设相对滞后,是制约其经济发展的主要因素之一。

---

① 参见徐卫东、闫泓汀:《“一带一路”倡议下的海外投资法律风险对策》,载《东北亚论坛》2018 年第 4 期。

② 参见商务部对外投资和经济合作司等:《对外投资合作国别(地区)指南·巴基斯坦》(2020 年版),第 15 页。

根据2018年世界银行物流绩效指数(Logistics Performance Index),在参与排名的全球160个国家和地区中,巴基斯坦基础设施排名第122位,位居南亚国家倒数第2位(排名仅高于不丹)。巴基斯坦发展经济研究所(Pakistan Institute of Development Economics)的研究报告显示,物流瓶颈导致巴基斯坦工业品生产成本增加30%,由基础设施效率不足造成的经济损失可达GDP的4%—6%,这也成为巴基斯坦营商环境的重要限制因素之一。①

自2016年以来,巴基斯坦实施了近300项改革,以改善该国的投资环境。②在世界银行出具的《2020年全球营商环境报告》(Doing Business 2020)中,巴基斯坦被列为全球营商环境进步最大的前20名国家之一;在190个经济体的营商环境排名中,巴基斯坦居第108位。

3. 政府债务

政府债务方面,2015财年到2018财年,巴基斯坦政府债务占GDP比重持续处于60%—70%;2018财年到2019财年末,该比重达到76%。③ 2019年7月3日,国际货币基金组织(IMF)理事会批准向巴基斯坦提供为期3年的60亿美元贷款计划,而接受这些贷款意味着巴基斯坦在未来3年要同意IMF提出的条件,包括解决国有企业的亏损问题、扩大税基、提高电力价格。

2019年6月14日,国际评级机构惠誉对巴基斯坦主权信用评级为B-,展望为稳定。2020年1月16日,惠誉对巴基斯坦的评级维持在B-,展望仍为稳定。④

(二)政治环境

法律风险往往是由政治原因引起的,而法律手段又是应对政治风险的有效方式,政治与法律两大要素在很大程度上是相互联系、相互作用、互为因果的。⑤若东道国执政党的执政理念发生变化,则投资政策可能发生相应的变动;若东

---

① 参见商务部对外投资和经济合作司等:《对外投资合作国别(地区)指南·巴基斯坦》(2020年版),第19页。

② 参见巴基斯坦投资委员会(BOI)的官方网站,https://invest.gov.pk/eodb。

③ 参见商务部对外投资和经济合作司等:《对外投资合作国别(地区)指南·巴基斯坦》(2020年版),第16页。

④ 参见商务部对外投资和经济合作司等:《对外投资合作国别(地区)指南·巴基斯坦》(2020年版),第16页。

⑤ 参见李猛:《"一带一路"中我国企业海外投资风险的法律防范及争端解决》,载《中国流通经济》2018年第8期。

道国与投资母国的政治关系处于紧张局势，则投资者面临的风险也会加大。①

1. 联邦制

巴基斯坦实行联邦制，省政府受联邦政府领导，但也享有较大的自治权。省议会可为本省立法，但其立法必须符合联邦立法规定。受政治、经济、民族等诸多因素影响，联邦与省之间的关系十分复杂。中国企业要实现在巴基斯坦的长远发展，除了要处理好与联邦政府的关系，还要与议会和地方各级政府建立和谐友好关系。②

2. 多党制

巴基斯坦实行多党制。主要政党包括正义运动党、巴基斯坦穆斯林联盟（谢里夫派）、巴基斯坦人民党等。各个党派代表着不同的利益集体，有着各自不同的利益诉求。2018 年 7 月，巴基斯坦举行大选，正义运动党胜出，取代了之前执政的巴基斯坦穆斯林联盟（谢里夫派），成为执政党。正义运动党领导人伊姆兰·汗表示，正义运动党支持"一带一路"合作理念，坚定支持中巴经济走廊建设，相信中巴经济走廊合作将为巴基斯坦发展带来新的重要机遇。正义运动党执政后，将与中方全面对接，推动两国关系持续深入向前发展。③

（三）安全形势

巴基斯坦处于国际反恐前沿，其境内的安全形势是投资企业必须考虑的问题之一。近年来，随着我国在巴基斯坦项目和人员的不断增多，安全风险将更加突出，部分组织针对中国在巴基斯坦项目和公民的迹象开始显现，并相继发生了针对中国公民和在巴基斯坦项目人员的绑架、枪击以及路边炸弹袭击等事件。④

1. 整体安全形势

旁遮普省和信德省的安全形势相对较好，能够较大程度地保证企业员工的人身安全；开伯尔—普什图赫瓦省和俾路支省的安全问题则令人堪忧。克什米

---

① 参见徐卫东、闫泓汀：《"一带一路"倡议下的海外投资法律风险对策》，载《东北亚论坛》2018 年第 4 期。

② 参见商务部对外投资和经济合作司等：《对外投资合作国别（地区）指南·巴基斯坦》（2020 年版），第 63 页。

③ 参见季伟：《巴基斯坦正义运动党主席说坚定支持中巴经济走廊建设》，载新华网 2018 年 7 月 31 日。

④ 参见商务部对外投资和经济合作司等：《对外投资合作国别（地区）指南·巴基斯坦》（2020 年版），第 7-8 页。

尔地区时有武装冲突发生，印巴关系也因此处于紧张局势。此外，由于阿富汗与巴基斯坦接壤，巴基斯坦也会受到阿富汗的恐怖主义活动的影响。

2. 恐怖主义对外国投资的影响

巴基斯坦境内的恐怖主义势力主要有巴基斯坦塔利班和“伊斯兰国”（ISIS）。恐怖主义势力发动的袭击，大多是针对政府、国民乃至外国公民的无差别攻击，会造成大量的人员伤亡和财产损失。巴基斯坦塔利班的核心活动区域在开伯尔—普什图赫瓦省；到目前为止，中巴经济走廊工程项目以及中国工程人员并不是其主要恐袭目标。“伊斯兰国”（ISIS）曾公开发表宣言，声称将中巴经济走廊工程项目和包括中国工程人员在内的所有在巴基斯坦的中国人作为其袭击目标。①

3. 民族分离主义对外国投资的影响

在巴基斯坦影响较大的民族分离主义势力主要是俾路支省和信德省的民族分离主义组织；其目的都是通过反抗巴基斯坦中央政府，寻求获得最大的民族自治。民族分离主义势力领导人公开反对中巴经济走廊建设，并发动针对走廊建设工程项目和中国工程人员的武装袭击。2016 年 11 月 11 日，“俾路支解放阵线”袭击了中巴经济走廊工程项目路线上正在驶往瓜达尔港的一个中国贸易车队，导致一名司机和一名巴基斯坦士兵死亡。2017 年 11 月，“信德革命军”曾针对中国工程技术人员发动过一次炸弹袭击并向外界公开承认。巴基斯坦民族分离主义势力反对外国投资的原因主要有以下三点：首先，巴基斯坦中央政府从地方获取自然资源并囊获资源利用所产生的绝大部分收益，这是对地方资源的掠夺；其次，他们认为，在中巴经济走廊项目中，巴基斯坦和中国政府没有就项目工程与俾路支人商量，使俾路支人遭到了忽略；最后，中巴经济走廊项目的实施给俾路支带来了大量外来人口，俾路支人口结构因此发生变化，本地人变成了少数人群体。②

（四）社会文化

对巴基斯坦文化习俗的遵守，关系着外国投资企业能否获得当地人民的支持，也关系着其能否在巴基斯坦长期发展。

---

① 参见丁建军：《巴基斯坦安全形势对中巴经济走廊建设的影响——以“三股势力”为中心》，载《南亚研究季刊》2020 年第 4 期。

② 参见丁建军：《巴基斯坦安全形势对中巴经济走廊建设的影响——以“三股势力”为中心》，载《南亚研究季刊》2020 年第 4 期。

巴基斯坦的文化体系以伊斯兰文明为主，并融合了印度文明和西方文明。巴基斯坦的国教为伊斯兰教，伊斯兰教徒占全国人口总数的95%。巴基斯坦穆斯林的礼拜习俗特别浓厚，教徒每天要礼拜5次，其中有2次会赶在白天的上班时间，因此，在巴基斯坦的中国企业对于工作时间做礼拜的现象需要理解和尊重。巴基斯坦严禁携带各种酒类、猪肉及猪肉制品等违反伊斯兰教义的物品入境，忌在公共场合饮酒或吃猪肉。

二、中国企业在巴基斯坦的投资概况

（一）中国对巴基斯坦投资历程

中国对巴基斯坦的投资历程经历了从政治援助到经济合作两个阶段。自1965年起，中国负责的援建项目包括塔克西拉重型机械厂、铸锻件厂以及中巴喀喇昆仑公路，这为两国之后的投资合作奠定了基础。20世纪90年代以来，中国国有企业在农业、工业、服务业方面对巴基斯坦展开了投资活动。农业方面，巴方政府与中国签署了双边农业合作谅解备忘录，一批中国企业开始在巴基斯坦设立农机、化肥、食品加工和包装厂，与巴方一道开发灌溉系统，进一步开展渔业合作。工业方面，重点投资领域为矿产资源的开采，轻工业领域以巴基斯坦海尔工业园为标志性工程。服务业方面，中兴与华为在通信领域均有亮眼的投资；中巴联合投资公司是中巴两国在金融领域开展合作的初次尝试，为两国投资合作项目提供了支持。①

2013年，前总理李克强访问巴基斯坦时正式提出建设中巴经济走廊的设想，得到巴基斯坦政府的积极响应和支持。2015年，习近平主席对巴基斯坦进行国事访问期间，两国领导人一致同意以走廊建设为中心，以能源、交通基础设施、瓜达尔港、产业合作为重点，构建“1+4”经济合作布局，走廊建设由此进入全面推进阶段。②

2020年1月1日，时任中巴经济走廊事务局主席阿西姆·巴杰瓦接受访问时表示，第一阶段的重点是能源以及巴基斯坦境内的公路、高速公路和通信基础设施，该目标在很大程度上已经实现并将继续进行。目前，中巴经济走廊已经进入第二阶段——重点发展工业合作与农业合作，中巴经济走廊框架下的特

① 参见刘曼：《中国对巴基斯坦投资研究——基于中巴经济走廊建设背景》，云南大学2016年硕士学位论文，第24页。

② 参见商务部对外投资和经济合作司等：《对外投资合作国别（地区）指南·巴基斯坦》（2020年版），第1页。

别经济区将加快巴基斯坦工业化的进程。①

（二）投资地区及行业分布

巴基斯坦的中资企业主要集聚在卡拉奇、拉合尔和伊斯兰堡这三座城市。伊斯兰堡是巴基斯坦的首都城市，拉合尔是旁遮普省的首府城市，卡拉奇则是信德省的首府城市。这三座城市的经济发展水平和社会发展水平相比巴基斯坦其他地区都较高。

目前，中国对巴基斯坦的投资领域主要集中在能源、交通基础设施及瓜达尔港建设。能源领域的投资项目以中国三峡集团在巴基斯坦投资开发的卡洛特水电站、科哈拉水电站和巴基斯坦风电二期为代表，卡洛特水电站是“中巴经济走廊”优先实施的项目，科哈拉水电站和风电二期项目被纳入“中巴经济走廊”积极推动项目清单。交通基础设施领域，由中国建筑承建实施的巴基斯坦白沙瓦—卡拉奇高速公路（苏木段）项目已于2019年7月竣工，并于2020年底正式移交通车。瓜达尔港在中国海外港口控股有限公司的运营下，已取得多方面进展：2020年上半年，瓜达尔港实现了系统性开展阿富汗中转货物、开展液化石油气（LPG）业务以及商业化运营，东湾快速路、新国际机场、中巴友好医院等项目在疫情期间坚持施工。

第二节　巴基斯坦外资法的基本内容

一、巴基斯坦外资法的立法沿革

巴基斯坦的外国投资法发展是紧随每一时期国情、经济政策变化而变化的。对外国投资的限制经历了由紧到松的过程：从独立初期的高关税、进口替代政策，到军政更迭时期逐渐松开外资进入的阀门，再到1988年之后实行自由的对外政策。当前，根据现行的投资政策框架，大部分投资领域皆对外开放，巴基斯坦已经形成了以鼓励和优惠为导向的外国投资法体系。②

① 参见刘畅：《中巴经济走廊进入第二阶段重点发展工业和农业合作》，载央视新闻客户端，http://m.news.cctv.com/2021/01/02/ARTIxUblB4JaHNclxurlcLe6210102.shtml。

② 参见付丽姝：《巴基斯坦外国投资法研究》，西南政法大学2018年硕士学位论文，第10页。

二、巴基斯坦外资法的基本框架

(一)巴基斯坦外资法的形式体系

1. 专门外资法及政策

巴基斯坦外资法体系以《1976年外国私人投资(促进与保护)法案》(以下简称《1976年投资法》)和《1992年经济改革促进和保护法案》(以下简称《1992年经济改革法案》)为核心。

《1976年投资法》共有11条规定,涉及外国私人投资的定义、外国私人投资的领域、外国私人投资的批准、资本及利润汇出便利、税收减免和避免双重征税等内容。这些原则性的规定旨在促进和保护海外私人投资。

《1992年经济改革法案》的颁布是为了给当时正在进行的经济改革提供法律保护,经济改革的目的之一是为外国投资者创造自由的投资环境。该法案也有11条规定,涉及外汇的自由流通、外币账户的豁免权、银行交易的保密性、外国投资不得被政府强制收购或接管等内容。

为实现外国直接投资净流入量的逐步增加,巴基斯坦投资委员会制定了《2013年投资政策》,为创设一个更具吸引力的营商环境提供了全面的框架。该政策第1.4条提出四项指导原则:帮助企业降低经营成本,减少必要的营商程序,创建经济特区使投资活动更为便利,更好地融合贸易、工业与货币政策。为使《2013年投资政策》得到进一步落实,巴基斯坦每年会发布外国直接投资战略,以制订具体的实施计划。

2. 涉及外资的其他部门法

(1)税法

巴基斯坦税收分为联邦税(国税)及省税(地税),其中联邦税收占全国税收的90%左右。税法体系主要包括《2001年所得税条例》《2002年所得税规则》《1990年销售税法案》《2005年联邦消费税法案》《2011年信德省服务销售税法案》《2012年旁遮普省服务销售税法案》及其他省级服务销售税条例等。除此之外,巴基斯坦经济协调委员会(Economic Coordination Committee)也可通过特别法令(Statutory Regulatory Orders)的形式对特定纳税人或群体进行税务减免,这类减免的效力在税法之上。[1]

---

① 参见商务部对外投资和经济合作司等:《对外投资合作国别(地区)指南·巴基斯坦》(2020年版),第39页。

巴基斯坦的主要赋税有以下四种:第一种是企业所得税,课税范围包括经营所得、租金所得、资本利得、工资所得及其他来源所得,2018 财年之后的税率为 30%。第二种是销售税,进口商品和巴基斯坦本国生产的商品均需缴纳销售税。自 2008 年 7 月起,销售税税率为 16%—21%,计算机软件、药品、未加工农产品等商品免征销售税。第三种是消费税,进口商品和巴基斯坦本国生产的商品及保险、广告、邮件快递、会计等服务均需缴纳消费税,税率为 5%—100%。其中,通信服务税率为 20%,银行、保险服务税率为 10%,部分商品和服务免征联邦消费税。第四种是关税,大部分商品的关税税率为 5%—35%。[①]

(2)劳动法

巴基斯坦涉及劳工雇佣的法律较为广泛,包括若干条例、法令、规章等。

《1968 年工业和商业就业条例》适用于全国所有雇用 20 名以上员工的工业和商业机构。该条例规定,雇主和员工之间应签署劳动合同。对于其他机构,劳动合同一般是非书面的,法院可根据口头证据或以往惯例来执行劳动合同。[②]

《1936 年工资支付法》规定,雇佣关系任何一方如对劳资问题持有异议,应以书面形式告知另一方,双方可在另一方接到通知之日起 15 天内开始协商。如协商未果,其中一方可在 15 天内致函另一方,提出调解要求。如调解成功,雇佣双方应向联邦政府或所在省政府提交达成一致的谅解备忘录;如调解未果,双方可申请法律仲裁。仲裁员应在接到申请后 30 天内或雇佣双方一致同意的期限内做出裁决并提交法庭;此裁决为终裁,有效期 2 年。[③]

巴基斯坦工会组织众多。《2002 年工业关系法》对成立工会和工会活动有明确规定:仅允许工业生产部门成立工会,而银行、交通、通信、邮政、教育、医疗等社会公共服务部门不得成立工会。过去,工会在巴基斯坦的影响力相对较弱;但近年来,巴基斯坦工会力量逐渐壮大,在维护工人权利方面开始发挥越来越大的作用。[④]

巴基斯坦政府对外籍劳务进入该国工作无限制性要求,仅规定外国技术和

---

① 参见商务部对外投资和经济合作司等:《对外投资合作国别(地区)指南 · 巴基斯坦》(2020 年版),第 39 页。

② 参见中国贸促会:《企业对外投资国别(地区)营商环境指南 · 巴基斯坦 2020》,第 83 页。

③ 参见中国贸促会:《企业对外投资国别(地区)营商环境指南 · 巴基斯坦 2020》,第 84 页。

④ 参见商务部对外投资和经济合作司等:《对外投资合作国别(地区)指南 · 巴基斯坦》(2020 年版),第 12 页。

管理人员如赴巴基斯坦工作，在获得在巴基斯坦注册成立的公司提出的邀请后，经巴基斯坦投资委员会（BOI）推荐，向巴基斯坦外交机构申请办理工作签证，签证期限为2年。①

（3）环境保护法

近年来，巴基斯坦政府对环境可持续发展问题愈加重视，当地民众环境保护意识也日益提高。环境保护已成为影响企业在巴基斯坦投资的重要因素之一。

《1997年环境保护法》要求对土壤、大气和水资源进行有效保护。根据该法，部分企业项目必须进行（事先）初始环境检查和（事后）环境影响评价。以能源行业为例，对于水力发电量不足50兆瓦的项目、火电发电量不足200兆瓦的项目以及11千伏以下输电线路和大型配电项目，需进行初始环境审查。而对于水力发电量超过50兆瓦的项目、火电发电量超过200兆瓦的项目、11千伏及以上输电线路和电网站、核能项目以及石油精炼厂，则需进行环境影响评价。对于违反《1997年环境保护法》的投资者，可判处有期徒刑、罚金，也可以关停、收缴其工厂与设备，还可强令其赔偿损失、恢复环境等。②

（4）土地法

巴基斯坦土地制度比较复杂。首先，巴基斯坦没有一个统一的"土地法"，涉及土地相关的主要法律制度包括全国性的土地法律和地方性的条例规定。全国性的土地法律包含《1908年登记法》《1882年财产转让法》《1899年印花税法》《1894年土地征用法》等。对于各省境内受联邦政府管辖的土地，既需遵守联邦政府关于土地转让、出租的规定，也需遵守当地的登记、缴税制度。以巴基斯坦信德省的卡西姆工业园区为例，该园区位于信德省，土地出租办理登记、缴纳印花税等程序应按照信德省的法律制度执行；但由于港口区域归联邦政府的港口航运部管理，其土地出租合同、年限、土地使用类型和费用应适用港口航运部批准的征地政策。③

在巴基斯坦，土地的所有权属于政府，私人的土地财产权仅为租赁权。对于外国投资者获取商业性、经营性用地的问题，巴基斯坦尚无专门的法律规

---

① 参见商务部对外投资和经济合作司等：《对外投资合作国别（地区）指南·巴基斯坦》（2020年版），第45页。

② 参见中国贸促会：《企业对外投资国别（地区）营商环境指南·巴基斯坦2020》，第95页。

③ 参见王霁虹、李晨曦：《一带一路投资风险指引——巴基斯坦复杂的土地制度》，载中伦律师事务所，http://www.zhonglun.com/Content/2020/04-10/1531268313.html。

定,仅要求非当地居民企业在巴基斯坦拥有房地产须经内政部批准。[①] 旁遮普省、信德省等地建立的工业特区为吸引国内和国外投资,实行了一系列优惠政策,如土地的出租期限为50年,到期后还可延长50年等。外国投资者还可获得农业耕地承包权,租赁期限长达50年,到期后可再续49年。[②]

(5)特殊经济区法

巴基斯坦于2012年通过了《特殊经济区法》,并于2013年制定《特殊经济区规则》,使特殊经济区的建设和运营有法可依。《特殊经济区法》第32条为园区内的外国投资企业提供了安全保障。该条规定,各省及有关部门应当对特殊经济区提供安全保护,并应安排特种警察部队负责经济区的安全。该法第35条则提供了优惠保障。其指出,该法规定的优惠,既不影响开发商和经济区企业依照一般立法和国际协定享有其他优惠,也不得被提前撤销,相关部门不得作出不利于开发商或经济区企业的变更。

(6)其他

此外,《2017年公司法案》《1997年公司(法院)规则》《2007年竞争(并购控制)条例》和《2001年投资委员会法令》《2001年私有化委员会法》《1947年外汇管制法》也对外资并购的相关问题作出了规定。值得关注的是,《2017年公司法案》取代了在巴基斯坦施行33年之久的《1984年公司法》,被视为巴基斯坦迄今最重要的法律制度改革之一。《2017年公司法案》的颁布实施为投资者提供了更强的保护力度。其要求巴基斯坦政府强化电子化管理、增强管理透明度,大幅提高政府对企业的管理水平。[③]

(二)巴基斯坦外资法的实质体系

1.外资鼓励制度

巴基斯坦为外国投资提供了有吸引力的鼓励措施,可划分为特别计划中的鼓励措施和经济部门中的鼓励措施。特别计划中,巴基斯坦针对经济特区、技术特区、出口加工区、瓜达尔自由区分别设计了相应的鼓励措施。对于不同的经济部门,如电动汽车、信息技术、汽车及汽车零件、食品加工、住房与建筑、后

---

① 参见王霁虹、李晨曦:《一带一路投资风险指引——巴基斯坦复杂的土地制度》,载中伦律师事务所,http://www.zhonglun.com/Content/2020/04-10/1531268313.html。

② 参见商务部对外投资和经济合作司等:《对外投资合作国别(地区)指南·巴基斯坦》(2020年版),第46-47页。

③ 参见商务部对外投资和经济合作司等:《对外投资合作国别(地区)指南·巴基斯坦》(2020年版),第37页。

勤、纺织、旅游行业(这些行业同时也是法律规定的优先部门),巴基斯坦分别提供了不同的鼓励措施。这些鼓励措施的法律依据各不相同,涉及方方面面的法律、条例等法律文件。鼓励措施的具体类型包括以下几种:(1)税收减免,具体表现为关税、所得税以及其他税种的减免;(2)免受某些法规的约束,例如出口加工区的投资者不受国家进口条例的限制;(3)融资便利,例如在纺织业,投资者可以优惠利率获得长期融资贷款;(4)签证便利,例如对于旅游业,来自 50 个国家的游客可以在抵达时申请旅游签证。①

鼓励政策可以分成三个层次:一是全国性的鼓励政策,如《2013 年投资政策》中的规定;二是地方性的鼓励政策,旁遮普省和信德省均有本省的投资管理机构,负责制定和管理投资鼓励政策;三是形成产业集群的园区所适用的鼓励政策,如《2012 年特殊经济区法》的相关规定。

2. 外资保护制度

(1)投资及利润的汇出

《1976 年投资法》第 6 条规定,外国投资者可以在任何时候将本金与收益以投资母国的货币形式汇出。《1992 年经济改革法案》第 4 条也表明不实行外汇管制,任何人可以自由地汇入、汇出、携带、出售外国货币;依据其第 5 条的规定,缔约任何一方在其法律和法规允许的范围内,应保证缔约另一方投资者可转移在其领土内的投资财产及其收益。《中巴自由贸易协定》第 51 条作出了类似规定。

(2)征收及国有化

《1976 年投资法》第 5 条规定,外国投资不得被(政府)收购,除非(政府)遵守法定程序,依据法定的补偿原则及方式,对投资者作出了充分补偿。《1992 年经济改革法案》第 8 条同样规定,外国投资不得被政府强制收购或接管。

中巴 BIT 第 4 条对于征收问题规定得更为详细。缔约一方为了安全和公共利益,可依照其国内法律程序,对缔约另一方投资者在其领土内的投资财产采取征收、国有化或其他类似措施并给予补偿,所采取的措施应是非歧视性的。补偿应符合采取征收措施的缔约一方的法律和法规,以可自由兑换的货币支付,支付不得无故迟延。如果投资者认为征收措施不符合采取征收措施的缔约一方的法律,应投资者的请求,可由采取征收措施的缔约一方有管辖权的法院对该征收予以审查。此外,缔约另一方的投资者在缔约一方领土内的投资,如

① 参见巴基斯坦投资委员会(BOI)官网,https://invest.gov.pk/incentives-database。

果由于战争、全国紧急状态、暴乱、骚乱或其他类似事件而遭受损失,当缔约一方对此采取有关措施时,应给予该投资者不低于第三国投资者的待遇。该条存在的一个问题是,“其他类似措施”的含义尚不明确。与巴基斯坦国内法的相关规定形成对比的是,中巴 BIT 并非以不被征收为原则,而直接规定政府在满足特定条件时可以采取征收措施。

(3)税收优惠

《1976 年投资法》第 8 条规定如下:对于正在生效的法律所规定的一切优惠,联邦政府均应将其给予外国投资者;在相似的情形下,外国投资承受的税务负担不得比国内投资所承受的税务负担更加繁重;巴基斯坦政府应遵守其与投资母国政府之间签订的有关避免双重征税的协定,给予外国投资相应的税收优惠。

(4)外资待遇

中巴 BIT 第 3 条规定了外国投资所享有的待遇。缔约一方的投资者在缔约另一方领土内的投资和与投资有关的活动应受到公平的待遇和保护,且该待遇和保护应不低于给予第三国投资者的投资和与投资有关的活动的待遇和保护,但该待遇和保护不应包括缔约另一方依照关税同盟、自由贸易区、经济联盟、避免双重征税协定和为了方便边境贸易而给予第三国投资者的投资的优惠待遇。

《中巴自由贸易协定》第 48 条也对外国投资所享有的待遇做出了相应规定。除了给予外国投资公平的待遇和保护以及最惠国待遇,在不违反巴基斯坦国内法的前提下,任一缔约方应给予与另一缔约方投资者的投资相关的投资和活动以优惠程度不低于该缔约方给予其自己的投资者的投资和相关活动的待遇,即国民待遇。

3. 外资准入制度

《1976 年投资法》第 3 条对投资领域做出了原则性的规定,即允许外国投资者对能够促进国家经济发展的工业企业进行投资。《2013 年投资政策》第 2. 1. 1 条进一步规定,所有部门、活动均对外国投资开放,但出于国家安全或公共安全的原因特别禁止或限制的部门、活动除外,特别限制的行业包括武器弹药、烈性炸药、放射性物质、证券与货币、酒类生产。第 2. 1. 2 条规定,任何部门皆不设最低投资金额的限制。第 2. 1. 3 条规定,外资占股比例不设上限,但航空、银行、农业及媒体等特定部门除外。此外,由于巴基斯坦是伊斯兰国家,因此外国企业不得在当地从事夜总会、歌舞厅、电影院、按摩、洗浴等娱乐休闲业。

对制造业开展投资无须政府审批;但对银行、保险等金融机构进行投资时,需经过相关部门的预先审批。①

外商可以采取绿地投资或者并购等方式在巴基斯坦投资。此外,PPP 模式的发展为巴基斯坦电力、电信、港口及社会服务等公共基础设施领域的发展发挥了积极作用。经过十几年的发展,巴基斯坦 PPP 项目管理体制以及组织架构已较为健全。2016 年 5 月,巴基斯坦联邦政府出台了《公私合营模式管理法案》,为 PPP 投资模式制定了较为清晰的法律框架和管理体制,梳理了政府、企业、消费者之间的权益和义务,形成了较为规范的 PPP 管理模式。②

4. 投资争端解决制度

对于投资者与东道国之间的投资争议,中巴 BIT 仅对两种具体争议的解决作出规定。依据中巴 BIT 第 4 条第 3 款的规定,如果投资者认为征收措施不符合东道国的国内法律,应投资者的请求,可由采取征收措施缔约一方有管辖权的法院对该征收予以审查。此外,依据中巴 BIT 第 10 条的规定,如果投资者对被征收的投资财产的补偿款额有异议,则可向实施征收措施的缔约一方的主管当局提出申诉;在申诉提出后 1 年内仍未解决时,应投资者的请求,由采取征收措施的缔约一方有管辖权的法院或国际仲裁庭对补偿款额予以审查。根据该款的字面表述,如果申诉提出后 1 年内仍未解决,则投资者可以选择由"国际仲裁庭"进行审查,因此,国内仲裁庭不在选择范围内。尽管中国与巴基斯坦皆加入了《解决国家与他国国民间投资争端公约》,但是,如果投资者想将争端提交 ICSID,还需要争议双方另外做出明确的意思表示。如果投资者选择由法院管辖,则需要向高等法院申请令状。由于巴基斯坦法律未对法院的审理期限做出限制,因而案件的审理可能持续几年之久。

相比之下,《中巴自由贸易协定》第 54 条争议解决条款则适用于投资者与东道国之间的所有投资争议。依据其第 1 款,投资争议应尽可能由争议双方当事人通过协商的方式友好解决。其第 2 款规定,如争议自一方提出协商解决之日起 6 个月内,未能通过协商解决,则争议应按投资者的选择提交东道国有管辖权的法院或"国际投资争端解决中心";但是缔约方可以要求投资者在提交"国际投资争端解决中心"之前,用尽该缔约方法律和法规所规定的国内行政复

---

① 参见中国贸促会:《企业对外投资国别(地区)营商环境指南・巴基斯坦 2020》,第 25 页。

② 参见商务部对外投资和经济合作司等:《对外投资合作国别(地区)指南・巴基斯坦》(2020 年版),第 38 页。

议程序。一旦投资者已决定将争议提交相关缔约方的有管辖权的法院或“国际投资争端解决中心”,则对上述场所的选择应是终局的。依据其第3款,仲裁裁决应根据作为争议一方的缔约方包括其冲突法规则在内的法律、该协定的规定和被普遍接受的国际法原则做出。依据其第4款,裁决是终局的,对争议双方具有拘束力,缔约双方应履行裁决执行的义务。

若投资者依据相关协定,选择将其与东道国政府之间的投资争议提交法院,或投资者选择将其与东道国境内民事主体发生的民商事争议提交法院,则应依照《1908年民事诉讼法》的相关规定,向有管辖权的法院提起诉讼。《1908年民事诉讼法》第16条规定了诉讼标的所在地的管辖权规则,第17条规定了不动产的管辖权规则,第18条规定了管辖权不确定情形下的管辖权规则,第20条和第21条规定了原被告在不同地区的管辖权规则。争端当事方除了将争议提交到巴基斯坦法院外,还可以将争议提交至英国法院及其他普通法系国家或地区的法院予以裁判,其判决可以按照《1908年民事诉讼法》第44条A款的规定在巴基斯坦境内予以执行;并且该非巴基斯坦法院的判决是具有终局性的,只要该外国法院的判决不存在《1908年民事诉讼法》第13条规定的例外情形即可。①

三、巴基斯坦签订的国际条约

(一)巴基斯坦签订的国际条约

巴基斯坦已经与48个国家(包括中国)签订投资保护协定,与65个国家(包括中国)签订避免双重征税协定,与中国、斯里兰卡、马来西亚、南盟等国家和区域组织签署自贸协定,与伊朗、毛里求斯、伊斯兰发展中八国集团等国家和组织签署优惠贸易安排,与阿富汗签有转口贸易协定,并获得欧盟超普惠制待遇(GSP+)。此外,巴基斯坦是WTO的创始成员之一,也是南盟自由贸易区、77国集团、不结盟运动的成员国。②

(二)中巴之间订立的协定

1989年2月,中巴双方签署《双边投资保护协定》;2006年11月,双方签署的《自由贸易协定》也对双边投资保护作出了明确规定;2008年10月,双方签

---

① 参见付丽姝:《巴基斯坦外国投资法研究》,西南政法大学2018年硕士学位论文,第28页。

② 参见商务部对外投资和经济合作司等:《对外投资合作国别(地区)指南·巴基斯坦》(2020年版),第25页。

订《自贸协定补充议定书》，巴方在议定书中给予中巴投资区 12 条优惠政策。在税收方面，中国与巴基斯坦于 1989 年签订《中华人民共和国政府和巴基斯坦伊斯兰共和国政府关于对所得避免双重征税和防止偷漏税的协定》，并先后 3 次签署议定书，以对前项协定进行修订。

第三节　中国投资巴基斯坦可能面临的法律风险

一、法律风险的概念与范畴

关于法律风险，目前学界尚无统一的定义。

根据 OECD 的定义，风险是指发生违背行为主体主观意愿事件的可能性。

根据英国路伟国际律师事务所发布的《中国企业 100 强法律风险报告》，中国企业的法律风险可以描述为，企业可能因违反相关法律、侵犯第三方利益、未履行合同义务或未有效采取措施以获得、保护或行使其合法利益等行为，导致经营性损失、民事索赔、民事判决或民事裁决、行政或刑事处罚与制裁、资产或商誉受损。①

金仁淑教授认为，外国投资的法律风险不仅包括企业实施的法律行为不符合法律规定或所处的法律环境发生变化所导致的不利法律后果，还包括受到政治因素、经济因素的影响而形成的不利法律后果。我国企业在"一带一路"共建国家投资面临的综合性法律风险产生的原因来自内外两方面。外部原因表现为"一带一路"共建国家投资法治环境复杂，内部原因表现为我国对外投资相关法规不健全，企业对风险估计不足。②

李猛认为，"一带一路"海外投资法律风险主要是指因违反东道国法律法规而受到法律惩罚或法律制裁的风险，其依据主要来自投资者行为、东道国法律制度以及母国法律制度。③

邹毅认为，法律风险产生于所实施的法律行为，可能是合法行为、非法行

① 参见江山：《中国 100 强企业法律风险报告》，载《法人杂志》2005 年第 4 期。

② 参见金仁淑、孙玥：《我国企业对"一带一路"沿线投资面临的法律风险及对策研究》，载《国际贸易》2019 年第 9 期。

③ 参见李猛：《"一带一路"中我国企业海外投资风险的法律防范及争端解决》，载《中国流通经济》2018 年第 8 期。

为、非规范行为(由于对法律理解的偏差)。法律风险,是指发生与法律行为当事人主观愿望相违背的不利法律后果的可能性。[①]

二、具体的法律风险

(一)税收

巴基斯坦税收制度存在诸多问题,税务执法也存在混乱现象,如税收政策不稳定、税基窄、监管执行不力、缺乏透明度等,导致政府税收不足,难以完成既定税收计划。为增加财政收入和满足外部援助方对财税改革的要求,巴政府一直在酝酿税制体系改革;然而由于国内阻力过大始终未取得实质性进展,只能采取"零敲碎打"的方式不断出台临时加征或取消税费的特别法令。[②] 如果外国投资企业不密切关注税收政策的变化,那么在处理税务时,可能出现错报、漏报、滞纳等问题。

重复征税现象在巴基斯坦时有发生,企业需要同时缴纳联邦税和地方税。另外,由于巴基斯坦税法条款不明晰,尤其是海关征税条款和地方征税条款不明晰,我国企业同巴政府部门之间产生过不少纠纷。[③]

(二)外汇

虽然《1976年投资法》和《1992年经济改革法案》规定不实行外汇管制,外国投资者可以自由地汇出外汇,但巴基斯坦国内外汇储备低、外债高、本币持续贬值,而且抗外部风险能力差。尽管中巴政府间的项目合作协议对外汇做出了央行供汇和快速兑换机制的规定,但巴基斯坦相关部门并未落实该机制的实施细则。[④]

据企业反映,巴基斯坦央行业务操作与项目合作协议存在矛盾,从巴基斯坦汇出美元面临技术性壁垒。如我国企业投资的某电力项目中,与巴方签署的项目合作协议中规定"所有的投资和财务结余可自由换汇",但巴基斯坦央行外汇管理手册规定"每年仅有本金和利息+300万美元的项目运营维护的换汇额度"。企业虽依据项目执行协议向巴基斯坦央行提出自由换汇申请,但协调困难,从而导致以卢比结算的电费收益不能及时换汇。[⑤]

---

① 参见邹毅:《中国企业海外投资风险与防范的法律分析》,复旦大学2010年硕士学位论文,第17页。

② 参见《国别投资经营便利化状况报告2018》,第10页。

③ 参见《国别投资经营便利化状况报告2018》,第56页。

④ 参见何时有、肖欣:《"中巴经济走廊"能源电力项目的投资风险》,载《国际经济合作》2015年第2期。

⑤ 参见中国出口信用保险公司:《国别投资经营便利化状况报告2018》,第4页。

(三)违约

在大型外国投资项目中,作为合同一方的东道国企业或东道国政府有时存在迟延履行、不按期付款以及单方面终止合同等违约现象,在巴基斯坦的外国投资者同样面临此种风险。

在 Impregilo v. Pakistan 案中,瑞士合资企业 GBC 就巴基斯坦境内的水电站建设项目,与巴基斯坦水利和能源发展机关 WAPDA 签订了两份建筑工程合同。申请人 GBC 主张,在合同履行的过程中,WAPDA 存在多种违约行为,包括对 GBC 的实际施工要求比招标图纸更复杂,拖延数月才向 GBC 提供施工所需的设备等。WAPDA 的种种作为和不作为严重影响了 GBC 的施工进度,而 GBC 提出的延长工期和支付额外增加的费用的申请也遭到拒绝。①

此外,作为购电方的巴基斯坦中央购电局未按时向发电商支付电费,是巴基斯坦电力行业普遍存在的问题。一方面,由于各配电公司电量管理不善,偷电现象严重,配电公司不能足额收取电费;②另一方面,受财政赤字问题的影响,政府对配电公司的补贴难以及时到位,高度依赖补贴的配电公司不得不向中央购电局拖欠电费。③ 因此,无法从下游的配电公司足额收取电费的中央购电局,也就无法按期向发电商支付电费。电费回收延迟给项目生产经营带来较大压力,也使项目实际投资收益低于预期。作为发电商的投资企业遭遇电费拖欠后诉诸巴基斯坦最高法院和国际仲裁机构,即便胜诉,也无法从购电方处获得全额赔偿。④

(四)争端解决

巴基斯坦的国内仲裁机构缺少独立性。根据 2010 年《宪法第 18 修正案》的规定,有关巴基斯坦的仲裁,无论国内或国际,只要仲裁地位于巴基斯坦境内,将全部由省政府管辖。各省政府可以自行通过相关法规,来调整辖区内的

---

① Impregilo S. p. A. v. Islamic Republic of Pakistan, ICSID Case No. ARB/03/3, Decision on Jurisdiction, 22 April 2005, para. 13–18.

② 参见肖欣、王哲、张慧帅:《"中巴经济走廊"电力投资项目运营风险评估》,载《国际经济合作》2020 年第 6 期。

③ 参见史嘉昵:《巴基斯坦风电投资项目运营风险应对措施分析》,载《国际工程与劳务》2019 年第 10 期。

④ 参见何时有、肖欣:《"中巴经济走廊"能源电力项目的投资风险》,载《国际经济合作》2015 年第 2 期。

仲裁案。可见，巴基斯坦境内仲裁的独立性较差，仲裁的公正性受到质疑。①

第四节　中国投资巴基斯坦的法律风险防范

一、企业角度

企业在巴基斯坦开展投资的过程中，要特别注意事前调查、分析、评估相关风险，事中做好风险规避和管理工作，切实保障自身利益。具体而言，企业不仅要对项目所在地的政治风险、商业风险进行分析和规避，还要对项目及相关方的资信做调查与评估，并分析项目本身实施的可行性等。②

（一）法律政策的研究

巴基斯坦是普通法系国家，且存在联邦法律和省法律的区分，同时，政府出台了不少政策以弥补法律的空缺。因此，中国企业需要对目标投资所在的区域、行业的法律和政策进行分析、梳理，克服巴基斯坦与中国之间的法制差异带来的难题。对于巴基斯坦税收等政策经常发生变动的问题，持续关注政局和行业政策动态，提前制定法律救济方案。可以聘请国际知名的律师事务所、会计师事务所提供专业意见，也可以与巴基斯坦当地的律师事务所、会计师事务所合作，更好地获取当地信息。

（二）合同的制定

鉴于实践中多有东道国当地企业或东道国政府违约的情形，中方投资者应多了解同一行业或相近行业中前人积累的经验，总结出可能发生的违约情形，试图在相关合同中订立具体条款以应对风险的发生。以电力项目中可能发生的购电方支付违约行为为例，巴基斯坦电力项目特许协议规定，在投资人组建的项目公司签署了融资协议并完成首笔提款前提条件后，巴基斯坦政府将向项目公司出具一份无条件的、不可撤销的付款担保。对于巴基斯坦政府的担保事项兑现能力，项目公司可投保海外投资保险，由保险公司承保巴基斯坦政府

---

① 参见付丽姝：《巴基斯坦外国投资法研究》，西南政法大学 2018 年硕士学位论文，第 31 页。

② 参见商务部对外投资和经济合作司等：《对外投资合作国别（地区）指南 · 巴基斯坦》（2020 年版），第 80 页。

违约险,最大限度转移投资风险。[①]

面对巴基斯坦法律及政策不稳定的情形,可在合同中订立法律变更条款以规避风险。仍以电力项目为例,针对巴基斯坦税法发生变化的情形,电力投资项目的执行协议和购电协议均明确规定,项目公司可向购电方发出关于税收变化的详细通知,并向购电方提供详细的计算清单和专业报表以证明公司可能遭受的损失,由双方来讨论决定税收变化的发生。如果购电方同意税收发生变化,其将偿还公司所遭受的所有损失。[②]

对于巴基斯坦法律中仅作出原则性规定或规定不明晰的事项,中方投资者可在合同中将其具体化,详细地约定海外投资者与东道国政府的权利义务的分配,从而预防不必要的分歧的发生。由于巴基斯坦在外资退出机制方面尚有欠缺,投资双方不妨在合同中就退出时资产的评估、收购以及赔偿问题进行约定。另外,中方投资者需密切关注巴基斯坦债务攀升对投资项目及企业经营的影响,因为商业性外债的债务偿付压力有可能将巴基斯坦推到违约的边缘。[③]

(三)本土化经营

中国投资者还要重视本土化经营以及社会责任的承担,这也是降低投资风险的一项有效措施。为实现本土化经营,投资者应处理好与当地政府部门的关系,关注当地的市场需求,充分、合理地利用当地的人才和资源。除了追求利润最大化,投资企业还应当关注所在社区的发展,积极主动地承担企业社会责任。随着劳工权益保障和环境保护的重要性日益提升,投资者务必将其融入自己的经营理念,并落实到企业的实际经营中。同时,还要做好宣传工作,获取巴基斯坦各界的支持,实现长久发展。

(四)争端解决

建议中方投资者在合同中对争端解决条款做出详细约定。一方面,鉴于其国内仲裁在独立性上的欠缺,建议投资者选择境外仲裁,仲裁地可约定在新加坡等仲裁制度更为完善的国家;另一方面,可以选择对投资者更为有利的准据法,以规避巴基斯坦部分不完善的法律制度带来的风险。

---

① 参见赵伟勋:《中国企业海外 BOOT 项目风险分析及对策研究——以巴基斯坦 Karot 项目为例》,对外经济贸易大学 2018 年硕士学位论文,第 37 页。

② 参见赵伟勋:《中国企业海外 BOOT 项目风险分析及对策研究——以巴基斯坦 Karot 项目为例》,对外经济贸易大学 2018 年硕士学位论文,第 39 页。

③ 参见中国出口信用保险公司:《国别投资经营便利化状况报告 2018》,第 12 页。

关于律师的聘请，最理想的情形是聘请当地的优秀律师，因为他们对本土的司法体系、应被适用的国内法律最为熟悉。如果前者不可行，还可以利用周边国家的律师资源，如印度。由于曾经受到英国的殖民统治，巴基斯坦的法律体系保留了英美法系的特点，此外融合了穆斯林的法律传统，因此聘请英国律师也不失为一个不错的选择。在判例的援引方面，可以援引英联邦国家的判例。巴基斯坦的司法实践中，法院通常会接受英联邦国家的相关判例。

二、国家角度

（一）修订中巴 BIT

中巴 BIT 属于我国早期签订的双边投资协定，相比后期签订或修订的双边投资协定，存在一些局限。为更好地保护中国投资企业在巴基斯坦的利益，宜尽早对中巴 BIT 进行修订。

制定公平公正待遇条款。一方面，确定是否受限于国际习惯法下的最低待遇标准。在特提斯铜业有限公司诉巴基斯坦仲裁案中，被申请人主张澳大利亚—巴基斯坦 BIT 中的公平公正待遇受限于最低待遇标准；但仲裁庭认为，该协定中的公平公正待遇条款并没有提及国际习惯法，因此对被申请人的主张不予认同。另一方面，列举公平公正待遇的具体规则，如保护投资者的合法期待、不拒绝司法、不歧视等，并对每一项规则做适当的解释；此种做法已成为国际趋势。如果对公平公正待遇的内容不做具体列举，仅做概括性的界定，则在国际投资仲裁中，外国投资者需要大量援引判例以证明东道国的特定行为属于违反公平公正待遇的具体表现，且存在不被仲裁庭接受的风险。

与《中巴自由贸易协定》保持一致，在中巴 BIT 中制定国民待遇条款。更进一步，明确国民待遇的适用范围包括外资准入阶段。值得注意的是，当前的中巴 BIT 以及《中巴自由贸易协定》仅规定外国投资享有国民待遇，因而外国投资者不享有受条约保护的国民待遇，希望未来在中巴 BIT 的修订中，能对此进行完善。此外，关于征收条款，中巴 BIT 的表述是，在满足特定条件的情况下，东道国可以对外国投资采取征收措施；相比之下，《中巴自由贸易协定》的表述是，东道国不得对外国投资进行征收，除非符合特定的条件。在投资保护协定中，不予征收应为原则，希望这一点在未来新修订的中巴 BIT 中有所体现。

制定适用于外国投资者与东道国之间投资争议的争端解决条款。对于外国投资者与东道国之间的投资争议，当前的中巴 BIT 仅对两种具体争议规定了争端解决方式：一是投资者对征收补偿款额持有异议，二是投资者认为征收措施不符合东道国国内法律。对于其他具体争议，由于中巴 BIT 未作规定，存在投资者与东道国之间就争端解决方式无法达成一致，从而导致效率低下、损失扩大的风险。《中巴自由贸易协定》第 54 条规定，缔约一方投资者与缔约另一方之间有关投资的任何法律争议，优先通过协商友好解决，其次考虑将争端交由东道国法院或 ICSID 解决。相比之下，中国与乌兹别克斯坦订立的 BIT 还规定，投资者可以选择将争端提交依据联合国国际贸易法委员会仲裁规则设立的专设仲裁庭进行解决。为帮助中国投资者与巴基斯坦政府顺利地进入争端解决程序，建议中巴 BIT 完善争端解决机制。

（二）完善信息平台

当前，中巴双方已经建立一些信息服务平台，供潜在投资者查询相关的投资信息，较为典型的“走出去”公共服务平台有中华人民共和国驻巴基斯坦伊斯兰共和国大使馆经济商务处网站，以及巴基斯坦投资委员会网站。相关部门也出具了一些权威的投资报告供企业参考，如商务部和驻外使领馆经商机构编写的《对外投资合作国别（地区）指南》，中国贸促会贸易投资促进部统筹编制的《企业对外投资国别（地区）营商环境指南》等。但是潜在的投资企业或者进行相关研究的学者及实务人士在收集信息时，仍存在一些困难。比如，难以收集中国投资者与巴基斯坦政府之间的投资纠纷案例，无论中国企业在巴基斯坦投资过程中常面临的具体的法律难题，还是中国对巴基斯坦投资项目的统计及进展状况。希望相关部门能进一步完善信息服务平台，帮助投资者及相关人士更便捷地获取权威投资信息。

第九章　上合组织区域国家双边投资协定的缺陷与完善
——以中哈 BIT 为例

导　言

双边投资协定又称相互促进和保护投资协定(bilateral investment treaty, BIT),是资本输出国与资本输入国之间订立的相互保护投资的专门协定,一般包括投资待遇、国有化补偿、资金汇出、争端解决以及某些特殊优惠等方面的内容。[①] BIT 最基本的目的是在缔约国之间保护和促进投资流动:从投资者母国的视角看,BIT 通过将东道国义务稳定化,有助于保护投资者不受政策转向影响,[②]稳定投资政策,增加东道国守约的可能性。从东道国视角看,BIT 可以通过保护外国投资和外国投资者在本国的经济活动,从而吸引更多的外国投资。以中哈 BIT 为例,其明确规定了缔约两国鼓励和保护投资,创造投资条件以及在相互尊重主权和平等互利的基础上发展经济合作的三项基本原则。

工欲善其事,必先利其器,在经济环境发生变化后,需要对双边投资协定的内容、形式进行修改,以便其继续发挥作用。在国际投资实践中,对一些产生条件和投资环境已经发生重大变化的双边投资协定,通常的做法是重新磋商谈

---

① 参见余劲松:《国际投资法》(第 5 版),法律出版社 2018 年版,第 211 页。

② Kenneth J. Vandevelde, *Bilateral Investment Treaties: History, Policy and Interpretation*, Oxford University Press, 2010, p. 4.

判，对之前的双边投资协定进行大幅度修订，或者产生新的双边投资协定替代原有的投资规则。中国和哈萨克斯坦的双边投资协定自 1992 年签订以来，经历了 31 年的历史变迁；在这 31 年里，我国与哈萨克斯坦从未讨论过双边投资协定的修改问题。随着时间的推移，中哈 BIT 出现了一些不足之处，比如，“投资与投资者”定义不够严谨，投资待遇规定不完善，间接征收规定不明确，投资争端解决机制不完善等。目前，两国政府已经注意到中哈 BIT 存在的问题，重新商签新 BIT 的事项也被提到重点工作日程中。2018 年 11 月 13—15 日，商务部条法司原副司长蒋成华率领工作组访哈，并与哈萨克斯坦投资发展部投资委员会副主席塔斯别尔格诺夫率领的哈方专家组举行中哈投资保护协定第六轮谈判。在重新修订中国与哈萨克斯坦双边投资协定时对原有的投资协定中存在的问题如何处理关系到两国双边投资协定谈判的成功与否，更涉及中哈两国双边投资的后续发展。

在修订中国与哈萨克斯坦的双边投资协定时，应当顺应国际双边投资协定发展的新趋势，坚持中国的立场，兼顾东道国与投资者的利益。具体而言，通过对中国与哈萨克斯坦双边投资协定的主要条款内容进行分析，与中国最新签订的双边投资协定中改变的内容进行比较，分析哈萨克斯坦最新签订的 BIT 与中哈 BIT 的不同之处，确立中国与哈萨克斯坦双边投资协定发展的新方向，进而采取重新界定投资定义的内容与结构模式、规定投资特征限制投资范围、合理界定投资者概念、增加国民待遇条款、明确公平公正待遇标准、完善间接征收条款与投资争端解决条款等措施，使中国与哈萨克斯坦的双边投资协定的更新兼具针对性与先进性，[①]符合两国的公共利益，同时又与国际双边投资发展趋势接轨。

现行的中哈 BIT 有很大的完善空间。哈萨克斯坦作为上海合作组织成员国和“一带一路”共建国，积极发展中哈两国的双边投资不仅符合哈萨克斯坦的长期发展政策与中国“走出去”的对外开放战略，更符合全球经济一体化的趋势；形成中哈两国投资发展的战略合作需要两国通过投资法律中的利益博弈，达到经济发展的共赢。

---

① 参见朱红梅：《中国石油企业境外勘探开发法律问题研究》，湖南师范大学 2014 年博士学位论文，第 156-171 页。

第一节　中哈双边投资协定的主要条款

一、投资与投资者定义

(一)投资定义

投资定义作为国际投资条约的基础,其涵盖内容的多寡,在很大程度上决定了国际投资条约的适用范围,不同的投资定义代表了不同的投资取舍;双边投资条约中的投资定义范围与界限通常以条约的目的和条约的有效条款为基本界限。目前的投资定义模式分为以资产为基础的投资定义、以企业为基础的投资定义和以交易为基础的投资定义。以资产为基础的投资定义是一种比较宽泛的投资定义,即"投资"指各缔约方按照各自法律法规所允许或接受的各种财产,它不是局限在金融资产、经济概念上的"资本",而是涵盖所有具有创造生产能力的有形和无形资产。根据投资定义的结构,又可以将投资定义划分为"开放式"投资定义结构、"封闭式"投资定义结构和混合式投资定义结构。"开放式"的投资定义结构将各类资产都纳入了投资保护的范围之内,既包括各种有形无形的投资资产,也包括各行业的经济权利。

1992年中哈BIT就采用以资产为基础的投资定义模式和开放式的投资定义模式:先抽象概括"投资"一词的含义,然后"开放式"地列举了五种主要投资形式。① 中哈BIT第1条"投资"定义条款中规定:"'投资'一词系指依照接受投资缔约一方的法律和法规在其领土内所投入的各种资产,尤其是:(一)动产和不动产的所有权及与其有关的任何财产权利;(二)在企业和公司中的股份或其他形式的参股;(三)金钱请求权或具有经济价值的行为请求权;(四)知识产权,包括著作权、工业产权、商标、公司名称、商品产地名称、商业秘密以及专有技术和工艺流程;(五)依照法律或合同授予的从事经济活动的权利,尤其是勘探和开发自然资源的权利。"②根据上述投资定义,受其保护的投资基本上涵盖了常见的所有具有金钱价值的财产类型,这种方式几乎把所有的财产都纳入了

---

① 参见文洋:《"一带一路"投资规则发展趋势及协调策略》,载《理论视野》2017年第12期。

② 参见商务部条法司:《中华人民共和国政府和哈萨克斯坦共和国政府关于鼓励和相互保护投资协定》,载中华人民共和国商务部官网1992年8月10日,http://tfs.mofcom.gov.cn/article/Nocategory/201002/20100206791498.shtml。

投资范围。

(二)投资者定义

投资是否来源于国外由投资者的国籍决定。投资者是很多 BIT 中享有实体权利和程序权利的主体,许多 BIT 都会对投资者进行界定。通常投资者是指来自缔约国一方在缔约国另一方境内投资的自然人和法人。绝大多数我国缔结的 BIT 仅以依缔约国法取得该国国籍作为认定自然人投资者的标准;我国与哈萨克斯坦 BIT 中定义的投资者是指,“根据缔约一方法律和法规永久居住其领土内为其公民的自然人和缔约一方领土内的现行法律和法规设立的企业和公司;但条件是自然人、企业或公司根据缔约一方法律和法规应有权在缔约另一方领土内进行投资”。这种定义模式下的自然人投资者不局限于具有缔约国国籍的自然人,同时又将永久居住作为缔约国一方投资者的限定条件。

二、投资待遇条款

投资待遇是外国投资者到东道国投资首先关注的问题。国际投资法中常见的投资待遇标准有国民待遇、最惠国待遇、公平公正待遇与国际法待遇等:前两种待遇为相对待遇,后两种待遇为绝对待遇。[①] 相对待遇的重点在于确保一缔约国在非歧视的基础上对待另一缔约国的投资者,绝对待遇则侧重于保证缔约国对另一缔约国提供的待遇符合公平公正待遇和国际法标准。国民待遇是国际投资法中最重要的待遇标准,它是指一个国家对外国投资者在某一事项上给予同本国人同等的待遇。最惠国待遇通常是通过国际条约创设的协定待遇,最惠国待遇是指东道国给予外国投资和外国投资者的待遇,不得低于其给予任何第三国投资和投资者的待遇。公平公正待遇由于概念过于抽象,国际社会至今无法形成一个统一的措辞,[②]一般来说,在投资协定中含有“公平”“平等”“公正”等措辞体现的就是公平公正待遇。在国际法待遇标准下,如果“国际文明司法标准”高于东道国的国内标准,外国人就会处于特权地位,实质上相当于强制东道国接受更高的标准,因此并未被国际社会广泛采用。

中国—哈萨克斯坦 BIT 的第 2 条和第 3 条规定的投资待遇标准,对相对待遇和绝对待遇均有所体现。首先,第 2 条规定缔约国应当鼓励和保护投资,“缔

① 参见杨丽艳主编:《涉外投资法律实务》,厦门大学出版社 2017 年版,第 225 页。

② Kenneth J. Vandevelde, *A Unified Theory of Fair and Equitable Treatment*, New York University Journal of International Law and Politics, Vol. 43:1, 2010, p. 46.

约一方应鼓励缔约另一方的投资者在其领土内投资,并依照其法律和法规允许此种投资。缔约一方将根据其法律和法规为在其领土内从事与投资有关活动的缔约另一方公民获得签证和工作许可提供协助”。其次,第 3 条第 1 款体现了公平公正待遇,同时把公平公正待遇建立在最惠国待遇的基础之上,“缔约一方应在其领土内保障缔约另一方投资者的投资和与该投资有关的活动受到公平的待遇和保护”。最后,第 3 条第 2 款规定了最惠国待遇,“本条第一款所述的待遇,应不低于给予任何第三国投资者的投资和与投资有关的活动的待遇”。这些条款的规定为吸引投资者赴东道国投资提供了法律保障。

三、征收补偿条款

国际投资法中的征收问题通常包含外资国有化或征收的合法性及其补偿标准,征收补偿条款长期以来一直是国际投资条约中最具争议的焦点之一,征收问题的实质是经济主权之争,东道国实施征收是影响外国人财产的最激烈的方式之一,征收补偿标准直接影响到外国投资者的投资意愿。

(一)征收条款

国际法上对征收并没有一个统一的定义,[①]大多数投资协定用“征收”“国有化”以及“具有征收效果的其他类似措施”等词汇来指代征收。一般认为,国际投资法中的征收是指东道国基于公共利益的需要通过颁布有关法律等方式对外国私人企业全部或部分资产实行征用,收归国家所有。法理上一般将征收分为直接征收和间接征收:前者指东道国通过正式地转移所有权或直接没收;后者指东道国没有通过正式地转移所有权或直接没收,但其采取的行动具有相当于直接征收的效果。中国—哈萨克斯坦 BIT 对征收的规定既体现了直接征收的内容也有间接征收的因素存在,具体规定如下:“缔约一方投资者在缔约另一方领土内的投资不得被实行国有化、征收或者对其采取具有类似国有化、征收效果的其他措施(以下简称‘征收’),除非为了公共利益的需要,依照法律确定的程序,在非歧视性基础上给予补偿时才可采取此种措施。”其中,“国有化”“征收”属于直接征收,“具有类似国有化、征收效果的其他措施”则属于间接征收。

(二)补偿条款

补偿的本质其实是当财产权利人的财产因为公共利益被夺取,等于是被要

① 参见姚梅镇:《国际投资法》,武汉大学出版社 2011 年版,第 252 页。

求贡献出超过其合理承担份额的财产部分，其他的公民应当补偿这部分损失，因此征收的法律必须具有补偿条款。[①] 双边投资法律实践中，主要存在以下两种补偿标准：一是赫尔原则，即坚持"及时、充分和有效的补偿"；二是适当补偿原则，在补偿时既要考虑到东道国实行社会和经济改革的需要、其经济发展水平和财政支付能力，也要考虑到外国投资者的合法权益遭受损失的各种情况，并予以适当补偿。中哈 BIT 在措辞上既没有采用国际上广泛使用的赫尔原则，也没有采取适当补偿原则，而是采用"市场价值"来计算。中哈 BIT 第 4 条规定，"补偿应根据投资在通过或宣布征收决定前一天的实际价值计算。[②] 补偿的支付不应无故迟延，补偿应能兑换并自由地从缔约一方领土内汇到缔约另一方领土内。缔约一方的投资者在缔约另一方领土内的投资，如果由于战争、紧急状态、国内骚乱和其他类似情况而遭受损失，若在其领土内进行投资的缔约一方采取补偿损失措施或其他有关措施，其给予该投资者的待遇不应低于给予任何第三国投资者的待遇"。

四、投资争端解决条款

（一）争端解决方式

双边投资协定中，投资争端解决条款对于维护投资者权益具有决定性的作用。关于争端解决方式大致可以分为三类：第一类是非司法的解决方式，也可称为外交手段，主要有协商和调停两种手段。非司法解决方式没有第三方的介入，是一种灵活、经济而又实用的方式，解决手段也比较平和简便，在多数 BIT 中被广泛使用。第二类是准司法的解决方式，包括调解与仲裁。其中，仲裁是 BIT 中最重要的争端解决方式，这种争端解决方式需要第三方介入，争端各方向第三方陈述争端情况，并请第三方根据调查与证据作出评判。第三类是司法程序，争端双方将争端提交法院以诉讼的方式解决争端，这也是争端解决的最后手段。中哈 BIT 中只存在外交手段的司法解决方式和仲裁途径的准司法解决方式，对于通过法院解决争端的司法程序未作规定。

（二）争端解决类型

大多数投资争端是缔约双方政府关于协定本身解释和适用所产生的争议。

---

① 参见石俭平：《国际投资条约中的征收条款研究》，上海社会科学院出版社 2015 年版，第 71 页。

② 参见王军杰：《高质量共建"一带一路"：法治驱动的三个进路》，载《社会科学文摘》2023 年第 10 期。

这种争议在绝大部分国际投资协定中可以被分成两个类型:一类存在于缔约国之间,另一类则存在于东道国与受侵害的外国投资者之间。通常后一类投资争端的解决更复杂,也更具有争议性。因此,一般双边投资协定不包括私人投资者进入投资争端解决的规定,不直接涉及私人投资者对东道国基于投资协议引发的争议,而是规定缔约双方政府关于协定解释和适用所产生的争议的解决方法和程序;而中国—哈萨克斯坦 BIT 中对缔约国双方之间、外国投资者与东道国之间的争议解决类型均有体现。对于缔约国双方之间对协定的解释或适用所产生的争议,中哈 BIT 规定了外交和仲裁两种解决方式,强调应尽可能先通过外交途径解决;使用外交途径 6 个月内不能解决争议时再将争议提交专设仲裁庭,并且对如何提交仲裁、仲裁庭的设立方式、仲裁庭的裁决规则、仲裁费用承担等相关事项都作出了规定。对于外国投资者与东道国之间的争议,中哈 BIT 规定,"缔约一方与缔约另一方投资者之间任何有关征收补偿数额的争议可提交仲裁庭"①。

第二节　中哈双边投资协定的不足之处

中国与哈萨克斯坦政府于 1992 年签订《中华人民共和国政府和哈萨克斯坦共和国政府关于鼓励和相互保护投资协定》。当时中国尚不具备进行大规模海外投资的经济实力,中国与发达国家签订的 BIT 主要以吸引外资为主,与发展中国家签署的 BIT 多是出于外交工作的考虑。而哈萨克斯坦作为苏联加盟共和国之一,在 1991 年 12 月 16 日刚刚宣布独立,作为一个新成立的国家,十分重视自己的经济主权,不愿意放松经济管制,对外资的戒备心态比较重;因此中国与哈萨克斯坦签订的双边投资协定体现了保守与谨慎的特点,提供的外资保护水平也比较低。在 30 多年的经济发展进程中,中国对哈萨克斯坦的投资流量与存量逐年递增,中国已成为对哈投资大国,现行的中哈 BIT 在结构和条款中并未对中国作为投资者母国的利益作充分考虑,实践中对保护中国在哈萨克斯坦投资的效果并不理想,不能满足两国投资合作的需要。其主要不足存在于以下几个方面。

---

① 参见梁咏、叶戈:《中国企业对哈萨克斯坦投资的间接征收风险之防范》,载《广西财经学院学报》2018 年第 4 期。

一、投资与投资者定义不严谨

(一)投资定义不明确

中哈 BIT 采取以资产为基础的开放式投资定义方式,对属于“投资”的财产范围规定得非常宽泛。这种灵活的定义方式几乎囊括所有的资产,把各种类型的资产都纳入了投资的保护范围之内。虽然这种广义的投资定义方式可以吸引到更多的外国资本进入本国投资;但是随着外国资本的不断涌入,这种非穷尽式的列举方式也暴露出一个很重要的问题,列举的投资形式不仅种类有限,而且“尤其是”的列举用语极不严谨,更未界定“投资特征”这一重要法律问题,在立法体例方面明显滞后。同时,“资产”与“投资”其实并非同一个概念,将所有类型的资产等同于投资,一方面,实践中很难把所有类型的资产,如直接投资和间接投资,不动产和动产都协调处理好;另一方面,容易使得投资的概念被扩大,缔约双方会对一些“投资”是否可以纳入投资条款产生争议,从投资定义的角度给予了仲裁机构扩大其管辖权的理由,在仲裁实践中增加了我国被起诉和面临赔偿裁决的可能性。此外,双边投资条约中还存在措辞不清的问题,例如“任何财产权利”这种字眼很可能在具体仲裁实践中作出对我方不利的解释。

基于宽泛的投资定义可能带来的负面效应,中哈 BIT 也规定了适度限制投资的范围,以追求投资者利益和东道国利益的平衡。例如,在 BIT 投资定义中添加“依照东道国法律”规定进行,缩小投资的范围,防止过分扩大投资范围,引导外国投资者及其投资活动遵守东道国的国内法,同时也能够推动东道国经济发展政策目标的实现。但是,随着多年来两国法律的不同以及不断发展变化,这种限制使投资条款不再具有确定性,损害投资者对东道国投资法律环境的合理预期。①

(二)投资者范围过小

中哈 BIT 中在规定“投资者”的定义时限定为“自然人”、“公司”和“企业”这种狭义的表述,这种定义方式并未出现类似“法人”的词语,而且中哈 BIT 中也未出现对于“国有投资者”的专门定义。我国对外投资统计公报历年来公布的数据显示,虽然民间资本在推动我国海外投资的进程中扮演着越来越重要的

---

① 参见张光:《论中国与中亚国家 BIT 中“投资”定义之重构》,载《暨南学报(哲学社会科学版)》2017 年第 7 期。

作用,国有企业依然是境外投资及支持国家"走出去"战略的主力军,国有公司也应当属于投资中的公司;因此,未来中哈两国在重新商签 BIT 时可以考虑结合我国国情合理界定国有企业投资者的身份。

二、投资待遇规定不完善

(一)相对待遇——国民待遇条款缺失

国民待遇条款是国际投资法中最重要的待遇标准;国民待遇条款自身规定了投资者母国的投资和投资者在投资东道国的地位,以及当权利被侵害时能否得到公平的救济。从中哈 BIT 有关投资待遇的条款来看,并没有规定国民待遇条款。中哈 BIT 签订时,我国正处于改革开放初期发展阶段,正从计划经济向市场经济转变,国家对外管制严格,对外资持谨慎保守的态度,这个时期中国对外签订的双边投资协定中几乎没有国民待遇条款。21 世纪之后,随着经济全球自由化浪潮的高涨,现在我国在不断深化全球经济改革,我国的经济发展水平已经得到了根本性提升,法律政策自然要随着经济基础的变革而作出相应的调整;国民待遇条款的缺失,对我国海外投资的进程会造成制约,影响我国在海外投资的速度与深度。[①] 从东道国来看,为了维护国家主权而更倾向于将公平公正待遇视为无差别或非歧视的待遇;但投资者为了保障海外投资的利益更倾向于延伸公平公正待遇,与其他条款相结合,公平公正待遇条款在两者之间应该进行更适当的平衡。[②]

(二)绝对待遇——公平公正待遇内涵模糊

在绝对待遇标准上,公平公正待遇本身具有的抽象模糊的特点使其在具体适用中产生问题。一方面,中哈 BIT 对公平公正待遇的规定过于简略,没有明确规定公平公正待遇的内涵,概念表达不规范使得缔约双方对待遇认定标准不同,从而给争议解决带来麻烦,不具备实际可操作性。另一方面,公平公正待遇与最惠国待遇混淆不清。中哈 BIT 第 3 条第 2 款将公平公正待遇与最惠国待遇联系起来,有助于增加其确定性;但是这样的条款设置并不合理,容易导致公平公正待遇与最惠国待遇的关系混乱,一旦产生分歧各方有可能以此为依据各

---

① 参见孙校栓:《中国双边投资协定之国民待遇条款研究》,广东财经大学 2016 年硕士学位论文,第 11 页。

② 参见鲁益含:《双边投资协定对中国在"一带一路"国家对外直接投资的影响——基于社会网络视角》,南京大学 2021 年硕士学位论文,第 20 页。

执一词,引发争端。[①]

三、征收补偿规定不明确

一般而言,征收可以分为直接征收与间接征收:直接夺取私人财产的是直接征收,而改变财产权利的是间接征收。由于国际投资自由化和各国政治法律环境的不断完善,直接征收在双边投资协定中被采用的概率越来越小,大部分国家已经不再直接使用行政手段来干预外国资本在本国的发展,以免对本国的投资法律环境在国际社会中造成负面影响,降低本国市场对外资的吸引力。然而东道国出于维护本国国家利益、公共利益目的的需要,不可避免地对外资采取征收措施。实践中,在中哈 BIT 的征收补偿条款中就出现了以下问题。

(一)间接征收含义模糊

间接征收的定义比直接征收更为含糊,仲裁庭对此条款的解释空间也非常宽泛,为缔约双方可能产生的投资仲裁埋下伏笔;事实上,目前国际投资仲裁中东道国被指控实施征收时绝大多数指的就是间接征收。直接征收与间接征收的根本区别在于是否剥夺外国投资者对投资的所有权。从我国与哈萨克斯坦签订的 BIT 条款中看,投资协定中既没有严格区分"国有化"、"征收"或者"类似国有化、征收效果的其他措施",也未就"国有化"、"征收"或者"类似国有化、征收效果的其他措施"作出解释,间接征收在上述表述中使用的措辞是"类似"而非"等同",从语义角度看,"类似"的程度似乎低于"等同";因此,很有可能产生歧义,怎样的类似措施才能构成间接征收在实践中毫无操作性可言,需要进一步作出澄清与解释。

(二)征收补偿其他问题

第一,没有规定补偿额的计算方法。中哈 BIT 在补偿标准上,只是规定了根据投资在通过或宣布征收决定前一天的实际价值计算,[②]并没有详细说明补偿标准,甚至没有规定补偿应当包含利息。第二,确定补偿额的时间较晚。中哈 BIT 在补偿标准上,采取根据投资在通过或宣布征收决定前一天的实际价值计算,在决定征收与宣布征收间有一个过渡期,在此期间,难免公众知晓投资被征收后会对投资的价值产生负面影响,导致征收时企业的资产有"缩水"的风

---

① 参见满长礼:《论中国—泰国双边投资保护协定的完善》,广西大学 2012 年硕士学位论文,第 5 页。

② 参见王军杰:《高质量共建"一带一路":法治驱动的三个进路》,载《社会科学文摘》2023 年第 10 期。

险。第三,没有规定征收补偿的审查因素,尤其是间接征收的审查因素不明确,仅规定公共利益目的、程序依法、非歧视、给予补偿这四个要件不足以确定间接征收的标准。

四、投资争端解决机制不完整

(一)缔约双方争端解决机制设置不合理

1. 缺乏 ICSID 仲裁争端解决方式

ICSID 依据 1965 年《关于解决国家和他国国民之间投资争端公约》(以下简称《ICSID 公约》,又称《华盛顿公约》)设立,ICSID 争端解决方式包括调解和仲裁,ICSID 凭借其公平合理的争端解决方式被各国普遍接受。中国与哈萨克斯坦之间的双边投资协定签订于 1992 年,中国 1993 年才正式成为《ICSID 公约》缔约国;因此,中哈两国之间并没有对 ICSID 的管辖权做出任何规定,当争端出现时,只能提交专设仲裁庭。由此可见,中哈 BIT 有关争端的解决方式落后于国际投资规则,不利于投资发展。

2. 仲裁前置程序设置不合理

中哈 BIT 要求缔约双方在将争端提交投资仲裁前,要经过一个前置性的外交途径,在规定的 6 个月时限内,未能解决争议再根据缔约任何一方的要求,将争议提交仲裁庭解决。这种仲裁前置程序的设置本意是为了提高效率、缓解矛盾、和平解决争议,但是中哈 BIT 没有对外交途径的方式和内容作出细化,解决争议的过程费时费力,争议不断,6 个月的外交途径解决期限对已经决心要提交仲裁的事项极有可能造成拖延;因此,应对时限进行合理限制,尤其是像金融等对争端解决期限有着特殊要求的行业,长达半年的时间会对投资者利益产生负面影响。①

(二)投资者与东道国争端解决条款限制严格

投资者提交国际仲裁的争端事项受到严格限制。1992 年中哈 BIT 关于缔约一方与缔约另一方的投资者的投资争端解决条款规定,只有涉及征收补偿数额的争议才能提交国际仲裁;②除此之外,任何争议不得提交仲裁解决。因为中

---

① 参见刘沁佳:《中国与“一带一路”共建国家 BITs 争端解决条款研究——以投资者与东道国争端为视角》,载《法治现代化研究》2018 年第 3 期。

② 参见梁咏、叶戈:《中国企业对哈萨克斯坦投资的间接征收风险之防范》,载《广西财经学院学报》2018 年第 4 期。

国在 1996 年之前的争端解决中并未全面接受国际仲裁，尤其在对待投资者提起国际仲裁的问题上态度十分保守，有的 BIT 中根本没有规定投资者与国家间的争端解决条款，更多的 BIT 中规定投资者只能将"有关征收补偿款额的争议"提交仲裁。[①] 现今就中国与哈萨克斯坦的投资趋势来看，双边投资的数量与规模都在持续上升，法律风险层出不穷，投资条约对仲裁范围的限制不符合当前的投资趋势；为了解决争议，促进投资稳健运行，需要扩大投资争议提交仲裁的范围。

第三节　完善中哈 BIT 可借鉴的国际投资实践

在世界经济一体化进程中，各国在双边经济往来中签订了大量的 BIT 条款。联合国贸易和发展会议公布的统计数据显示，目前全球已签订 3000 余个 BIT，可谓数量庞大。进入 21 世纪以来，经济全球化的推动使世界各国的经济紧密联系在一起，国际投资也发生了新变化，国际双边投资协定已经从投资保护、投资促进发展进入了投资自由化、便利化阶段。当前国际社会正在为适应经济基础的改变不断研究探索制定新的投资模式，较近时间缔结的双边投资协定在具体内容上已呈现出与传统双边投资条约的很大差别，一些新修订的国际投资协定为适应投资规则的发展对一些重要条款的内容进行完善；如此一来，中哈两国在商签制定新的 BIT 时更应该顺应新的发展趋势，符合国际投资协定的新发展动向。

中国 1982 年与瑞典签订了第一个双边投资协定，至今已有 40 多年的历史。目前，总计与 127 个国家或地区签订了双边投资协定；这些协定多是签订于 20 世纪八九十年代，当时中国尚处于对外开放的初期阶段。30 多年来，中外双方的政治经济环境都发生了改变，在这样的背景下，中外 BIT 的缔约方纷纷向中国提出重新协商 BIT 的请求，客观上有助于共同推进中外 BIT 的重新签署。在这些新修订的 BIT 中，对中哈两国 BIT 的修订具有借鉴意义的是 2012 年中国与加拿大签订的 BIT，以及 2011 年中国与乌兹别克斯坦签订的 BIT，同时哈萨克斯坦与外国最新签订的 BIT 中也能够反映出哈萨克斯坦在双边投资

---

① 参见刘丹：《国际法在国际商事仲裁中的法律适用问题》，载《云南大学学报（法学版）》2011 年第 5 期。

领域的新动向;在完善中国与哈萨克斯坦的双边投资协定中应该对此仔细分析,从中汲取经验。

一、国际双边投资协定发展的新趋势

近年来,在发达国家的积极推动下,国际双边投资协定的发展从内容上看表现为以下新趋势。

(一)投资自由化的强化

双边投资协定从历史上最早的友好通商航海条约、投资保证协定演变为投资保护协定、投资自由化及便利化协定;历史地看,起初这些条约主要起投资保护和促进的作用。① 但是,晚近缔结的双边投资协定突破了传统的投资保护与促进功能;与以往的 BIT 相比,晚近的 BIT 更强调投资自由化而不是投资保护。具体来说,国际投资自由化的强化主要表现在以下几个方面:

1. 投资与投资者的含义扩大

投资与投资者定义范围的大小表明缔约方希望保护的涵盖投资的范围。从最新的国际投资实践中看,很多新签订的 BIT 以及范本已经不再采用过去单一以资产为基础的开放式定义,而是采用美国和加拿大模式,即封闭式定义,"投资是……",这样穷尽式的列举,以精细的界定来避免抽象、不确定的"开放式"定义的弊端。② 根据哈萨克斯坦新《投资法》的规定,"哈萨克斯坦共和国法人,即根据哈萨克斯坦共和国法律程序组建的法人,包括含有外商投资的法人"。这意味着,哈萨克斯坦已对外资实行国民待遇,对外国投资和国内投资实行统一的法律保护。但是也意味着,外国投资和外资企业不再享有任何针对外商直接投资的特惠政策,仅针对个别政府鼓励投资的行业(主要为制造行业、实体加工业)给予特定的税收优惠。③ 投资与投资者的含义被扩大导致更多的投资和投资者被纳入双边投资条约的保护机制,从而保证投资自由化效果的实现。

2. 投资待遇适用于准入阶段

国民待遇和最惠国待遇从营运阶段延伸适用于准入阶段,由此使外资更容

---

① 参见陈安主编:《国际投资法的新发展与中国双边投资条约的新实践》,复旦大学出版社 2007 年版,第 19 页。

② 参见张力:《国际双边投资协定新发展对中国的启示》,载《企业经济》2018 年第 9 期。

③ 参见周月萍、孟奕、孙雨辰:《哈萨克斯坦投资与建设的法律风险应对》,载《国际工程与劳务》2016 年第 4 期。

易进入东道国。外资准入是东道国控制外资的主要手段。过去的国民待遇和最惠国待遇只适用于准入后阶段，当代许多投资条约明确规定它们进而适用于投资准入阶段。1994 年美国的双边投资协定范本第一次规定“设立前的国民待遇”；跨太平洋伙伴关系协定（TPP）中将国民待遇条款延伸至投资准入阶段，其规定基本也与美国 BIT 范本相同。中美两国政府双边投资谈判期间也就准入前国民待遇条款达成共识。

3. 增加“国有企业”界定条款

美国在 2012 年双边投资协定范本中，相比较 2004 年范本增加了“政府授权”的界定，用于规范“国有经营实体”不公平竞争的垄断地位。此后众多双边投资协定的签订都增加了关于“国有企业”界定的条款。因为美国认为国有企业在获得信贷支持、税收优惠和政府监管方面都拥有绝对优势，导致与其竞争的外国投资者处于不公平竞争的劣势地位，使“国有企业”引发的不公平市场竞争得到规范，也是市场自由化发展的需要。①

（二）公共利益要求的倾向

公共利益的核心是协调公共利益与私人利益之间的矛盾与冲突。公共利益也被称为公共政策，是指一国国家和社会重大利益，或法律和道德的基本原则。从当前的国际投资实践来看，双边投资协定中涉及公共利益的条款主要体现在其序言、征收、一般例外、重大安全例外和若干新发展起来的专项条款之中，如环境条款和劳工条款等。② 完整和先进的双边投资协定需要对环境保护和劳工关系都作出具体细化的规定。

1. 序言条款

除了在协定中设置各种例外条款之外，有一些国际投资协定还在序言中规定了公共利益的言辞，以保护国家安全、保护生态环境以及国际公认的劳工权利等。这方面比较典型的例子有，加拿大—秘鲁 BIT 序言中规定“承认促进和保护投资应有利于促进可持续发展”；美国—乌拉圭 BIT 序言中规定“期望以与保护健康、安全和环境相一致的方式来达到这些目标”等。

2. 征收条款

以美国为代表的发达国家主张扩大“间接征收”的范围，典型的如美国—乌

---

① 参见张力：《国际双边投资协定新发展对中国的启示》，载《企业经济》2018 年第 9 期。

② 参见张庆麟主编：《公共利益视野下的国际投资协定新发展》，中国社会科学出版社 2014 年版，第 2 页。

干达BIT。根据其规定,缔约一国如果以公共福利保护为目的,采取措施保护本国的“公共健康、安全和环境”,不构成间接征收,无须对投资者进行赔偿。《北美自由贸易协定》(NAFTA)中全面规定了东道国为投资者提供高标准保护义务的同时,对其为维护公共利益而管理外资的权力施加了严格限制:只有在极为有限的范围内才以例外的方式规定为保护公共利益所采的必要措施不违反《北美自由贸易协定》。[①]

3. 例外条款

保护国家根本安全利益的权利作为条约承诺的例外条款,已经在条约实践中建立起来。多数国家为维护东道国制定各种条约的权利,在条约中设定各种例外的做法,这类条款在德国、印度、加拿大和美国的双边投资条约中频繁出现。相对而言,根本安全利益例外条款在国际投资法中的传播是比较广泛的。例如,美国在《北美自由贸易协定》第2012条和美国2012年BIT范本中均规定了根本安全利益例外条款;印度在2015年公布的BIT范本中也开始通过“其认为所必须”这样的表述,赋予国家在采取维护本国根本安全利益的措施时更大的自主决定权。[②]

(三)投资保护标准提高

国家之间缔结国际投资条约旨在保护投资,因此投资保护条款是此类条约最重要的内容。具体来说,投资保护除了投资与投资者含义扩大,国民待遇和最惠国待遇从营运阶段延伸适用于准入阶段以外,还表现在其他方面。第一,给予外资待遇显著增强,从而使外资得到更多、更强有力的保护。在以往的BIT中多数只规定给予外资最惠国待遇,没有规定给予国民待遇,中国20世纪八九十年代缔结的BIT即是如此。如今,在发达国家的影响和推动下,中国对外缔结的BIT中也出现了国民待遇条款,比如,中德BIT、中加BIT。第二,投资条约适用于生效前的外资,从而扩大了外资的适用范围。以往的投资条约只适用于条约生效后进行的投资,当代双边投资协定越来越多地规定条约适用于“既存投资”即投资条约生效前已经存在的投资。第三,投资争端解决方法更加多样化,从而强化对外资的保护。传统的双边投资协定往往没有规定投资者与东道国之间的争端解决方法;现在在投资者与东道国的利益博弈中,前者的利

---

① 参见吴岚:《国际投资法视域下的东道国公共利益规则》,中国法制出版社2014年版,第112页。

② 参见李海东:《双边投资条约中根本安全利益例外条款研究》,郑州大学2017年硕士学位论文,第15页。

益得到了更多的保护与重视。

二、中国新修订 BIT 涉及的主要内容

从中国双边投资协定发展脉络上看，可以分为三个阶段：第一阶段在 20 世纪 80 年代，这一时期中外双边投资协定文本内容十分保守，普遍未授予对方国民待遇，并严格限制仲裁范围。第二阶段在 20 世纪 90 年代，双边投资协定文本内容依旧保守，在授予国民待遇和接受国际仲裁方面相当谨慎，对外资保护有限。① 第三阶段在 21 世纪后，这一时期双边投资协定体现出"自由化"的特点，更加注重对投资者的保护，表现为扩大投资范围、完善投资待遇标准、完善间接征收相关规定、国际仲裁解决投资争议范围扩大等。

商务部条法司的官方统计，截至 2016 年 12 月 12 日，中国已与 105 个国家（地区）签订了 104 个双边投资协定，这些协定中真正在 21 世纪以后签订或重新签订的只有 33 个。其中对中哈 BIT 的修订最有价值、最具典型的是目前中美 BIT 的谈判、中国—乌兹别克斯坦 2011 年签订的 BIT 以及中国—加拿大 2012 年签订的 BIT，以这些双边投资协定的条款和内容来总结中国目前双边投资协定发展的情况，对中哈 BIT 的完善有着很重要的现实意义。

（一）投资范围扩大

从目前我国对外签订 BIT 的情况看，投资范围的扩大主要体现在投资与投资者定义的变化中。在投资定义类型选择上，以往大部分 BIT 采取以资产为基础的投资定义模式，现在 BIT 又出现了以企业为基础的投资定义类型和以交易为基础的投资定义类型。在投资定义的表现形式上，这些 BIT 的投资定义中既有开放式的，也有混合式和封闭式的，如中加 BIT 就采取非常宽泛的、基于资产和企业的混合式投资定义模式。在中美 BIT 谈判过程中可以看到，对于投资定义条款，中国采用的是开放列表加具体排除的形式，而美国采取的是封闭列表加具体脚注的方法。② 从表面上看，中国规定的投资定义范本比美国更加广泛，实则美国定义的投资范围比中国更加宽泛。

在中国与一些发展中国家新修订的 BIT 中也出现了投资范围扩大的趋势，如中国—乌兹别克斯坦 BIT，中国—坦桑尼亚 BIT。以中乌 BIT 为例，2011

---

① 参见柯静：《中国双边投资协定实践分析与新一代双边投资协定战略定位》，载《国际关系研究》2018 年第 2 期。

② 参见戚成龙：《中美双边投资协定法律问题及对策研究》，上海大学 2014 年硕士学位论文，第 19 页。

年中乌 BIT 根据 ICSID 仲裁裁决对“投资”的定义，采用萨利尼“五要件”对投资进行细化定义，更新了投资定义条款：分别根据投资时间长短、盈利期、风险承担、实质承诺和东道国发展实质贡献来对“投资”下定义，并且补充具有“投资特征”和“与投资有关的债券”，将国家债券纳入投资范围。[①] 在对投资者进行定义时，中乌 BIT 将投资者扩大为按照非缔约一方的法律建立但是由缔约方国民或者企业直接所有或控制的法律实体，从而大幅度扩张了受 BIT 保护的投资者的范围。

（二）完善投资待遇标准

1. 完善国民待遇条款

国民待遇条款一直是投资待遇的核心条款之一，它决定了外资在东道国的地位以及外资能否在东道国以及与东道国市场主体开展竞争，但是国民待遇条款在中外 BIT 的发展过程中却不尽如人意。最初，国民待遇条款在中外 BIT 中没有任何规定，如中国—泰国 BIT、中国—瑞典 BIT、中国—比利时 BIT 等双边投资协定中根本没有规定国民待遇条款。后来，随着国际投资领域的实践发展，中国开始与外国缔结有条件的国民待遇条款，即缔约方根据其法律法规规定给予另一方的投资者及其投资国民待遇，常见的表述如中国与英国 BIT 条款规定的“尽量”给予国民待遇条款。现在，中外 BIT 中常给予缔约方“不损害其法律法规”前提下的国民待遇，如中国与乌兹别克斯坦 BIT 第 3 条规定，“在不损害缔约一方可适用的法律法规的前提下，对在其境内投资的运营、管理、维持、使用、享有、出售或处分，缔约一方确保给予缔约另一方的投资者及其投资的待遇应不低于其在相同情势下给予本国投资者及其投资的待遇”。从字面意义理解，这种表述似乎合情合理，并无不妥，投资者确实有遵守东道国法律规定的义务；但是这种规定是一把“双刃剑”，因为，根据这样的国民待遇条款的规定，东道国既可以依法保留现有的与国民待遇不符的措施，也可以通过立法推行新的不符的措施。[②]

2. 逐渐引入最低待遇标准

最低待遇标准是近些年来和公平公正待遇标准相联系而出现在双边投资协定的待遇条款中的。对于最低待遇标准和公平公正待遇的关系，国际上有两

---

① 参见张力：《国际双边投资协定新发展对中国的启示》，载《企业经济》2018 年第 9 期。

② 参见孙校栓：《中国双边投资协定之国民待遇条款研究》，广东财经大学 2016 年硕士学位论文，第 10 页。

种截然相反的态度:第一种是以 Matthew C. Porterfield 为代表的美国学者认为最低待遇标准与公平公正待遇相等同的观点,“作为独立条约标准的公平与公正待遇标准和国际最低待遇标准限制的公平与公正待遇标准变得完全重叠甚至等同了”①;第二种观点认为最低待遇标准与公平公正待遇标准并不是完全等同的,以 Thomas J. Westcott 为代表的学者认为,“公平公正待遇标准和国际最低待遇标准所包含的要素有一部分是相互重叠的,但是,公平公正待遇所包含的要素是否与国际最低待遇标准所包含的要素相独立目前为止尚无定论”②。

从中国对外签订的双边投资协定来看,最低待遇标准与公平公正待遇标准并不是完全等同的。一般来说,最低待遇标准是对公平公正待遇扩大解释的一种限制。在公平公正待遇标准确立之初确实为投资者保护提供了极大便利;但是随着仲裁庭在案件中对其进行随意的解读,公平公正待遇逐渐被投资者利用反而成为东道国的负担。③ 迄今为止,中外 BIT 中投资保护标准最高的是中国—加拿大 BIT(2012)。其在第 4 条明确规定了最低待遇标准:“‘公平公正待遇’和‘全面的保护和安全’的概念并不要求给予由被接受为法律的一般国家实践所确立之国际法要求给予外国人的最低待遇标准之外或额外的待遇”。利用最低待遇对公平公正待遇进行限制的做法符合国际发展趋势。但是由于最低待遇标准在国际投资领域争议较大,至今也没有一个统一的结论;因此,在采取最低待遇标准时应该多方考虑,谨慎采用。

(三)间接征收相关规定

2011 年中国与乌兹别克斯坦重新修订的 BIT 在第 6 条中对间接征收首次作出了明确具体的规定:不仅增加了间接征收的可预测性和确定性,在实践中也有很强的可操作性。首先,中乌 BIT 在条款中规定了间接征收的定义,即效果等同于国有化或征收的措施是指间接征收。其次,中乌 BIT 又规定了间接征收的审查认定标准要综合考虑对于投资的经济价值的负面影响,歧视程度,明显、合理的投资期待的损害程度,善意的公共利益目的和是否符合比例原则这

---

① Matthew C. Porterfield. A Distinction without a Difference? The Interpretation of Fair and Equit able Treatment under Customary International Law by Investment Tribunals. Investment Treaty News. 2013. 3, https:/www. iisd. org/itn/2013/03/22/a-distinction-without-a-difference-the-interpretation-of-fair-and-equitable-treatment-under-customary-international-law-by-investment-tribunals/.

② Thomas J. Westcott, *Recent Practice on Fair and Equitable Treatment*, World Investment & Trade, 2007, p. 411-412.

③ 参见杜莹:《国际投资领域中的最低待遇标准研究》,北京交通大学 2018 年硕士学位论文,第 5 页。

四个基本因素。再次,中乌 BIT 不构成间接征收的几种情形,包括缔约一方采取的旨在保护公共健康、安全及环境等在内的正当公共福利的非歧视的管制措施。最后,对于征收补偿的标准问题,中乌 BIT 规定了补偿应当按照被征收投资的公平市场价值,并应包括补偿支付前按合理商业利率计算的利息。补偿的支付不应不合理地迟延,并应可以有效实现和自由转移。由此可见,我国对外签订双边投资协定时对间接征收的制定越来越细化,在认定间接征收时考虑了目的与效果因素。

这种规定方式在 2007 年重新签订的中国—韩国 BIT、2012 年中日韩三国三方投资协定以及 2012 年中国—加拿大 BIT 中均有体现,它们整体结构上均类似,在具体条文设定中,中韩 BIT 中没有规定在认定间接征收时应该考虑哪些因素,除此之外,基本类同。① 为了更完整地对间接征收条款进行表述,中日韩三方投资协定和中国—加拿大投资协定使用了正文加议定书或者附则的形式。

(四)投资者与东道国争端解决机制

投资者与东道国争端解决条款在中国对外签订的 BIT 中呈现出从无到有、从限制到扩大的演变趋势。从以往的 BIT 对国际投资仲裁的争端范围的界定来看,主要分为以下三类:第一类,初期中国对外签订的 BIT 中没有规定投资者与东道国的争端解决条款,如中国—泰国 BIT,中国—瑞典 BIT。第二类,中国在 BIT 中逐渐引入投资者与东道国争端解决条款,但是又规定先采取国内救济或是将投资者提请争议到国际仲裁庭解决的决定权交到东道国手中,如中国—德国 BIT 第 4 条。第三类,虽然规定投资者有权就争议提起仲裁,但是将仲裁的范围仅限于与征收有关补偿数额的争议。参照近期中国与一些国家新修订的协定,我们可以看到,投资者与东道国争端解决机制在以下几个方面有了新的发展:

1. 提交投资仲裁的范围扩大到任何争议

20 世纪末以来,中国政府在提起国际仲裁问题上越来越呈现出开放与包容并举的态度,逐渐将可提交投资仲裁的范围一步步扩大到任何法律争议,如中乌 BIT 规定“缔约一方投资者与缔约另一方之间有关缔约另一方国家领土内的投资的任何法律争议都可以提交投资争端解决”。这种规定允许外国投资者充分利用国际仲裁解决与东道国的纠纷。这实际上是放弃了对投资类型的约束

---

① 参见徐孟:《国际投资中的间接征收法律问题研究》,华中师范大学 2018 年硕士学位论文,第 24 页。

条件,并且对有关的投资争议提交国际仲裁都做出了事前同意,[①]顺应了国际上对投资者保护加强的趋势,也有利于避免经济矛盾政治化;但是,从另一方面来说,投资范围的扩大也增加了我国被诉的风险。

2. 增加岔路口条款赋予投资者选择权

岔路口条款针对的是外国投资者与东道国之间的投资争端。它是指根据双边投资协定的约定,投资者有选择使用东道国当地救济或者国际仲裁来解决与东道国之间争议的权利,一旦做出选择就具有终局性。如中国—罗马尼亚 BIT 中规定,"若投资者基于本条第二款当事方的同意,决定将争议提交所在缔约一方有管辖权的法院或国际仲裁,其决定为最终的"。同样的,中乌 BIT 在第 12 条第 13 款中规定,"若投资者已将争议提交缔约另一方有管辖权的法院或国际仲裁,对上述四种程序之一的选择应是终局的"。岔路口条款对传统的用尽当地救济的原则构成了重大的挑战,避免了多重救济的同时发生,阻止投资者从中获利。[②] 但是这样一来,投资者基于对东道国司法环境的不信任,很大程度上会选择政治因素干扰小的国际仲裁,从而排除东道国国内救济。

3. 提高投资争端解决机制的透明度

投资过程中透明度的加强主要体现在争端解决机制条款中,例如公开听证、加入强制性的协商程序、缔约政府听取普通公众的评议、公示相关政策和法律法规等。美国 2012 年 BIT 范本第 29 条第 2 款规定,仲裁庭举行的听证会应当向公众开放;这是投资更具透明度的重大体现。我国与加拿大的 BIT 中也体现了投资透明度的倾向,如中加 BIT 第 28 条第 2 款规定,如果争端缔约方认为公开审理系出于其公共利益的需要,则仲裁庭庭审应当向公众开放。这是中国首次在 BIT 中规定非争端方的参与;非争端方的存在可以起到监督仲裁程序的作用,有助于仲裁庭作出正确的裁决。

三、哈加签订 BIT 的可借鉴之处

以十分典型的哈萨克斯坦与新加坡双边投资协定(以下简称哈加 BIT)为例,该协定于 2018 年 11 月 21 日签署,共计 23 条。根据该协定,两国投资者将获得公平与公正待遇,以及全面的保护和安全。协定将保障投资者免遭非法征

---

① 参见岳靓:《我国双边投资协定中的投资者—东道国争端解决机制研究》,武汉理工大学 2016 年硕士学位论文,第 21 页。

② 参见张炳南:《论"一带一路"倡议下的岔路口条款研究》,载《河北法学》2018 年第 11 期。

收财物等情况,并享有因战争、武装冲突、民事争议蒙受损失的赔偿权以及转移资本和回报的自由,如遇到投资纠纷,两国投资者可提请国际仲裁庭进行调解。以下主要以该协定分析哈萨克斯坦对外签订的双边投资协定的最新进展,并以中国与哈萨克斯坦于1992年签订的BIT双边投资协定作为对比,分析中哈BIT与哈加签订的BIT的不同之处。

(一)投资与投资者定义

哈萨克斯坦与新加坡签订的BIT与中哈BIT在投资定义方面,与国际通行做法基本一致,都采用"概括+列举式"。在概括部分,哈加BIT明确规定投资的资产包括直接或间接控制或拥有的各种资产,这是比中哈BIT更先进的做法。在列举部分,哈加BIT列举了八种情形:(1)企业的股份、股票和其他形式的参股,包括由此产生的权利;(2)债券、信用债券、贷款和其他债务工具,包括由此产生的权利;(3)期货、期权和其他衍生工具;(4)要求金钱或与企业有关并具有经济价值的任何合同履行;(5)知识产权;(6)根据缔约国国家立法规定的批准、授权、许可和类似权利;(7)根据缔约国的国家立法或根据合同提供的特许权,包括勘探、培育、开采或开发自然资源的特许权;(8)动产和不动产及相关财产权。其中,第3种、第4种和第6种属于中哈BIT没有的规定。

在投资者定义方面,最主要的是法人投资者的认定标准问题。哈加BIT比中哈BIT规定的投资者的范围更宽泛:第一,明确规定了法人是投资者;第二,明确了法人的概念,法人包括了公司、信托、合伙企业、独资企业、合资企业、协会或类似组织;第三,将国有企业补充到法人投资者的定义中来,而中哈BIT甚至没有法人的规定。

(二)投资待遇

在投资待遇方面,中哈BIT没有规定国民待遇,只规定了公平公正待遇和最惠国待遇,并且在表达上采用公平公正待遇应不低于最惠国待遇的表述。而哈加BIT在投资待遇方面的规定要完善得多:该条约不仅规定了公平公正待遇和最惠国待遇,还比中哈BIT多了"国民待遇"与"充分保护和安全"。此外在有关待遇的适用范围上,哈加BIT不仅规定了这些待遇适用于运营阶段,还规定了这些待遇适用于准入阶段。

(三)征收与补偿

在征收的条件上,哈加BIT与中哈BIT基本一致,都包括"公共利益""法律程序""非歧视""补偿"。不同的是中哈BIT仅使用了"给予补偿"的说法,而没规定补偿的标准；相反，哈加 BIT 则规定补偿必须“及时、充分和有效”。在补偿的计算上，哈加 BIT 规定得也比较详细，既包括投资的实际价值，也包括利息，即“补偿应相当于采取征收前或征收为公众所知时（以较早者为准）被征收投资的公平市场价值，并应包括直至补偿支付之时按通常商业利率计算的利息”；而中哈 BIT 则没有关于利息的规定。此外，哈加 BIT 还规定了公共利益保护条款，除少数情况下，缔约一方旨在保护正当的公共福利目标如公共健康安全和环境而制定的非歧视措施，这些措施不构成征用。

（四）转移

在转移方面，中哈 BIT 第 5 条规定了汇出财产的范围和东道国保证汇出方面的义务。其中，汇出财产的范围包括未缴纳全部税收后的收益；投资的全部或部分清算款项；与投资有关的贷款协定的支付；技术援助、技术服务和管理费的支付；从事与投资有关的工作和服务获得的工作和其他酬金，东道国保证汇出的义务为依照东道国国内法。第 6 条则规定了汇率的计算方式依照在东道国领土内进行投资的缔约一方汇出当日的官方汇率进行。相比较而言，哈加 BIT 的规定更为详尽，在汇出财产的范围方面，哈加 BIT 规定汇出财产的范围包括对资本的出资（包括初始出资）；出售全部或部分投资或部分或全部清算投资的利润、股息、资本收益和所得款项；利息、特许权使用费、管理费、技术援助费等；根据投资者签订的合同或其投资支付的款项，包括根据贷款协议支付的款项；征收补偿款以及争端解决产生的付款。在东道国保证汇出的义务方面，哈加 BIT 规定，东道国必须保证自由和毫不拖延。在汇率的计算方式上，哈加 BIT 规定转让依据可自由使用的货币在转让时的市场汇率，其中自由使用的货币是指国际货币基金组织根据其协定条款及其任何修正案确定的“可自由使用的货币”。

（五）投资争端解决

在投资争端解决条款上，中哈 BIT 体现了中国第一代 BIT 的特点，即只有“任何有关征收补偿数额的争议”可以提交仲裁；而补偿额之外的其他争议如何解决，是按照东道国国内法解决，还是按照双边投资协定的争端解决条款解决，BIT 中没有规定。在仲裁庭的选择上，由于条约签订时中国和哈萨克斯坦都不是 ICSID 的成员国，所以条约采用的是设立专设仲裁庭的模式。相应的仲裁规则模式的设定上，缔约双方采用的是依据双边投资协定的规定和公认的国际法原则和准则自行制定其程序规则；缔约一方与另一方投资者之间的争端也是采取自行制定程序规则的模式,但可以参照瑞典斯德哥尔摩商会仲裁院规则。[①] 哈加 BIT 在仲裁庭的工作程序上作出了更加详细的规定,在仲裁庭的选择上规定了根据投资协定设立的仲裁庭和包括 ICSID 仲裁庭在内的任何其他国际仲裁庭。

第四节　完善中哈双边投资协定的具体建议

双边投资协定的谈判签署就是一场求同存异的利益博弈过程;在这个过程中,各国必然要权衡利弊,有所取舍,方能互利共赢。双边投资协定对任何一个缔约国而言,有利也有弊:一方面,双边投资协定能够吸引投资者来本国投资,促进本国经济发展;另一方面,东道国又需要对自己的主权作出让步来保护外国投资者。签订双边投资协定的目的是促进和保护投资,在面对经济发展比我国落后的国家时,我国扮演的角色是资本输出国;因此,中国在与哈萨克斯坦商谈双边投资协定时需要综合考虑双方的国情、经济发展情况、对外投资的能力等,吸取借鉴以往同他国修订双边投资协定的有益经验,紧随国际投资协定发展的潮流,坚定不移地站在中国立场上维护我国的投资利益。就目前中哈两国的经济状况而言,我国正处于经济转型时期,经济体制改革也在如火如荼地进行中,考虑到哈萨克斯坦经济实力不强,对外投资能力有限,我国在与哈萨克斯坦的双边投资中更多扮演的是投资者母国的身份,但这并不意味着我国永远不会以投资东道国的身份涉及任何纠纷。从中国对哈萨克斯坦直接投资的影响因素看,古丽艾山力・阿衣木(2015)认为包括:哈萨克斯坦经济规模及市场潜力;基础设施;哈萨克斯坦经济稳定性及生产成本。李留宇(2016)分析指出中国对哈萨克斯坦投资的有利因素包括:制造生产业投资机会;哈萨克斯坦开放性、法律保护及透明度;哈萨克斯坦私有化发展;基础设施建设需求;作为欧亚经济桥头堡重要战略地位。刘文翠、杨锦平(2015)通过建立模型分析汇率变动对中对哈外商直接投资之间的影响关系进行分析,得出:中对哈外商直接投资与人民币实际汇率变动呈现正相关。宋玉(2012)分析指出中对哈直接投资的有利因素为:经济互补性强;中哈关系密切。指出不利因素为:投资政策缺乏

① 参见单文华主编:《中国对外能源投资的国际法保护——基于实证和区域的制度研究》,清华大学出版社 2014 年版,第 254 页。

稳定性;法律制度阻碍;国家保护主义明显;基础设施落后。①

因此,我国在与哈萨克斯坦重新签订双边投资协定时也要考虑到长远的发展。

一、重构投资与投资者定义

(一)重构投资定义模式

上文已经提到,中哈 BIT 对投资定义的规定有两个很大的弊端:一方面,中哈 BIT 采取的是以资产为基础开放式的投资定义方式,这种投资定义方式囊括的投资范围非常宽泛,将各种形式的资产都等同于投资,一旦出现纠纷,投资者可以主张自己所有的资产都等同于投资,要求东道国保护,增加东道国被诉或仲裁的风险。另一方面,中哈虽然将投资限制为"依照东道国法律"规定进行,但是哈萨克斯坦国内法制不健全,法令多变,政策随意性极强,经常发生以总统令、内阁文件等调整外国资本在国内活动的情况;这使我国投资者在哈萨克斯坦投资十分被动。由于两国法律的不同,所以在贸易合作中,也会造成障碍。所以在两国贸易发展中,也应该加强法律的交流,加强两国学者在这方面的研讨,了解对方的法律情况,这样能够更好地为两国的贸易发展服务。现在哈萨克斯坦也在进行很多的法律修改和完善,由于法律的经常变动会给中国企业在哈萨克斯坦的投资造成很多不确定的因素,所以通过交流,可以让更多的中国企业了解哈萨克斯坦的法律,这样有利于在哈萨克斯坦的投资。在"一带一路"倡议下,两国已经有了一些法律方面的合作,以后还可以得到加强。同时哈萨克斯坦的法律也应该进行完善,稳定的法律环境是吸引外资的一个重要方面。② 因此,在中哈 BIT 重新修订时就需要对投资定义进行重构。

1. 投资定义的内容与结构设计

在投资内容模式的选择上,我们可以综合吸收中加 BIT 和中乌 BIT 的有益经验,再对中哈 BIT 采取资产和企业的混合式投资定义内容模式。首先,参考中乌 BIT 以资产为基础对投资定义进行概括表述,明确规定:投资是投资者直接或间接拥有或控制的有形资产或无形资产。其次,以企业为中心规定各种具体的投资形式,具体的类型可以参照中加 BIT 的 12 种规定。这样的投资定义

① 参见安哲丽卡:《"一带一路"背景下中国对哈萨克斯坦投资现状、前景及对策研究》,浙江大学 2018 年硕士学位论文,第 9 页。

② 参见吴迪:《"一带一路"中哈经贸合作的投资绩效研究》,上海工程技术大学 2019 年硕士学位论文,第 62 页。

不仅有利于东道国国内法律的实施，而且有利于对我国投资者的保护。在投资定义结构选择上，考虑到根据国际最新实践，开放式投资定义与封闭式投资定义并无太大实质差别，建议延续以往的开放式投资定义，参考2011年中乌BIT规定的6种投资形式；同时，为减少开放式投资定义的不确定性，在投资定义中尽可能明确缔约两国能接受或是不能接受的投资形式，力求实现投资形式的最优化。

2. 规定投资特征确定投资范围

根据前文所述，要求投资依照东道国法律进行，这样的投资定义限制形式有可能会随着东道国法律政策的不断变化而对投资增加更多的不确定性；因此，在国际双边投资协定发展中又出现了一种新趋势，即以“投资特征”来确定投资定义的范围，如2011年的中乌BIT、2012年的中加BIT中均在投资定义中增加了符合“投资特征”的规定。“投资特征”的要求从表面上看对投资定义是一种限制，但是从另一方面来说这种合理的限制将短期流入东道国的资本例如与投资有关的债券以及由此衍生出的权利等也纳入投资定义中，从而扩大了投资的范围。在未来修订中哈BIT时也应当考虑延续这种确定投资定义的表述方式，防止不加区分地扩大投资范围。此外，在措辞中，尽量减少使用“各种资产”“任何”等描述，避免仲裁庭对投资定义作出宽泛化的解释。

（二）合理界定投资者的概念

为了保护我国的经济利益，仅在投资定义内容、投资定义结构和限制投资范围上做出调整是不够的，我们还应对与投资相关的一些条款做出相应改变。尤其是我们应该重视对“投资者”这一概念的界定，因为即使将“投资”定义得再狭窄，没有改变投资者的定义，对“投资”定义的改变也将失去意义。关于“投资者”的定义，也应与我国目前签订的双边保护协定相一致，针对中哈BIT在界定“投资者”的定义时没有规定法人和国有投资者的问题，在重新界定投资者定义时应当考虑添加“法人”一词的表述，使投资者的定义更符合经济学含义。明确加入国有企业的表述，从字面意义上看，国有公司应当也属于投资中的公司，但可以考虑进一步加以释义，加上“无论其出资人属性”，这样似乎能将国有企业更加明确地置于BIT的保护之中。①

---

① 参见黄志瑾：《中国国有投资者参与国际投资的规则研究》，人民出版社2014年版，第157页。

二、调整投资待遇规定

(一)增加国民待遇条款

中哈 BIT 属于 20 世纪 90 年代签订的条款,当时我国的经济发展程度决定了我国不能接受高标准的国民待遇条款,因此中哈 BIT 中并没有规定国民待遇条款。近年来,在与一些国家签订 BIT 进行谈判时,我国已经改变了保守的态度,逐渐接受了国民待遇条款,在中荷 BIT、中德 BIT、中芬 BIT 中均能看到有关国民待遇条款的规定。这些双边投资协定中对国民待遇的规定呈现出以下两种类型:第一类,“尽量”给予国民待遇。这样的表述并没有什么约束力,对东道国而言,可以给予也可以不给予,赋予投资者国民待遇成为东道国的权力而不是义务。第二类,明确赋予投资者国民待遇。但是在这种情况下通常又会添加一些限制性措施,如要求在不损害东道国的法律法规的前提下的国民待遇。这两种类型的国民待遇条款规定有利有弊;值得肯定的是,国民待遇条款在我国已经得到了确立是我国双边投资协定发展的进步之举。

对中哈 BIT 而言,资本输出国的新身份对我国与哈萨克斯坦的 BIT 提出了新要求,在中哈 BIT 中规定国民待遇标准可以有效保证我国投资者在哈萨克斯坦的投资受到平等的对待。在与哈萨克斯坦签订国民待遇条款时应注意以下几点:第一,尽量减少模糊性词汇在 BIT 中的运用,避免使用“尽量给予”国民待遇这种不确定的表述,从而限制东道国对条款的随意解读,增强其对缔约国的拘束力。第二,提高东道国法律规定的透明度,在对国民待遇条款作出符合东道国法律规定的限制时,要求东道国定期公布对外国投资的限制措施,如此规定主要是基于哈萨克斯坦法律多变,而中国作为哈萨克斯坦主要投资流向国,投资项目时间长,受哈萨克斯坦法律影响大。

(二)明确公平公正待遇

1. 准确定义公平公正待遇的内容

根据前文所述,公平公正待遇在中哈 BIT 中规定得非常简略。因此,在重新修订 BIT 时应当考虑设立专门条款以规定公平公正待遇,把公平公正待遇内容详细化,可以适当参考中乌 BIT 的规定。首先,将公平公正待遇的概念解释为缔约一方应该确保给予缔约另一方的投资者及在其境内的投资以公正与公平待遇并提供充分保护与保障。其次,分别对“公平公正待遇”和“充分保护与保障”的具体内容进行解释,并且规定有关限制要求。

2. 确立公平公正待遇的独立地位

实践中,在中哈 BIT 条款中将公平公正待遇与最惠国待遇相联系的做法说明这两个待遇标准在很大程度上存在重合的现象。公平公正待遇条款既有其独特的性质,也包含其他投资待遇条款的规定;这使违反最惠国待遇标准也有可能被认定为公平公正待遇条款,这种做法会让投资者向东道国主张赔偿的成本更加低廉。[①] 针对中哈 BIT 将公平公正待遇与最惠国待遇条款相联系可能导致增加我国被诉的风险,我们有必要将公平公正待遇解释成一项独立自主的外资待遇标准,用以弥补双边投资协定具体规定的漏洞。

三、明确征收补偿规定

征收是双边投资协定中投资保护制度的重要内容。一方面,随着中国对外投资规模的急剧扩大,投资风险已经逐步显现,在此背景下,调整 BIT 中的征收条款尤其是补偿标准有利于保护中国海外投资。另一方面,自进入 21 世纪以来,中国政府总体上越来越重视对私人财产权的保护,尽量避免对外国投资实施征收。中国不再需要通过对外国资本实施征收来发展中国经济,外国投资只是中国发展经济的动力;即便因为公共利益的需要对外资实施征收,中国也具有了接受与以往相比较高的补偿标准的意愿,中国政府也有财政能力根据较高的标准给予补偿。[②]

根据前文所述,中国和哈萨克斯坦 1992 年签订的 BIT 的条款对于征收的规定非常模糊,甚至没有在条文中出现“间接征收”的字眼,而是采用类似措施的规定,对于补偿保准的设置也不能合理保护投资者的利益;因此,我们可以从间接征收和征收补偿两个方面着手完善中哈 BIT 的征收补偿条款。

(一)明确间接征收的定义范围

首先,明确表述间接征收的概念。在此可以参考中乌 BIT 的规定,在条款中明文规定间接征收是指“效果等同于国有化或征收的措施”,抛弃旧有条款中的“类似”概念,使用等同的表述较为稳妥,使投资概念更严谨,防止产生歧义。[③] 其次,明确规定间接征收的判定标准,兼采效果和目的标准,既考虑东道

---

① 参见周莹:《论国际投资协定中公平与公正待遇条款的法律价值》,外交学院 2018 年硕士学位论文,第 26 页。

② Ye Ji, *Voluntary "Westernization" of the Expropriation Rules in Chinese BITs and Its Implication: An Empirical Study*, Journal of World Investment & Trade, Vol. 12:1, 2011, p. 93-94.

③ 参见蔡从燕、李尊然:《国际投资法上的间接征收问题》,法律出版社 2015 年版,第 216 页。

国采取的间接征收措施在多大程度上损害了外国投资者的财产权,又考虑东道国的征收目的对促进公共利益的意义有多大,具体的考虑因素可以包括经济影响、投资预期影响、政府行为性质和恰当性原则等。最后,对征收四要件中的公共利益的范围具体细化,防止东道国借此条款随意征收,侵害投资者的利益。

(二)完善补偿标准的相关规定

在补偿标准上,中哈 BIT 将补偿的标准与"实际价值"联系起来,这样的补偿标准与赫尔标准下的"充分"补偿并没有什么实质性的不同。在补偿的时间和方法上,中哈 BIT 要求补偿的支付不应当无故迟延,并可实现自由的兑换;这与赫尔原则要求的"迅速和有效"也没有很大的不同。综合来看,中哈 BIT 对征收补偿的规定与国际上通行做法并没有太大差别。在应对征收补偿问题时,不应局限于对赫尔公式或适当补偿原则等字面规定的探讨,而应当基于对具体情况的分析,关注补偿数额计算方法的选择和补偿范围的控制。具体而言,有以下几点:

第一,增加征收补偿利息的规定,补偿的利息为补偿支付前按合理商业利率计算的利息。第二,提前赔偿时间的认定标准,在以往规定的基础上增加了采取征收前或征收为公众所知时(以较早者为准)这个条件,使补偿额能够反映因为公众所知而导致的价值变化,避免发生补偿额缩水对投资者带来的利益损失。第三,确定间接征收的四个审查因素:一是征收措施对经济价值的负面影响;二是在范围或适用上对缔约某一方投资者及其投资的歧视程度;三是对投资者合理期待的损害程度;四是征收措施与征收目的之间的比例。

四、完善投资争端解决机制

上文已经提到,中哈 BIT 投资争端解决机制存在一些缺陷,这些缺陷阻碍了中哈双边投资的发展。在中哈 BIT 重新修订之际,完善对外投资并对外资提供有效的保护需要从以下两个方面对投资争端解决机制树立正确的认识。

(一)合理设置缔约双方争端解决机制

1. 增加 ICSID 仲裁争端解决方式

中国与哈萨克斯坦的投资争端解决途径仅有外交途径和专设仲裁庭两种方式,并没有规定 ICSID 仲裁争端解决方式,欠缺 ICSID 仲裁不符合国际双边投资协定的发展趋势。同时,我们也应该认识到哈萨克斯坦作为一个法令政策多变的发展中国家,哈萨克斯坦的司法机构非常依赖政府,现行法律没有为独立司法提供应有的支撑,中国投资者在哈萨克斯坦能受到的法律保护有限,政治干扰因素太多,可以考虑将全部争议提交 ICSID 国际仲裁庭管辖,以弥补哈萨克斯坦国内救济的不足,使争议能够公平公正地解决。

2. 具体细化仲裁前置程序的内容

中哈 BIT 规定在争议提交仲裁庭仲裁前需要经过一个前置程序,即外交途径。然而对外交途径的具体方式、类型、期限的设置又不尽合理,特别是对于金融机构主体的利益保护效果不尽如人意。因此,可以借鉴中加 BIT 的做法设置金融服务措施有关的争端解决程序,首先将问题提交争端缔约双方的金融机构进行磋商,将磋商时间限制为 60 天来替代之前的 6 个月;若缔约双方未能在 60 天内作出决定,则任一缔约方可以在 30 天内将此问题提交给依据投资协定设立的国家与国家间的仲裁庭解决。如此一来,缔约双方拥有了更灵活的争议解决期限,能够短时间解决纠纷,降低长时间磋商影响双边投资发展的不良后果。

(二)完善投资者与东道国争端机制

哈萨克斯坦与中国在双边投资协定中有关投资者与东道国能够仲裁的范围仅限于涉及"征收补偿数额"的争端。这意味着,所有其他的争端,包括如果哈萨克斯坦作为东道国将投资征用或实行国有化的问题,都必须依据哈萨克斯坦地方法院解决,[①]如此规定限制了投资者的选择范围。对其他争议,只能寻求东道国救济;而哈萨克斯坦的法制环境不容乐观,哈萨克斯坦国内的腐败和官僚主义、行政干预司法活动的情况时常出现,在很多情况下会出现违法征收征用的情况,其公正性常常受到国际社会质疑。在此背景下,扩张原有的投资者与东道国争端解决范围非常重要;具体而言,将缔约一方与缔约另一方投资者之间可以提交仲裁的争议扩大到任何争议,从保护的范围上扩大投资者提起仲裁的事项。

---

① 参见琶克古丽、李丹琳:《"一带一路"倡议下中国对哈萨克斯坦的投资风险及解决方案》,载《欧亚经济》2018 年第 2 期。

第十章　上海合作组织区域内投资争端的解决及其机制构建

导　言

全球化的趋势日益推进，使得全球范围内各个国家及地区之间的分工、合作日益深化。上海合作组织经过这些年以来的发展，经贸投资领域已成为各合作领域中最为积极活跃的部分。机制的不断细化、完善，建立起较完整的合作运行机制和与区域投资相配套的争端解决机制，对上海合作组织实现其“互信、互利、平等、协商、尊重多样文明、谋求共同发展”为基本内容的“上海精神”具有重要意义。我们需要把握契机，迎接挑战。

完整统一的争端解决机制和解决平台的建设对国际组织的发展起着巨大的推动作用，有利于提高国际组织内部的投资经贸活力；因此，争端解决机制是国际区域经济组织机制化建设中不可或缺的重要部分。良好的投资争端解决机制能够有效保护成员国区域内产生的投资顺利进行，减少投资争议所带来的摩擦纠纷，提高投资者信心。参考全球范围内的国际组织，成熟的国际经济组织都有适合自己的争端解决机制，如北美自由贸易区、欧盟、东盟等。所以，在上海合作组织内部，建立与区域投资合作相配套的、行之有效的投资争端解决机制势在必行。

在上海合作组织建设实施的过程中，无论是双边或者多边投资贸易机制，还是不同国家乃至亚洲基础设施投资银行的协调机制，都会面临投资者项目建设者或者当事方之间或他们与东道国政府之间发生争议的问题。能否通过非政治途径便利和高效地解决投资争端，直接决定了上海合作组织区域发展的持续性和活跃度。①

第一节　构建上海合作组织区域内投资争端解决机制的必要性

一、构建区域组织争端解决机制的重要性

中国与上海合作组织其他成员国签署的双边投资协定有关投资争端解决的条款包括：1989 年签订的《中华人民共和国政府和巴基斯坦伊斯兰共和国政府关于相互鼓励和保护投资协定》第 8 条、第 9 条；1992 年签订的《中华人民共和国政府和吉尔吉斯共和国政府关于鼓励和相互保护投资协定》第 7 条、第 8 条；1992 年签订的《中华人民共和国政府和哈萨克斯坦共和国政府关于鼓励和相互保护投资协定》第 8 条、第 9 条；1993 年签订的《中华人民共和国政府和塔吉克斯坦共和国政府关于鼓励和相互保护投资协定》第 8 条、第 9 条；2006 年签订的《中华人民共和国政府和印度共和国政府关于鼓励和相互保护投资协定》第 9 条、第 10 条；2006 年签订的《中华人民共和国政府和俄罗斯联邦政府关于鼓励和相互保护投资协定》第 8 条、第 9 条；2011 年修订的《中华人民共和国政府和乌兹别克斯坦共和国政府关于促进和保护投资的协定》。

目前的上海合作组织内部仍没有统一的投资争端解决机制，一旦投资过程中投资者与东道国产生投资争议，没有切实有效的途径可以及时诉诸解决。这将会导致上海合作组织内部投资合作无法顺利进行，影响投资者的投资信心。

同时，哈萨克斯坦、吉尔吉斯斯坦、塔吉克斯坦、乌兹别克斯坦均未加入 WTO，无法直接适用 WTO 与贸易有关的投资措施的争端解决机制。另外，塔吉克斯坦目前还没有加入《解决国家与他国国民之间投资争议公约》（《华盛顿公约》），这也导致上海合作组织不能直接规定适用 ICSID 的仲裁规则来解决成员国区域内产生的投资争端。

目前，各成员国国内陆续出台了相关的政策规定，吸引外国投资者的进

---

① 参见张晓君：《“一带一路”区域投资争端解决机制的构建》，载《学术论坛》2017 年第 3 期。

入，努力为投资者打造适宜的投资环境。如 2003 年哈萨克斯坦颁布新《投资法》，废止了之前的《外资法》及《国家支持直接投资法》；2012 年《投资法》修订案颁布，但其中除增加免征关税的规定外，对其他方面并未进行修改，对投资争端的解决也未作出更为细化的规定。哈萨克斯坦《投资法》第 3 条规定了投资者有权利进行任何项目和商业活动，但同时也需受到哈萨克斯坦其他法律的调整。也就是说，目前哈萨克斯坦投资环境较为宽松，并未明确禁止外资进入特定产业，但保留了通过立法设立禁止领域的权力，以便结合实际情况具体规划。但由于各成员国的整体法律体系起步较晚，法律法规规定相对单一，缺乏一定的稳定性，仍存在较多法律空白，在执法上也存在随意性。

二、上海合作组织成员国国内法律制度的局限性

上海合作组织成员国国内法律制度存在局限性。其中 7 个成员国已吸引了中国的一部分投资额，而为了进一步引进外资，各成员国都陆续出台了鼓励投资的相关法律或政策文件。如哈萨克斯坦外交部原部长阿布德拉赫曼诺夫表示，哈萨克斯坦外交部将积极推动并吸引投资者参与中部城市和首都的天然气管道建设项目。但是由于成员国各国法律环境本身存在明显不足，法律实施环境不稳，执法过程中存在随意性，政府决策改变也会影响法律环境，[①]例如，中国一些企业的投资项目已经面临政策变动而被废止的风险。

另外，目前而言，《华盛顿公约》所设立的 ICSID 是世界范围内唯一的负责解决外国投资者与东道国政府间投资争端的国际性仲裁机构。而作为上合组织成员国之一的塔吉克斯坦，还没有加入 ICSID 公约。而正是由于塔吉克斯坦尚未加入，上海合作组织目前并不能直接规定适用 ICSID 的仲裁规则，也不能将 ICSID 作为其统一的解决投资争端解决机制的国际性仲裁机构。[②]

三、当前多边条约中投资争端解决机制的问题

《华盛顿公约》通过设立 ICSID 以解决某一缔约国和另一缔约国国民之间的投资争议。

ICSID 机制在上海合作组织成员国使用频率较低，主要基于以下原因：首

---

① 参见胡晓红：《中外双边投资协定争端解决机制模式选择——以中国与上合组织成员国间 BITs 为视角》，载《甘肃政法学院学报》2009 年第 2 期。

② 参见王雅雯：《上海合作组织投资便利化法律问题研究》，大连海事大学 2016 年硕士学位论文，第 33 页。

先，上海合作组织成员国目前都为发展中国家，然而ICSID建立的制度体系主要考虑发达国家，对发展中国家的具体现实没有太多关注，没有依据国家实际确定赔偿、补偿能力的体系，从而可能导致赔偿、补偿金额过高的问题；其次，ICSID机制中，仲裁员大多数来自发达国家，较易产生偏向保护外国投资者而忽视东道国公共利益的态度。

ICSID的机制在用以处理上海合作组织成员国的投资争端争议时，有可能忽略了发展中国家的发展需要，产生过高的赔偿、补偿金额。ICSID对外国投资者的保护水平较高，可能产生超过成员国实际经济能力的现象。投资争端解决的有效性不仅需要其全面考虑各方的利益需求，还需要保证受到其制度调整的双方都能够从中受益。

第二节　其他主要国际经济组织投资争端解决机制及其借鉴

一、北美自由贸易区的争端解决机制

1992年8月12日，美国、加拿大、墨西哥三国签订了《北美自由贸易协定》，此协定于1994年1月1日开始生效。《北美自由贸易协定》在投资规则、争端解决等方面均有详细的规定，这些规定具有稳定性和可预测性，有利于在法律制度层面增强北美地区投资人的信心并保障他们的利益。《北美自由贸易协定》用专章（第十一章）规定投资问题，该章第二节为有关外国投资者和东道国政府间投资争端的解决程序。北美自由贸易区将外交方式和法律方式相结合的混合式争端解决机制作为其区域的争端解决模式，强调有争议的成员国应首先试图通过磋商或谈判等外交方式解决争端。在中国与其他上海合作组织成员国所签订的双边协定中，都采取外交协商优先的方式；在这一点上上海合作组织区域内争端解决与北美自由贸易区的争端解决方式相类似。在外交方式并不能有效解决争端的情况下，中国与其他上合组织成员国的双边协定都规定了6个月后可提交仲裁的方式，并对仲裁庭的组成、适用规则及费用的承担作出了相对简略的规定。而北美自由贸易区在外交方式不能解决争端的情况下，采取以仲裁为核心，针对不同类型的争端，设计采用不同的争端解决机制，并设立专家组，保证仲裁裁决的专业性。同时，设置成员国承诺机制，保证

了裁决的执行；这一点是中国与上合组织成员国所签订的双边条约中都没有涉及的。此外，北美自由贸易区还有一套相对较为固定的运行机制，对三国的争端冲突进行多方位和多层次的协调。而这些机制的设立，充分保证了自由贸易区内各国摩擦的顺利解决，也保障了自由贸易区各项规则的切实履行。上海合作组织成员国之间的投资争端解决主要是通过零散的双边协定加以规定；相比较而言，北美自由贸易区的争端解决机制更为统一、具体、有效。

三国签订的北美自由贸易协定实施以来，10 多年时间，已发展成为囊括了 4.2 亿人口和 11.4 万亿美元国民生产总值的、当今世界上最大的自由贸易区。作为当今世界较为成熟的争端解决机制之一，北美自由贸易区争端解决机制在保障《北美自由贸易协定》顺利履行的同时，也对其他区域性国际经济组织争端解决机制的建构和完善起着积极的示范作用。考虑到政治、经济、文化等各方面的现实情况，各种区域投资安排的争端解决机制的能力是存在差异的；这也在一定程度上会影响区域投资合作安排的真正有效性。尽管各种区域投资的争端解决机制不能互相完全照搬，但互相比较参考也有利于完善具体区域内投资争端解决机制。

二、中国—东盟自由贸易区的争端解决机制

东盟国家在 1987 年 12 月签订了《东盟促进和保护投资协定》并于 1990 年生效。该协定在争端解决方面作出了明确的规定，从而为东盟各国间的相互投资提供了较完善的保护机制。

从 2001 年开始，中国与东盟国家投资贸易持续稳定进行；于 2010 年 1 月 1 日，中国—东盟自由贸易区正式建立。中国与东盟之间的国际条约与组织规章能否得到各成员国的遵守和执行，一定程度上受到争端解决机制的影响。

中国—东盟自由贸易区在《中国—东盟全面经济合作框架协议争端解决机制协议》中对磋商、调解及调停作出了较为具体的规定，同时对仲裁程序的各个方面也有相关详细具体的规定，其中包括了仲裁提起的条件、仲裁庭的设立、仲裁庭的组成、仲裁庭的职能、仲裁程序、第三方参与仲裁、仲裁裁决的实施等。

中国—东盟自由贸易区投资争端的仲裁解决机制在一定程度上与北美自由贸易区有相同性，但同时也存在很多差异。其中最大的不同点就是，北美自由贸易区有其自身的一套仲裁规则，而中国—东盟自由贸易区的“投资协议”主要还是依靠国际仲裁机构的规则；因此相比较而言，北美自由贸易区对仲裁的规定更加完善，也更符合区域内国家的现实情况和发展特点。中国—东盟自由

贸易区的“投资协议”则在规定可选择的仲裁程序之后就草草收尾,有待改进。

第三节 上海合作组织区域内投资争端解决机制构建的设想

一、上海合作组织区域内投资争端解决机制构建原则

上海合作组织作为一个在区域投资领域想要进一步推动深化合作的组织,近年来随着投资往来的增多,所产生的摩擦和纠纷也不断增多。因此,如何设立适合与自身合作相配套的争端解决机制,是其势必要面临的问题。参考北美自由贸易区、东盟等区域组织争端解决机制的构建可以发现,争端解决机制在组织发展过程中尤为重要。上海合作组织区域内投资争端解决现存体系仍存在机制不足的问题:在投资方面,各成员国之间尚未有统一可适用的争端解决机制,中国与其他成员国之间的双边协定也存在较多空白。基于此,构建上海合作组织区域争端解决体系,首先应确定一定的基本思路;在把握好大方向的基础上,再逐步进行制度的具体建设。

(一)尊重国家主权

上海合作组织成员国在历史上都曾经历战争,在一定程度上造成了积贫积弱的局面,各国对于主权问题较为敏感,在解决国际争端的过程中,应当充分尊重这些国家的主权,既要保护投资者的合法利益,也要肯定东道国国内司法救济的有效性,不能因追求争端解决及时、有效而损害成员国的司法主权与经济主权。争端解决机制的安排应具有中立性,应有利于维护各成员国之间的友好关系。

(二)保护投资者合法权益

对于投资者来讲,对外投资项目投资成本大、投资建设时间长的特点导致了较高的投资风险,一旦东道国不当征收或者征用导致投资项目的夭折,很可能会导致投资者面临巨大损失。这就需要完善国家层面的沟通机制:一方面,通过建立外交互通平台,争取通过协商的方式使争端及时有效解决成为可能;另一方面,也要通过完善争端解决机制、规范投资仲裁程序、鼓励建立第三方担保机制等方式,为投资者利益提供有效保护。既要注重东道国国家主权的

维护,也不能忽略对投资者利益的保护。只有维护好投资者的合法利益,上海合作组织区域之间的投资活动才能更加活跃,才能为区域各方的合作带来活力,以达成上合组织的宗旨。

(三)以现实发展情况为基础,循序渐进构建争端解决机制

上海合作组织的构建是对全球治理模式的全新探索,区域的现实背景及地区特色导致了没有直接的历史经验可以借鉴;投资争端解决机制的构建也不可能是一蹴而就的,循序渐进的方式将成为机制构建的必由之路。依据这个思路,上海合作组织区域内部的争端解决机制构建不可能从一开始就建立完整具体的统一体制和平台,而应该根据项目建设的进度和现实需求,遵循自然科学规律来生成秩序的制度模式。上海合作组织可设立专门机构,研究争端解决双边协定和其他争端解决方式的适用情况、现有典型案例以及不同国家的现存法律体系,为成员国签订或者修订双、多边协议提供参考依据,灵活地对现有机制进行补充完善,依据区域内的现实发展情况和需求,制定示范文本,并在合适的时机在区域成员国进一步推广,从而为实现统一的规范体系打好基础。

二、上海合作组织区域内投资争端解决机制构建的具体措施

借鉴国际范围内现有的区域组织的投资争端解决模式,充分考察成员国法律特色,上海合作组织应以外交和司法两大方式融入争端解决模式,循序渐进地构建并完善投资争端解决机制。使得在经济合作中,成员国可根据不同的纠纷和现实情况选择不同方向的解决方式,既保障投资者合法利益,也维护成员国的国家主权,同时又保证争议的快速、有效解决,促进投资顺利进行,维护双方合作信心。

(一)积极推动沿线国家加入全球性国际争端解决体系

目前,构建新的统一的投资争端解决平台相对缺乏基础条件,上海合作组织成员国通过利用现有的国际平台去解决区域内的投资纠纷仍然是较为便捷且有效率的选择。同时,参考其他区域经济体。目前各区域范围内的争端解决体系,包括欧盟、北美自由贸易区和东盟在内,都不排斥甚至鼓励成员加入全球性机制,并授权成员根据需要进行排他性选择。上海合作组织的建设在构建与本区域特色相配套的争端解决机制的同时,也应当关注并借鉴、利用全球化体制,在此基础上形成的具有本地区特色的争端解决机制会更加成熟。

(二)设立常设机构

目前,上合组织的常设机构有两个:一个是秘书处,2004 年 1 月正式启动,设立于中国北京,为组织框架内的活动提供行政、技术和信息保障;另一个是反恐怖机构,设在乌兹别克斯坦的首都塔什干,是上合组织成员国在打击“三股势力”等领域开展安全合作的常设机构。① 现阶段的上海合作组织仍然没有一个专门的解决投资争端的常设机构。为增强投资者的投资信心、激发市场投资活力,设立常设机构,服务于投资争端的解决是非常有必要的。

(三)鼓励使用替代争议解决方式解决投资争端

上合组织成员国在政治、经济、文化、法制等方面存在巨大的差异,区域认同感相对基础,要在投资争端的有效解决上取得普遍共识将会遇到巨大障碍;基于此,上合组织应鼓励替代争议解决方式(ADR)在解决投资争端过程中的使用。其中,仲裁应作为解决投资争端的基本方式。中国与其他成员国之间签订的双边协定中也都涉及了仲裁的解决方式,但规定的具体内容相对简略。

依据设想,上合组织可以规定,如果在收到磋商请求的一定时间内仍未能有效解决争议,那么请求方可以书面告知被请求方要求设立仲裁庭,并要说明理由。

1. 确定仲裁员名册

上海合作组织区域内投资涉及多领域,包括交通、能源、农业、科技、电信、环保、卫生、教育等。针对不同领域的投资纠纷,需要各个领域专业人士的参与来提高争议解决的专业性和公平性。在仲裁中选定具有专业素养的仲裁员是非常重要的。由此,应根据投资争端的解决机制,将有不同领域专长的仲裁员予以区分,分门别类地建立仲裁员名册。另外,仲裁员的选定不仅需要考虑其在法律、国际投资贸易的各个具体领域及争端解决方面应当具有其专门的知识或经验,更重要的是需要其品格高尚,通过协商一致的方式确定,为仲裁的专业性提供智力支持。

2. 确定仲裁庭的组成

在争议无法通过政治外交方式解决,有一方书面申请设立仲裁庭解决争议时,需要秘书处或者其他专门机构来处理申请,负责依据程序选取相应仲裁员组成临时仲裁庭。此时,有可能出现当事国在仲裁员名册中没有本国国籍仲裁

---

① 参见王雅雯:《上海合作组织投资便利化法律问题研究》,大连海事大学 2016 年硕士学位论文,第 43 页。

员的情况；考虑仲裁的公平性，当事国可为该案件选派一名专案仲裁员，用以保证案件仲裁的公正。

3. 仲裁裁决的作出

由于最后提交仲裁的案件一般都是无法通过磋商或调解解决的，通常无法有效地通过协商一致的方式作出裁决，也可能发生不能形成多数意见的情形。此时，我们可以参考国际仲裁实践中的成熟经验，在不能协商一致、形成多数意见的情形下，以仲裁庭主席的意见作出裁决。

4. 裁决的执行和监督

条件成熟时，可设立专门部门来监督和执行仲裁裁决，保证裁决的公正和实现，可要求争端当事方将其履行意愿或改正措施的期限通知给此专门部门。可参照北美自由贸易区的相关规则，设置成员国承诺机制，保证裁决的执行；也可借鉴我国会计实务中现金折扣的做法，若赔偿方在一定期限内履行义务，则可减免一定的赔偿或补偿金；反之，在较长期限内仍拒不履行的，则可提高赔偿、补偿金。这种方式将激励义务履行方及时履行义务，为权利方早日获得赔偿、补偿提供可能。这样一来，相信执行难的问题也将出现较大的改观。

综上所述，在不断推进上海合作组织的经贸投资合作的进程中，争端解决机制的构建是必不可少的一环。需要我们取其他区域组织的有益经验，立足于各成员国的法制发展特点，设立有特色并与国际接轨的争端解决机制。在订立具体协议时，首先考虑外交方式，协商和平解决争议纠纷；在一定期限内通过外交方式无法有效解决争端时，综合考虑适用仲裁等方式。设立相关的专门机构作为争议解决的平台，负责仲裁的顺利进行和裁决的监督与执行。保证争议解决从开始到执行都保持公正和专业，并受到监督。这也是有效减少投资纠纷、增强双方合作信心的重要保证。

主要参考文献

[1]余劲松:《国际投资法》(第5版),法律出版社2018年版。

[2]郑雪平:《上海合作组织区域经济合作研究》,东北财经大学出版社2007年版。

[3]徐泉:《国际贸易投资自由化法律规制研究》,中国检察出版社2004年版。

[4]李进峰、吴宏伟:《上海合作组织发展报告(2012)——上海合作组织睦邻友好年专辑》,社会科学文献出版社2012年版。

[5]杨成:《上海合作组织发展报告(2014)》,上海人民出版社2015年版。

[6]马振岗:《稳步向前的上海合作组织——专家学者纵论SCO》,世界知识出版社2006年版。

[7]李进峰:《上海合作组织发展报告(2017)》,社会科学文献出版社2017年版。

[8]赵常庆编著:《列国志:哈萨克斯坦》,社会科学文献出版社2004年版。

[9]刘庚岑、徐小云编著:《吉尔吉斯斯坦》,社会科学文献出版社2005年版。

[10]余劲松:《国际投资法》(第3版),法律出版社2007年版。

[11]郭学兰:《中亚五国企业法律概论》,知识产权出版社2013年版。

[12]王贵国:《国际投资法》,北京大学出版社2001

年版。

[13]王宏军:《印度外资法律制度研究》,云南大学出版社2010年版。

[14]林承节:《印度近二十年的发展历程——从拉吉夫·甘地执政到曼莫汉·辛格政府的建立》,北京大学出版社2012年版。

[15][印度]拉玛·拜贾珀卡:《占领印度市场——如何在全球最后一个决胜全局的市场中成功》,郭国玺译,东方出版社2009年版。

[16]姚梅镇:《国际投资法》,武汉大学出版社2011年版。

[17]石俭平:《国际投资条约中的征收条款研究》,上海社会科学院出版社2015年版。

[18]黄志瑾:《中国国有投资者参与国际投资的规则研究》,人民出版社2014年版。

[19]蔡从燕、李尊然:《国际投资法上的间接征收问题》,法律出版社2015年版。

[20]吴岚:《国际投资法视域下的东道国公共利益规则》,中国法制出版社2014年版。

[21]中华全国律师协会:《"一带一路"沿线国家法律环境国别报告(第2卷)》,北京大学出版社2017年版。

[22]徐绍史:《一带一路国外投资指南》(上),机械工业出版社2016年版。

[23]陈波编著:《南亚投资法律风险与典型案例》,中国法制出版社2015年版。

[24]杨丽艳:《涉外投资法律实务》,厦门大学出版社2017年版。

[25]张庆麟:《公共利益视野下的国际投资协定新发展》,中国社会科学出版社2014年版。

[26]单文华:《中国对外能源投资的国际法保护——基于实证和区域的制度研究》,清华大学出版社2014年版。

[27]陈安:《国际投资法的新发展与中国双边投资条约的新实践》,复旦大学出版社2007年版。